山东航空学院学术著作出版基金资助

U0653980

外国语言文学前沿研究丛书

大学英语混合式教学中的有效教学行为研究

贾振霞 著

上海交通大学出版社
SHANGHAI JIAO TONG UNIVERSITY PRESS

内容提要

　　本书构建了大学英语混合式教学中教师有效教学行为的指标框架，并考察了国内部分高校大学英语教师在混合式教学中实施有效教学行为的现状，然后挖掘影响这些有效教学行为的主要因素及各因素之间的互动关系，从而为提升混合式教学质量提出建议。本书适合高等教育方向、外语教学方向的研究者、教师、研究生及对混合式教学感兴趣的读者使用。

图书在版编目(CIP)数据

　　大学英语混合式教学中的有效教学行为研究/贾振霞著. —上海：上海交通大学出版社，2025.2. —ISBN 978-7-313-32104-6

　　Ⅰ.H319.3

　　中国国家版本馆 CIP 数据核字第 2025KM8154 号

大学英语混合式教学中的有效教学行为研究
DAXUE YINGYU HUNHESHI JIAOXUEZHONG DE YOUXIAO JIAOXUE XINGWEI YANJIU

著　　者：贾振霞			
出版发行：上海交通大学出版社		地　　址：上海市番禺路 951 号
邮政编码：200030		电　　话：021-64071208
印　　制：苏州市古得堡数码印刷有限公司		经　　销：全国新华书店
开　　本：710mm×1000mm　1/16		印　　张：14.5
字　　数：250 千字		
版　　次：2025 年 2 月第 1 版		印　　次：2025 年 2 月第 1 次印刷
书　　号：ISBN 978-7-313-32104-6		
定　　价：88.00 元		

版权所有　侵权必究
告读者：如发现本书有印装质量问题请与印刷厂质量科联系
联系电话：0512-65896959

前　　言

混合式教学(blended learning)，即课堂面授与在线学习相结合的教学形式，在全球快速发展。《大学英语教学指南(2020版)》多次提到要实施混合式教学，明确了混合式教学在大学英语课程中的地位。"课程设置"部分提到"各高校应将网络课程纳入课程设置，重视在线网络课程建设，使课堂教学与基于网络的学习无缝对接，融为一体"；"教学方法"部分提到"教师要充分利用网络教学平台，为学生提供自主学习路径和丰富的自主学习资源，促使学生从被动学习向主动学习转变"；"教学手段"部分提到"鼓励教师建设和使用微课、慕课，利用网上优质教育资源改造和拓展教学内容，实施基于课堂和在线网上课程的翻转课堂等混合式教学模式"；"教学资源"部分则对在线学习平台的建设提出了指导意见，"各高校应根据自身教学需求和特点，引进或开发以网络教学系统为主要内容的网络教学平台。网络教学平台建设要与网络课程建设相结合。"

作为教学的执行者，教师制约着混合式教学的质量。本书构建了大学英语混合式教学中教师有效教学行为的指标框架，考察了国内部分高校大学英语教师在混合式教学中实施有效教学行为的现状，然后挖掘影响这些有效教学行为的主要因素及各因素之间的互动关系，从而为提升混合式教学质量提出建议。

本书的研究问题有三个：①大学英语混合式教学的基本情况是怎样的？②大学英语教师在混合式教学中实施有效教学行为的现状如何？③教师的这些行为受到哪些因素影响？这些因素是如何发挥作用的？本书采用量化和质性相结合的研究方法，通过调查问卷、访谈、文本和网络资料的三角互证，凝练结论。

首先，通过理论回顾和文献梳理厘清大学英语混合式教学的描述性参数框架、大学英语混合式教学中的教师有效教学行为指标框架及其影响因素。然后，通过对5名信息化外语教学研究专家、2名大学英语课程负责人、9名大学英语任课教师、5名非英语专业本科生的先导访谈，验证和充实基于文献确立的框架。接下来，基于文献和先导访谈数据，确定框架中涉及的构念的操作化定义和测量内容，以形成问卷题项和访谈提纲。对于有效教学行为部分，应用德尔菲专家调查法,对 10 位信息化外语教学研究专家进行两轮问卷咨询,最终形成有效教学行为问卷量表。综合考虑高校层次和高校专业特色,选取 35 所高校作为调查对象,向应用混合式教学的大学英语教师发放问卷,共获得 379 份有效问卷。另外,对所研究高校中的 3 名大学英语课程负责人、7 名大学英语任课教师和 10 名学生进行访谈。使用社会科学统计分析软件 SPSS23.0 对问卷进行处理分析。进行探索性因子分析,获得基于数据驱动的有效教学行为因子,与之前的理论维度进行比对,确立最终的大学英语混合式教学中教师有效教学行为的维度。分析问卷数据以了解所研究高校的大学英语教师在混合式教学中实施有效教学行为的实然,用访谈获取的质性数据进行三角验证,并作进一步解释。根据影响因素的分析框架,使用问卷中影响因素部分的量化数据及访谈获取的质性数据对影响因素进行解析。同时,选取来自 985、211、普通本科院校的三位教师作为个案,深入分析其混合式教学的实施以及各影响因素的作用机制。

研究结果发现,在大学英语课程中,混合式教学主要应用于通用英语课型。教师平均使用两个以上的在线平台,种类不一,使用最多的三类分别是教材所属出版社的、与教材配套的平台;即时通信工具类,如 QQ 群或微信群;在线作业或测试类。学生主要使用自己的电子设备进行在线学习。在线学习的内容具有"多任务"的特点,排在前两位的是听力练习和写作练习。大学英语课程的混合式教学以课堂面授为主导。多数教师把在线学习仅作为补充和辅助,课堂面授不受影响。教师采用形成性评价与终结性评价相结合的教学评价形式,最常用的是课堂参与、书面作业和期末考试,较少使用学生自评和同伴互评。

大学英语混合式教学中教师有效教学行为归结起来有五个因子,按照解释力的大小,从高到低排序依次是:在线学习管理、教师支持、组织面授课堂、多元化评价和个性化教学。教师在教师支持行为上表现最到位,其次是组织面授课堂行为。而在线学习管理和个性化教学行为,实施较欠缺。在总体有效教学行为实施上,人口学特征,如性别、年龄、职称、受教育程度不具有显著性影响差异;有培训经历的教师显著高于没有培训经历的教师;985 高校教师显著高于 211 高校教师,普通院校教师也显著高于 211 高校教师;其他不同类型高校的教师不存在显著性差异。

影响大学英语教师在混合式教学中实施有效教学行为的因素可以归为教师自身因素和外部因素。教师自身因素主要包括教学信念、教学能力、教学动机三个方面。外部因素主要包括平台因素、环境因素和学生因素。平台因素指在线学习平台的性能情况,包括在线学习内容的质量、在线平台质量、平台服务质量、平台的有用性、易用性、可及性。环境因素主要聚焦教师所在的高校/院系环境的影响作用，包括物质支持、政策支持、管理支持、智力支持、技术支持、院系氛围。学生也会对教师的教学行为产生影响，本书主要考察学生的学习主动性、信息技术素养、学生的外语水平对教师混合式教学的影响。

三项教师自身因素之间、三项外部因素之间，以及内因与外因之间互相影响，共同发挥作用，影响大学英语教师在混合式教学中有效教学行为的实施。

基于研究发现，本书从在线资源建设和教师发展方面提出建议。

由于作者水平有限，书中难免出现纰漏，请广大读者不吝指正。

目　录

第1章 概　　述

1.1 研究背景

1.1.1 传统课堂教学模式的困境

在传统的大学英语课堂教学中,低效教学、被动学习现象大量存在。"教师在台上卖力地讲课文、解生词、举例句、授知识、示论点、展课件",而学生则"稀稀落落地坐在后面几排",做着自己的事情,"缺失课堂里必须有的'眼球效应''抬头率'或'注意力'"(黄国君、夏纪梅,2013:17)。"传统的大学英语课堂教学模式是:'复习—新课—作业'和'单词—篇章结构分析—练习'。整个英语课堂教学是以教师为中心展开的。英语教学内容、进程、方法主要是由教师负责,在教学过程中师生的关系是知识传授与知识接受的关系,学生必须按照教师的要求学习"(罗宏,2011:184)。以互联网为主要内容的信息技术发展迅速,教师已不是信息的唯一来源。如果教师依然延续传统教学方式,上述现象的出现不可避免。21世纪初,教育部启动大学英语教学改革,2007年颁布《大学英语课程教学要求》。此次改革的主要特征是改变传统教学模式,实施"基于课堂+计算机"的教学模式(教育部高等教育司,2007),各高校纷纷配置计算机和网络设备,但仍然存在"在教学手段上,虽然引入了各种多媒体技术,但传统的'满堂灌'仍没有摆脱。教学手段从'粉笔+黑板'改变为'计算机+大屏幕投影',但实质不过是从老师的'口述式灌输'转化为技术式的'多媒体式灌输'"(敖谦等,2011:123)。

同时,大学英语课程呈现学分压缩、学时减少的趋势。2004年颁布的《大学英语课程教学要求(试行)》规定,"大学英语课程应尽量保证在总学分中占10%,即16学分左右"(教育部高等教育司,2004:8)。但是最近几年,大学英语学分压缩和学时减少已经成为越来越多学校的选择。大学英语教学指导委员会在 2009—2010 年对全国 530 所高校的大学英语教学情况进行了调查,发现"有越来越多的学校在逐步减少大学英语必修课的学分,而且这种倾向在层次越高的学校越明显"(王守仁、王海啸,2011:6)。蔡基刚(2012:46)的统计结果表明,"二本以上的高校有一半已将大学英语课程压缩到 12 学分,许多重点大学压缩到 6~9 学分。"然而,国家对国际化人才和学生外语能力的要求却不断提高。《国家中长期教育改革与发展规划纲要(2010—2020 年)》中指出,高校要"加强国际交流与合作,培养大批具有国际视野,通晓国际规则,能够参与国际事务和国际竞争的国际化人才"(教育部,2010:13)。这样的人才无疑需要过硬的外语能力做保障。

以上情况表明,大学英语的学习仅靠有限的课堂时间,以及传统的课堂教学模式难以适应信息化时代的要求,也无力解决学分压缩、学时减少与对外语能力要求提高之间的矛盾,因此需要拓展课堂,拓宽渠道,借助信息技术促进外语教学的发展。

1.1.2　单一在线学习模式的缺陷

20 世纪 90 年代以来,E-learning,即通过互联网进行学习的方式改革,在教育领域得到了迅速的应用和发展,引发了"有围墙的大学是否会被没有围墙的大学(网络学校)所取代"的大讨论。实践证明,E-learning 有其自身的局限性,如缺乏学校的人文氛围、学术氛围,难以直接感受到教师的言传身教和人格魅力,学习者容易产生孤独感,对设备和环境的依赖性较高等(Hara & Kling, 2000; Kinshuk & Yang, 2003)。2000 年 12 月,《美国教育技术白皮书》中提出 E-learning 能很好地实现某些教育目标,但是不能替代传统的课堂教学(何克抗,2004a)。

2012 年被称为世界 MOOC(Massive Open Online Course,大规模开放式在线课程)元年。这一年中,由美国顶尖大学创办的 Coursera、edx、Udacity 等数个 MOOC 平台相继诞生,世界一流大学纷纷涌入 MOOC 的浪潮中。欧盟的 11 个国家发起"泛欧 MOOC 计划"(Pan-European MOOCs Initiative),由欧洲远程教育大学联盟(EADTU)牵头,在欧洲委员会(European Commision)的支持下创建了 Openuped 平台。清华大学发布了大规模开放在线课程平台"学堂在线",面向全球提供在线课程。"爱课程"网等也相继出现(康叶钦,2014)。

MOOC 平台数量、上线课程和学生注册数巨量增长的繁荣景象的另一面是质量危机的显现。课程完成率低、学习体验不完整、缺乏个性化指导和面对面交流、表层学习等问题尤为突出(罗九同等,2014)。2014 年开始,全球 MOOC 风潮逐渐降温。

MOOC 大热过后人们开始回归理性,更加意识到单一在线学习模式存在缺陷,不能完全代替面对面课堂学习。

1.1.3 混合式教学的发展

"混合式教学""混合学习"和"混合式学习"同为英语术语 blended learning 常用的中文翻译,在本书中将其视为同一意义。但由于本书主要聚焦教师,探讨教师的教学行为,因此主要使用"混合式教学"这一术语。在线学习具有自身的优势,如教学资源丰富,学习不受时间、地点的限制,这些都是传统面授课堂无法比拟的。另一方面,传统面对面教学也有其自身的优势,如便于提供情感支持等。混合式教学追求发挥二者各自的优势,相互补充,为学习者创建连贯、灵活、丰富的学习体验,以达到高效、高质的学习效果。

美国的新媒体联盟(NMC)每年都会发表《地平线报告》(Horizon Report),预测未来 1～5 年间教育领域的趋势。近些年的《地平线报告》连续强调混合式教学的重要性,预测其将在高等教育领域被广泛应用的趋势(NMC, 2015/2016/2017)。

国内的教育技术界也纷纷强调混合式教学的意义。何克抗(2004a)、李克东和赵建华(2004)指出混合式教学体现了教育技术理论的发展,既体现了信息时代的特征,又回归了学习的本源,将对信息技术与课程整合产生深刻影响。南国农(2010:8)指出混合式教学"符合学与教规律,适合我国国情,对当今教育信息化建设和深化改革具有现实意义"。

我国的许多政策文件也提出了发展混合式教学的要求。教育部出台的《2016 年教育信息化工作要点》中提出"指导高校利用在线开放课程探索翻转课堂、混合式教学等教学方式改革"。《国家教育事业发展"十三五"规划》要求"全力推动信息技术与教育教学深度融合,利用翻转课堂、混合式教学等多种方式用好优质数字资源"。

国家强调通过教育信息化促进教育现代化,而"教育信息化进程已从强调软、硬件基础设施建设的初始阶段进入强调应用,尤其是教学过程中应用的深入发展阶段"(何克抗,2012:19)。混合式教学正是对信息技术的深入应用,是信息技术与课程深度融合的产物。

尤其是在新冠疫情防控的三年时间里,线下课程大规模迁移到线上开展,收获了成果和教训,也为线下课程恢复之后开展混合式教学积累了宝贵的经验。

1.1.4　对大学英语教师的要求

技术不会自动发挥作用,因此教师的作用至关重要。正如美国教育部前部长 Riley(1998)所说:提高教育质量意味着我们应该投资到改善课程、学校安全、技术使用增加上,但最重要的投资是高质量的、敬业的教师。没有好的教师,任何教育改革都不会成功。任何教育变革最终都要通过教师的教学行为去落实,教师的教学行为是否有效,直接关系到学习的成效。

同理,混合式教学的优势不会自然发生。混合式教学不是技术和教学的简单叠加,是技术与教学的融合性创新,而教师制约着混合式教学的效果和质量。因此,混合式教学能力也正成为教师专业发展中不可或缺的一部分(廖宏建、张倩苇,2017)。

大学英语课程的纲领性文件《大学英语课程教学要求》(教育部高等教育司,2007)指出:"各高等学校应充分利用现代信息技术,采用基于计算机和课堂的英语教学模式,改进以教师讲授为主的单一教学模式,使英语的教与学可以在一定程度上不受时间和地点的限制,朝着个性化和自主学习的方向发展。"教育部高等学校大学外语教学指导委员会发布的《大学英语教学指南(2020 版)》多次提到要实施混合式教学,明确了混合式教学在大学英语课程中的地位。

如果教师不与时俱进,不了解混合式教学模式下的教学新规律,墨守成规,或将混合式教学看成一种热闹,而不是当作一种趋势,那混合式教学的优势将得不到充分发挥。

因此,有必要聚焦教师,研究教师如何充分发挥混合式教学的优势。英语教师是课堂的实践者、决策者和改革者,他们在多大程度上接受教学改革、为什么要改、如何改等都直接影响到教学改革的效果,因而对大学英语教学改革中的关键人物教师进行深入、细致的研究显得尤为重要(郑新民、蒋群英,2005)。

1.2　研究目的

在线学习与课堂教学相结合的混合式教学在高等教育领域被广泛应用。教师的教学制约着混合式教学的质量。本书旨在构建大学英语混合式教学中教师有效教学行为的指标框架,用以考察部分高校的实施现状,然后挖掘影响这些有效教学行为的主要因素及各因素之间的互动关系,从而为提升混合式教学质量提出建议。

1.3　研究内容

本书以教师的教学行为为观测点,调查大学英语教师在混合式教学中实施有效教学行为的现状,厘清影响这些行为实施的因素,提出促进教师混合式教学的建议措施。具体来说,包括以下内容:

(1) 文献梳理。对有效教学研究、外语/大学英语有效教学研究、混合式教学研究作较为详尽的梳理与归纳。结合混合式教学的理论基础及相关文献对大学英语混合式教学中的教师有效教学行为这一核心概念进行界定,并围绕此核心概念提出本书的研究问题,进行研究设计。

(2) 调研现状。结合文献,以及对部分大学英语任课教师、非英语专业学生、大学英语信息化教学研究专家的访谈,构建大学英语混合式教学中的教师有效教学行为指标框架,基于框架编制问卷和访谈提纲,以 35 所不同层次、不同专业类型的高校为例,获取这些高校大学英语混合式教学的第一手资料,为做进一步思考奠定基础。

(3) 厘清问题。对获取的量化和质性数据进行分析、归纳和对照,总结和发现大学英语教师在混合式教学中实施有效教学行为的现状,以及影响这些行为实施的教师自身因素和外部因素,为后期提出建议找到依据。

(4) 提出建议。根据研究发现对提升大学英语混合式教学提出启示和建议,以期为大学英语教学实践起到一定的指导作用。

1.4　研究意义

从选题背景和研究主题来看,本书的研究具有一定的理论意义和实际意义。

1.4.1　理论意义

(1) 有效教学作为一个术语出现于 20 世纪上半叶的西方教育领域,日益成为重要话题,前人已对有效教学进行了许多研究。随着信息化时代的到来,传统的教育教学面临巨大的挑战,有效教学的理念也发生了深刻的变化。因此,有效教学有待进一步深入发掘。本书尝试构建大学英语混合式教学中教师有效教学的行为框架,厘清影响有效教学行为的因素,希望对现有的有效教学研究起到一定的补充、延伸和扩展,在理论层面上丰富有效教学研究,并充实其在微观层面和操作层面上的内容。

(2)混合式教学是对信息技术的深入应用,体现信息技术与课程深度融合的理念,在高等教学领域被广泛应用。大学英语教学改革的重点也是要走信息化教学的道路,使信息技术与教学深度融合并构成兼具适切性和有效性的新模式。本书探讨大学英语混合式教学如何运行和发挥优势,以及混合式教学的实施者——教师的教学行为是否能够促进学生的有效学习。这些研究能对混合式教学研究起到推动作用。

(3)混合式教学的实施使得混合教学能力成为教师专业发展中不可或缺的一部分。本书从教师视角探讨混合式教学的实施,丰富了信息化时代对教师发展问题的分析。

1.4.2　实践意义

(1)本书调查了解部分高校大学英语混合式教学的概貌,为大学英语混合式教学相关政策的制定以及大学英语混合式教学研究提供数据支持。

(2)本书尝试构建的大学英语混合式教学中教师有效教学行为框架、基于框架对部分高校进行的现状调查,以及对有效教学行为影响因素的分析能为院校或任课教师实施或改革大学英语混合式教学提供参考,为对大学英语教师的混合式教学进行评价提供量具,有助于促进大学英语混合式教学实践的深入发展,提高大学英语课程的教学效果。

1.5　本书结构

本书共分七章,总体框架结构如下。

第1章主要介绍本书研究的背景、目的、研究的意义以及研究的主要内容。信息化背景下传统大学英语教学面临困境,完全在线学习被证明存在缺陷,全球范围内高等教育领域混合式教学快速发展,国家政策提出实施混合式教学的要求,这一系列因素无不对大学英语混合式教学研究提出了诉求。对背景加以分析之后,阐明了本书的目的、研究的主要内容以及研究的理论意义和现实意义。

第 2 章是文献综述。本书聚焦教师的教学,探讨其如何促进实现有效教学。先由有效教学这一概念入手,介绍有效教学的相关概念及研究现状。有效教学的内涵与具体情境息息相关。本书中的有效教学处在两个情境下:大学英语课程、混合式教学。因此,接下来对混合式教学以及大学英语课程的相关内容进行综述。混合式教学部分首先回顾其产生的背景,继而梳理定义、分类、理论基础、教学的流程,以及研究现状。大学英语教学部分综述了大学英语有效教学的内涵及相关研究,然后梳理大学英语教学模式的发展历程,过渡到对大学英语混合式教学研究的分析,找出研究空缺。在此基础上对本书的核心概念进行界定,并提出本书的概念框架和研究路线。

第 3 章是研究设计。首先明确提出本书的研究问题,阐释研究方法。然后详细介绍数据收集工具的编制、研究对象的选取、数据收集过程以及不同数据的分析方法。

第 4 章、第 5 章、第 6 章主要报告数据收集的结果,以及针对结果进行讨论。首先根据调查问卷中大学英语混合式教学基本情况部分的数据对大学英语混合式教学的基本情况进行描述,以回答第一个研究问题。基于调查问卷中大学英语混合式教学中教师有效教学行为的数据进行探索性因子分析,归纳出大学英语混合式教学中的有效教学行为维度。对每个题项和每个维度的数据进行描述,以了解大学英语教师实施有效教学行为的现状,并分别从整体和每个维度分析不同层次、不同类型高校大学英语教师的有效教学行为实施是否具有显著性差异。同时,使用访谈数据对量化数据进行佐证和解释,从而回答第二个研究问题。基于先导访谈和文献,影响大学英语教师有效教学行为实施的因素可以归为教师自身因素和外部因素。教师自身因素主要包括教学信念、教学能力、教学动机三个方面。外部因素主要包括平台因素、环境因素和学生因素。问卷影响因素部分的数据揭示教师各影响因素的现状,同时使用访谈获取的质性数据作进一步的分析。选取分别来自 985、211、普通本科院校的四位教师作为个案,深入分析个案教师的混合式教学实施情况以及各影响因素的作用机制,从而回答第三个研究问题。

第 7 章是本书的结论部分,一方面对研究问题进行总体回答;另一方面基于研究发现,提出研究启示和建议,主要从在线资源建设、教师专业发展视角,分析机构(即学校、院系)及教师个人如何应对,以提升大学英语混合式教学的质量。最后阐述本书所作研究的贡献以及存在的不足之处,并对未来的相关研究作出展望。

第2章 文献综述

2.1 引言

本书旨在探索大学英语混合式教学中教师实施有效教学行为的现状以及影响因素，从而分析提升混合式教学质量的路径。第1章通过对大学英语教学实际、国家政策、时代趋势等方面分析引出了所作研究的缘起、目的和意义。本章拟对已有文献进行分析、整理、归纳，以了解当前的研究现状、分析存在的研究空缺、进行初步的研究定位并建立起本书的概念框架，按照有效教学、混合式教学、大学英语混合式教学层层递进的方式进行阐释。

2.2 有效教学

自有教学以来，人们即追求教学的有效性（effectiveness）。但有效教学（effective teaching/instruction）作为一个术语出现，源于20世纪上半叶西方的教学科学化运动。20世纪之前，西方教育理论界普遍认为"教育即艺术"。后来受实用主义哲学和行为主义心理学影响，人们开始使用观察、实验等科学方法研究教学问题，"教育即科学"的观念深入人心。有效教学这一概念也成为教育领域重要的研究话题。我国的有效教学研究可上溯到20世纪80年代初期，在发展历程中取得了一系列的成果，并伴随着新一轮教育改革而逐渐蓬勃兴盛，成为"引起我国教育界广泛关注的专属话题"（乔建中等，2008：30）。

2.2.1 相关概念

1) 有效教学

对于有效教学的含义,学界尚未形成统一的看法。国内外学者从不同学科视角对有效教学进行了界定:

(1) 从经济学视角。以企业生产为例,一个企业能够生产出产品,叫作有效果;生产的产品符合社会需求,能够卖出去,叫作有效益;产出和收益之比叫作效率。有效教学也包括有效果、有效率、有效益三重内涵,有效果指的是学有所得、所获;有效益指的是学的东西是有价值的、有用的;有效率指学的过程和方法是科学的、简洁的、省时的(余文森,2012)。以经济学中的"投入产出"的观点简单地类比教学活动,只看到了教学活动即时性的、显性的、预设性的效果,看不到其滞后性的、隐性的、生成性的效果。

(2) 从教育学角度。从该角度出发进行界定,强调有效教学对学生学习、进步、发展的促进。如 Braskamp 和 Ory(1994)认为有效教学就是教师能够有效地促使恰当的学习发生。Dunne 和 Wragg(2005)认为有效教学的第一特征就是帮助学生学习有价值的内容;Devlin 和 Samarawickrema(2010)认为有效教学是关注学生及学习进步的教学;我国学者崔允漷(2001)认为学生的进步或发展是有效教学的唯一评价指标;宋秋前(2007)结合新课程改革的要求,认为有效教学是促进学生在知识与技能、过程与方法、情感态度与价值观三大课程目标上的进步和发展。

从教育学视角的界定依据侧重点的不同又可分为三类。①强调教学结果。如姚利民(2001)认为有效教学是"在一定的教学投入内(时间、经历、努力)带来最好的教学效果的教学,是卓有成效的教学"。②强调教学过程。王鉴(2006)认为有效教学是一个多元的、综合的课堂教学的评价指标体系,即"什么样的课才算好课"的问题。③强调教学过程与结果的统一。刘桂秋(2008)认为有效教学"融静态名词词组'有效的教学'和动态动词词组'有效地教学'于一体,是既追求教学目标的达成又注重教学过程的有效的一种教学追求"。

综合以上观点,可以发现有效教学在于能够促进学生预期的学习和发展,"教学是否有效,关键看学生的学习效果"(宋秋前,2007:40),同时,既要看教学结果,也要重视教学过程。有效教学是一个"实践命题"(洪明、余文森,2012:186),是针对教学实践中存在的低效教学、无效教学现象而产生的研究领域。另一方面,有效教学是一个"价值负载的活动"(崔允漷、王少非,2005:5),对有效教学的理解会随着教学价值观、教学目标观的变化而变化。基于的理论基础不同,人才培养目标不同,背景不同,对于促进怎样的学习、如何促进学习这两个问题的回答则不同。不考虑所基于的理论,不考虑背景,空谈"有效教学"是没有意义的。如余文森(2018)反思,当下教学的目标应该定位在能力上,而中小学知识本位和技术主义取向的思想导致其在能力培养上是低效教学、无效教学。因此可以看出有效教学是对学习过程、学习结果的一种价值追寻。

2) 教学有效性

有效教学的研究文献中还常出现的一个术语是教学有效性(teaching effectiveness)。本书将教学有效性视作有效教学的名词形式。

3) 有效教学行为

教学行为可指教与学的行为,也用来专指教师"教"的行为,本书主要聚焦教师,因此本书的教学行为指教师为达成教学目标、完成教学任务而采取的外显的可观察的教学活动方式,具有可观察、易测量的特征。如前所述,有效教学在于能够促进学生预期的学习和发展,因此有效教学行为应该是教师在教学中引起、维持及促进学生预期的学习和发展的所有行为,是体现有效教学内涵的行为。

2.2.2　研究现状

关于有效教学的研究,按照本书内容可以分为对有效教学评价标准的研究、对有效教学影响因素的研究、具体情境下的有效教学等几个方面。以下分别综述。

1) 评价标准研究

如前所述,有效教学的内涵取决于教学价值观与教学目标观,但也存在适用于一般教学情境的、教师需要具备的特质和技能,以及需要实施的行为(Harris,1998)。许多研究者探讨了一般教学情境下的有效教学评价标准框架,以下分别综述国内外学者的研究。

国外的相关研究汇总见表 2-1。

表 2-1　国外有效教学评价标准框架汇总

研究者	研究方法	研究结论
Marsh(1982)	从文献和对师生的访谈形成评价问卷条目池,再让师生对各条目进行评级,然后进行因子分析等量化统计分析,以形成最终的维度和问卷条目。	9 维度框架:①学业价值;②教师热情;③组织性和清晰度;④小组互动;⑤教师友好;⑥学习内容的覆盖面;⑦考试与评分的适切性;⑧作业价值;⑨总体评价。

续　表

研究者	研究方法	研究结论
Lowman (1996)	对 30 余位优秀高校教师进行访谈和课堂观察后提出有效教学框架；对 500 余封对优秀教师的提名信中所提到的指标（descriptors）进行分析以验证框架。	2 维度框架：教学技能维度，指教学呈现有条理、有趣味；师生关系维度，指与学生积极互动，激发学生的学习动力。
Young & Shaw (1999)	对高校学生进行问卷调查	6 维度框架：教学内容有价值、激励学生、舒适的学习氛围、教学组织合理、有效互动、关注学生的学习结果。
Borich(2000)	理论思辨	5 项关键教学行为（清晰授课、多样化教学、聚焦课堂教学任务、激发学生投入学习、确保学生正确理解所学内容）；5 项辅助教学行为（反馈、提供支架、恰当提问、引导探索、教师情感）。
Hativa, Barak & Simhi(2001)	访谈以色列 4 名优秀高校教师，调查其对有效教学的信念和知识。	4 维度框架：能够激发学生参与、清晰、积极的课堂环境、教学组织有条理。
Kember & Mc-Naught(2007)	访谈 44 位澳大利亚的优秀教师和 8 位中国香港地区的优秀教师，让受访者描述自己的教学实施情况，然后从所有的访谈数据中总结出共有的，不依赖于特殊教学情境的教学原则。	有效教学 10 原则：①教学应关注满足学生的未来需求；②帮助学生充分理解基本概念；③使用真实的案例，要理论联系实际；④纠正学生的错误观念；⑤实施激发学生参与的教学任务；⑥与学生进行互动以建立友好的师生关系；⑦通过各种手段激发学生的学习动机；⑧教学组织要合理；⑨根据学生的反馈适当调整教学；⑩教学评价要与教学目标一致。
Stronge(2007/ 2011)	对有效教学文献进行元分析	4 维度框架：教学实施、学业监管、学习环境和教师个人特质。教学实施维度包括教师要采用多样化的教学方法、聚焦学生的学习而不是教学管理等其他事宜、清晰地进行讲解和给予指导、进行综合性教学而不是只关注单一教学目标、教学期待高、使用技术。学业监管指通过使用各种正式、非正式的评价手段监管学生的学习，并向学生提供反馈，以及进行教学调整。学习环境维度主要指教师通过教学管理创设积极的教学氛围。教师个人特质主要指在教学中教师的情感技巧方面，如教师关爱学生、具有教学热情、公平对待学生、建立积极的师生关系、激励学生。

研究者	研究方法	研究结论
Carnell(2007)	访谈 8 位不同学科的专家型高校教师对有效教学的看法	教学中的对话、学习共同体、元学习对支持学生的学习起重要作用。
Vulcano(2007)	对 629 名加拿大高校学生进行问卷调查	总结出 26 项有助于实现有效教学的教师特质和教学行为,如有趣、鼓励参与、激励学生等。而这 26 项又可以归为两大类,侧重教学技能的和侧重师生关系建构的特质和行为。

Marsh(1982)是高等教育质量评估框架研究的先行者,其 9 维度评估框架即 SEEQ(Students' Evaluations of Educational Quality,教育质量学生评价量表)的主要维度。该量表研制过程严格,具有良好的稳定性及信效度,被广泛使用。从表 2-1 也可以看出,国外的相关研究多为通过实证方法得出有效教学评价框架。有些研究对学生进行问卷调查,获得基于学生视角的对有效教学的看法(Young & Shaw, 1999; Vulcano, 2007),有些研究则对教师进行调查(Lowman, 1996; Hativa et al., 2001; Kember & McNaught, 2007; Carnell, 2007),基本是选择优秀教师(exemplary teachers)。同样是对教师进行调查,这些研究的内容并不一致,如 Lowman(1996)、Kember 和 McNaught(2007)通过总结优秀教师的教学实施得出有效教学的评价框架,而 Carnell(2007)则通过总结优秀教师对有效教学的看法得出评估框架。

以上框架的维度数量、名称存在差异,但内容上存在共通之处。总的来说,教师的有效教学包含两大方面:一方面指向教师的教学技能,如教学组织合理、授课清晰等;另一方面指向教师的教学管理,指创设能够激发学生学习动机的学习环境,建立良好的师生关系。

除了构建有效教学的评价标准框架外,还有许多研究聚焦某一构念的作用。如有挑战性并且有激励效果的学习氛围(Ramsden, 1991)、清晰的讲授(Boex, 2000)、尊重学生(Patrick & Smart, 1998)、良好的师生互动(Brightman et al., 1993)等都被证明是有效教学的重要特征。

除了构建有效教学标准之外,一些研究还考察了实际情境中的有效教学的具体情况。如 Lowman(1996)、Hativa 等(2001)的研究均发现优秀教师极少会在评估框架的每一个维度上都是佼佼者,而只是在其中的某个或某几个维度上表现卓越。魏红、申继亮(2002)通过对 299 名教学效果好的教师进行聚类分析,得出了类似的研究结论,即被学生评价为教学效果优秀的教师并非在有效教学标准的所有维度上都表现最佳,而是各有侧重点。

在国内,程红、张天宝(1998)提出了有效教学的"三效"标准,即有效果、有效率、有效益。教学效果是对教学活动结果与教学目标吻合程度的评价。教学效率是学生和老师的时间、精力投入与教学效果的比率。教学效益指对教学目标与社会、个人的教育需求吻合程度的评价。"三效"框架是国内最早的关于有效教学评价标准的理论框架,被广为接受和应用。这一框架是基于"学生的学"而提出,指向有效教学的目标,并没有阐明实现这些目标的路径。

不同于此,一些研究者以"教师的教"为出发点提出有效教学评价标准框架。林崇德(1999)提出 5 个衡量标准:教学行为明确;教学方法灵活多样,能够调动学生学习积极性;课堂活动围绕教学任务进行;课堂教学对学生得法;及时掌握学生的学习状况和课堂中出现的问题,并据此调整教学行为。孙亚玲(2004)构建了包含 5 个一级维度和 27 个二级指标的课堂教学有效性标准框架。5 个一级维度分别是教学目标、教学活动、教学能力、教学反馈和教学组织与管理。崔允漷(2009:12)认为"引起意向—明释内容—调适形式—关注结果 4 个条件是把教师课堂教学行为引向有效性的最关键途径"。这 4 个条件实际就是有效教学的评价维度。姚利民(2001)归纳了大学有效教学的特征:教学清楚明了;组织合理;良好的师生关系;促进学生的发展;富有教学热情。

还有一类评价标准研究融合了教学目标以及对教师的要求两个方面。如王鉴(2006)提出除了"三效"标准之外,教师的有效教学还包括注重对话教学,关注学生的全面发展,以及具有教学创新。韩国海(2013)提出"有效果"是属于质量维度的,"有效率"是时间维度,"有效益"是价值维度,除此之外,还应有一个维度——态度维度,即教学对学生具有吸引力,学生能够认识到教学目标的价值,体会到学习过程的乐趣,愿意持续地进行学习。

与国外相关研究进行对照,国内关于有效教学评价标准的研究多为思辨研究,研究者基于一定的理论基础,结合国内外相关文献,总结、归纳、提炼有效教学评估标准。少数研究采用实证方法获得有效教学评价标准。魏红、申继亮(2002)根据国内某高校学生对 826 位教师的评价结果,使用回归分析得出 6 项显著影响教师教学效果的教学特征,分别是:通过教师的教学,学生的能力提高;教学表达清楚;有自己的教学风格和特点;认真负责;教学重点、难点突出;能够激发学生的学习兴趣和主动性。邢磊、邓明茜和高捷(2017)对国内某高校学生的 4 973 份调查问卷进行统计分析,发现教师 3 个维度的教学行为显著影响学生的满意度,分别是组织和传授教学内容、激发学生的主动学习以及提供个别化交流反馈。

以上关于国内外有效教学评价标准的研究针对一般教学情境展开,体现了有效教学普适性的一面,但有效教学的突出特征又表现为情境化和学科化(王庆超等,2016),因此,需要针对具体学科以及处于不断发展变化中的教学情境开展持续的研究。

2) 影响因素研究

关于有效教学的影响因素研究可以归纳为两类。一类聚焦于总的教学结果和教学过程的影响因素。如 Stern(1992)提出影响语言教师教学的因素主要有4 个:社会因素(social factors)、学习者因素(learner factors)、教育框架和教师因素(educational framework and teacher factors)以及课程情境(the curriculum context)。社会因素指语言教学所处的社会文化等环境特征。学习者因素指学习者自身的社会和教育背景、语言学习经历、学习态度、学习动机、学习期望等。教师因素指教师的教育背景、培训经历、课程设计能力等。课程情境指与课程有关的因素。Richards(2008)提出了影响有效教学的 4 个主要因素,分别是教师因素、教学因素、学校因素和学习者因素。教师因素指教师的教学技巧、资历等;教学因素指与课程有关的因素,与 Stern(1992)框架中的课程情境类似。

程红、张天宝(1998)认为教学活动中的主体(教师、学生)、客体(课程或教材)和中介手段(教学手段)影响教学有效性,另外主体、客体、中介手段三者间的相互作用方式也制约着教学有效性,尤其是师生关系以及学生与教材的关系。这一观点忽略了教学环境的作用。张璐(2002)通过对教学进行结构性分析,指出课程设计、教学质量、激励和时间是影响教学效率的四大变量。陈佑清(2012)提出影响教学有效性的变量有 3 类:效果变量(学习的结果与效率)、控制变量(教与学的行为)、条件变量(教学目标、内容、环境及学情)。

另一类研究则关注教师的教学行为,阐述影响教师教学行为的因素。Borg(2003)认为教师的教学受到多方面因素的影响,比较直接的因素是教学信念。姚利民(2004)提出影响教师教学行为的因素包括教师的教学观念、教学知识、教学责任意识、教学效能感、教学能力、教学机制。Zheng(2005)认为外语教师对课堂教学方法的改革会受到内部因素、外部因素和处境因素三个方面的影响。内部因素指教师自身的因素,如成长经历、学习经历、教学经历等。外部因素指宏观社会文化环境,如经济发展状况、外语教育政策等。处境因素主要指教师所处的学校环境,包括学校文化、教学管理、教学资源、生源状况、信息技术等。这个框架不但可以用于解释影响外语教师课堂教学方法改革的因素,也可以用来分析其他情境下的教师教学行为影响因素。胡萍萍(2016)研究发现,教师对教学策略的选择和使用会受到学生因素、课程因素和环境因素,以及教师观念和教师个体特征因素的影响。

既往许多研究表明班级规模对教师的教学有重要影响,尤其是对以学生为中心的教学方式。班级规模太大使得没有充分的课堂时间让学生进行展示,且需要更多的课外指导时间(Çam & Oruç, 2014)。还有研究指出,大班会导致课堂问题行为增加,教师进行课堂管理的时间将延长(O'Connor & Geiger, 2009)。

学生因素也是影响教师教学的一个重要方面。如果学生基础较好,积极参与,则教师倾向于实施以学生为中心的教学;反之,如果学生较被动,不够积极地参与课堂活动,将会导致教师采用以教师为中心的讲授型教学方式。另外,良好的师生关系也是促进教师教学的重要因素(Cornelius, 2007)。

综上,教师的教学行为是影响教学结果的决定因素之一,而对教学行为产生影响的因素可以归纳为以下 4 个。①教师自身因素。教师的教学行为受到其自身教学观念、教学能力、教学机制等方面的影响,而这些方面受到教师的成长经历、教育背景、学习经历等因素的影响。另外,教师的兴趣爱好、个性特征也会对教师的教学产生影响。②学生因素。学生是教学的服务对象。学生的社会和教育背景、语言学习经历、学习态度、学习动机、学习期望等会对教师的教学行为产生直接的影响。③课程因素。课程性质、班级规模、课时安排、教学目标、教学内容、教学模式、上课时间等都会对教学行为产生影响。④环境因素。环境因素又可分为外部环境因素和内部环境因素。教师的教学是基于学校开展的,因此学校之外的环境因素归为外部环境,如社会政治经济状况、教育政策、教育改革、教师家庭因素等。学校各方面的环境归为内部环境,包括学校的物质条件、政策、氛围、教学管理等。

这 4 个因素不是孤立地起作用,而是相互作用,综合地对教师的教学产生影响。图 2-1 更加直观地呈现出了各种因素之间的相互作用关系以及它们对教师教学的影响。

3) 信息化背景下的有效教学研究

有效教学的研究除了探讨对所有学科、所有模式的教学具有普遍意义的内容外,还有许多研究针对某一特定情境下的有效教学。如果说机械化是工业时代的典型特征,那么计算机化、网络化就是信息时代的显著特征。所谓信息化教学就是在信息化时代条件下,基于信息技术的教学形态(钟志贤,2006;陈坚林,

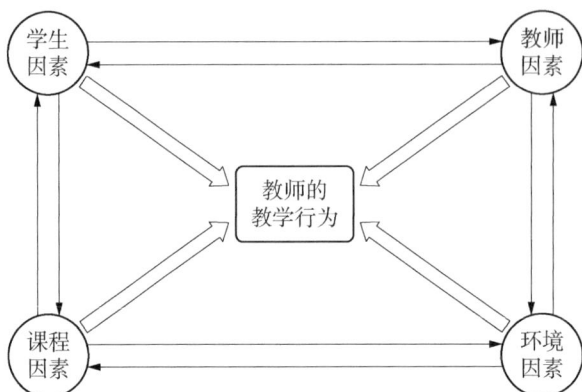

图 2‑1　影响教师教学的因素(改编自 Zheng，2005)

2010)。以计算机和网络为代表的信息技术的迅猛发展给社会生活的各个领域带来诸多变化，教育领域也因信息技术的介入而产生了新的生态特征。探讨信息化背景下的有效教学是近年来有效教学研究的重要话题。

　　Piccoli、Ahmad 和 Ives(2001)提出了虚拟学习环境下(virtual learning environment)学生学习有效性的模型(见图 2‑2)。从三个维度衡量学习的有效

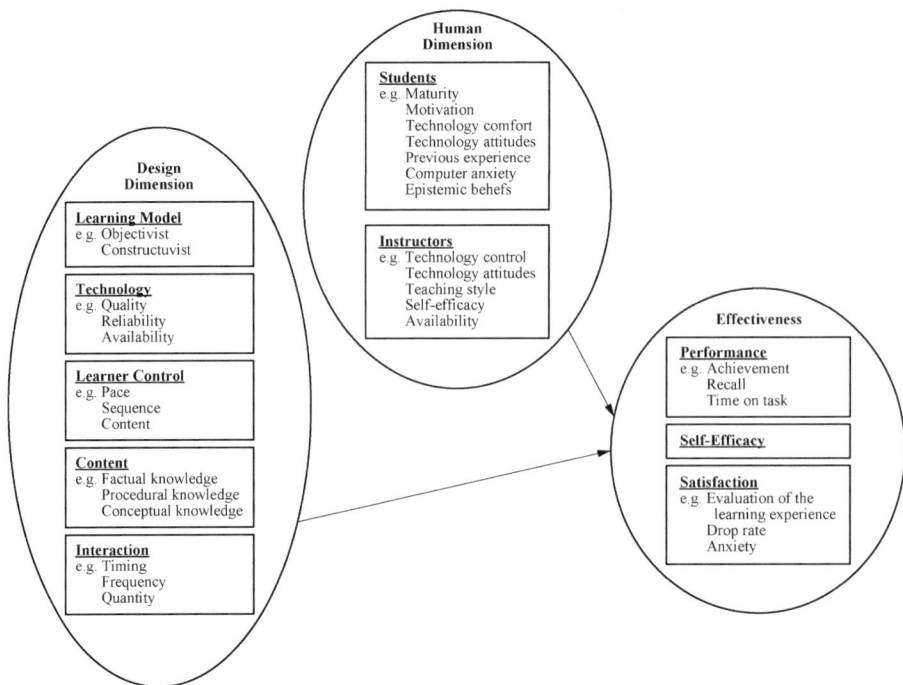

图 2‑2　虚拟学习环境下学生学习有效性模型(Piccoli et al.，2001)

性,即学业成绩、自我效能感、满意度。影响因素分两个维度:人的维度和设计的维度。其中人的维度包含教师和学生两方面。教师对技术的态度、技术水平、教学风格、自我效能感等是影响变量,学生的学习动机、对技术的态度、在线学习经历、计算机焦虑等也是影响变量。设计维度包含学习模式、技术、课程内容、互动、学习者控制。

Peltier、Drago 和 Schibrowsky(2003)提出了在线学习模式学习有效性的模型(见图 2-3),包含 6 个维度,分别是课程内容、教师支持和指导、课程结构、学习资源、生生互动、师生互动。问卷调查显示这 6 个维度影响学生对整体有效性的评价,每个维度的影响力如前文呈现的顺序。

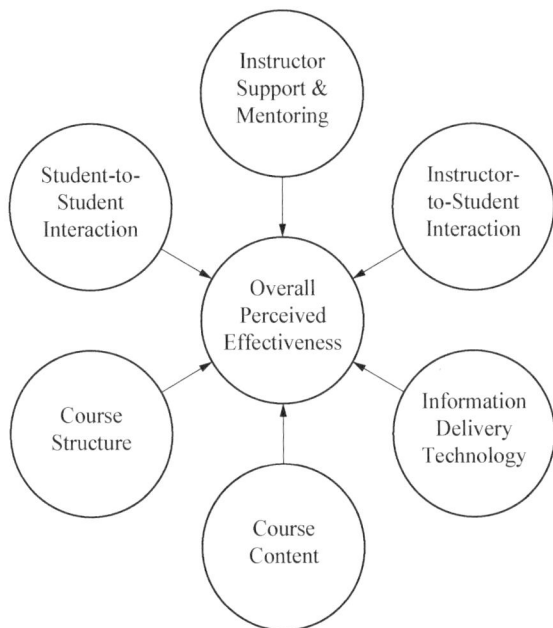

图 2-3 在线学习模式学习有效性模型(Peltier et al., 2003)

孟琦(2008)认为信息技术支持下的有效教学应从目的、情境、技术、效果和原因五个方面评价其教学有效性。张伟平、杨世伟(2010)也认同考察信息化教学的有效性要从教学是否完成教学目标、促进学生的学习出发,他们的文章以某大学的公共课程"现代教育技术"为例,用行动研究法探讨了信息化教学有效性的分析框架,并总结出影响教学效果的几个主要因素:信息技术的应用、教学设计和教学方法、学生的学习兴趣。郭俊杰、王佳莹(2010)也认为技术的效能不是自动发挥出来的,需要靠教师的精心设计和思考。从以上阐述可以看出,研究者对信息化教学有效性的理解都强调了一点——运用信息技术来促学。

有效教学本质上在于能够促进学生的学习,但追求促进怎样的学习、如何促进学习是一个动态发展的概念,随着教学价值观、教学的理论基础以及教学研究范式的变化而不断扩展、变化。不可能脱离一定的教学理念孤立地探讨有效教学,也不可能将有效教学简化成一个技术性和操作性的问题去认识。实际上,有效教学是人们在特定教学价值观支配下,依据教学研究的成果所描述的一种理想的教学愿景。从以上对信息技术背景下的有效教学的文献梳理可以看出,这些研究关注到了信息技术对教学的作用,纷纷强调要充分合理地使用信息技术,但鲜有文献阐述信息化时代我们所追求的学习的内涵已发生变化。不触及要促进怎样学习这一问题,孤立地探讨如何促学,无法形成对信息技术背景下有效教学的深刻理解,对教学实践也难以起到借鉴和启示的作用。下一小节将集中探讨信息化背景下有效教学的特征。

2.2.3 信息化背景下有效教学的特征

信息化背景下的教学,其表层特征是信息技术的使用,要达到有效教学则必然涉及教学目标、教学方式的根本变化。

1) 教学目标上:强调高阶思维能力培养

美国教育学家 Bloom(1956)提出教育目标分类法(Bloom's Taxonomy),包括认知领域、情感领域和运动技能领域,其中认知领域的教育目标分为知道(knowledge)、领会(comprehension)、应用(application)、分析(analysis)、综合(synthesis)和评价(evaluation)六个层次。

知道、领会是一种低级认知技能的获得,主要涉及低阶思维活动,这两个层次的认知活动通常被视作浅层学习;而应用、分析、综合、评价属于较高级的认知层次,涉及高阶思维活动,被视作深度学习的内容。不同的时代背景对人才有着不同的需求。在信息技术时代,大量的记忆性、重复性和检索性的工作已经被计算机取代,浅层学习不能满足社会对人才的需求,高阶思维能力的培养愈发重要。

2) 教学方式上:强调知识的建构性、以学生为中心

自 20 世纪 50 年代以来,学习理论历经了行为主义、认知主义、建构主义等几大理论。从认识论来说,行为主义和认知主义是基于客观主义的,即认为世界是真实地存在于学习者外部的。教学旨在将外部世界的结构与学习者的结构相

匹配(钟启泉,2012)。基于这种认识论形成了以教师为中心的传递—接受型教学结构,这也符合工业时代对人才培养的需求。随着社会和理论的发展,这种客观主义观点遭到了质疑,而建构主义逐渐兴起。其先行者是瑞士心理学家Piaget(1973)。同认知主义一样,建构主义也把学习视作一种心理活动,因此,有些学者主张建构主义隶属于认知主义,但建构主义的基本观点与传统认知主义是有差别的。建构主义不否认世界的真实存在,却强调知识的建构属性。对学习者来说,意义不是传递—接受性的,而是通过与环境的互动来建构意义,发展自身的认知结构。这种强调个体认知过程的观点被视作个体建构主义的主要观点。Vygotsky(1978)提出了社会建构主义理论,强调认知的社会性,凸显社会语境对学习的重要性。不管个体建构主义,还是社会建构主义,都强调知识是由学习者主动建构的。知识的建构属性决定着在教学上要强调以学习者为中心的理念,强调互动的重要性,强调利于学生建构意义的学习环境的创设。信息技术能为建构主义理念的实现提供技术支持。

信息技术的出现和发展带来了信息化的学习方式,从 E-learning(electronic learning,数字化学习)到 M-learning(mobile learning,移动学习),再到 U-learning(ubiquitous learning,泛在学习)。与传统学习方式相比,这三种方式只是在学习的物理形式上发生了变化,主要体现在:①在信息获取上,传统学习方式所获取的信息主要来自课本或纸质材料,而信息化学习方式所获取的信息来自网络等电子化途径;②在时间和地点上,传统学习方式所获取的信息比较固定,而信息化学习方式所获取的信息是移动和随时的;③在资源体量上,传统学习方式所获取的信息较为单一且有限,而信息化学习方式所获取的信息丰富且无限(陈坚林、贾振霞,2017)。

学习方式的数字化、移动化、泛在化只是信息化时代学习的表面特征,要实现信息化背景下的有效教学,需要进行教学目标和教学方式的根本转变:教学目标上要重视高阶思维能力的培养;教学方式上要强调以学生为中心,创设利于学生建构意义的学习环境,倡导自主、合作、探究等学习方式。

由第1章概述部分的背景分析可知,混合式教学在高等教育领域的应用日益广泛。混合式教学的特点和优势使得其成为实现信息化背景下有效教学的重要途径。以下将对混合式教学的缘起、定义、理论基础、研究现状等方面进行详细梳理。

2.3 混合式教学

2.3.1 产生背景

20 世纪 90 年代以来,随着多媒体技术和网络通信技术的发展,E-learning 在教育领域得到了迅速的应用和发展。E-learning 指通过互联网进行学习的方式,这种超越了时间和空间限制、自定步调的教学模式给以"课堂、教材、教师"为中心的传统教学模式带来了前所未有的冲击。然而,人们在应用 E-learning 的过程中也体会到了许多不尽如人意的地方,如容易造成孤独感,且对设备和环境的依赖度较高等(Hara & Kling, 2000; Kinshuk & Yang, 2003)。人们开始对 E-learning 这种纯技术环境进行反思。21 世纪前后,在企业培训领域首先出现了"混合式教学"。为满足培训对象在时间与地点方面的多样性需求,企业逐步探索把网上培训与传统培训相结合,即采用传统面对面教学与在线学习或远程教学相结合的方式(Sharma & Barrett, 2007)。后来这种模式逐渐被应用于高等教育领域。blended learning(或 blending learning,其简称为 B-learning,也有文献称作 hybrid learning)的概念日渐流行。

2003 年 12 月,何克抗教授在第七届全球华人计算机教育应用大会上首次在我国正式倡导"混合式教学",拉开了国内研究混合式教学的序幕。

2.3.2 定义

严格说来,blended learning 并不是一个新概念。"blend"一词的含义是"混合",blended learning 的原有含义就是混合式学习或结合式学习,这种说法多年以前就已经有了(何克抗,2004)。关于混合的内容是什么,有不同的界定。Driscoll(2002)归纳了几种混合式教学的定义:①教学方法(如建构主义、行为主义、认知主义等)的混合;②任何一种教育技术,如视听媒体(幻灯投影、录音录像)与面对面课堂教学的混合;③教学与实际工作任务的混合;④各种网络技术的混合(如虚拟课堂、自定步调学习、合作学习、流媒体视频等)。近年来,随着信息技术的快速普及,教育界利用"混合"的内涵,但赋予该术语全新的意义,即与信息技术密切相关。

2004 年,Alfred P. Sloan 基金(美国的一个非营利性组织,于 1934 年由通用集团时任总裁 Alfred P. Sloan, Jr. 设立)资助了一个关于混合式教学的工作坊。此次工作坊的重要议题之一就是形成对混合式教学的操作定义,与会者纠结于对混合式教学进行宽泛定义抑或严格定义。对混合式教学最宽泛的定义是:面授课堂与技术的混合(Picciano, 2009)。

Osguthorpe 和 Graham(2003)的文章中记录了 Osguthorpe 与一家报纸记者的对话。记者说道:"只要教师在教室里使用互联网,就是混合式教学。"前者回答道:"不是的。这样的定义太宽泛了。教师在课堂上展示来自互联网上的网页,与他播放录音视频、在黑板上写字没什么区别。"如同那位报纸记者一样,Bijeikiene(2011)提到既然混合式教学就是面对面课堂教学与以信息技术为媒介的学习相结合的学习模式,那它应被视为比远程教育和 CALL(Computer Assisted Language Learning,计算机辅助语言学习)更广的一个概念,应作为后两者的上位概念。

对混合式教学进行如此宽泛的定义使得混合式教学成了一个无所不包的概念,只要有信息技术的成分就视作混合式教学。定义太宽泛,一来不容易厘清混合式教学的本质(Graham, 2006),再者对研究来说缺乏可操作性。

目前学界对混合式教学的普遍认识是混合式教学包含面对面学习和在线学习两个组成部分,是两者的结合。具体的界定又可分为以下几种类型。

1) 只强调核心成分

一些研究者对于混合式教学的定义仅强调了其最核心的成分,即包含在线学习和面对面学习两种因素。Graham(2006)把混合式教学定义为面对面课堂教学和在线学习的结合。Rovai 和 Jordan(2004)从课程设计的角度出发,认为如果把完全面对面教学和完全在线学习看成一个连续体,位于两者之间的任何一种模式都是混合式教学模式。这种定义也被认为太过宽泛(Bliuc et al., 2007;Clark, 2003)。Clark(2003)提出把混合式教学仅看作面对面课堂教学与在线学习的结合是不充分的,会使得许多教师仅在传统课堂教学的基础上添加一点在线学习的成分,就认为自己是在实施混合式教学。

2) 关注课堂面授是否部分被在线学习取代

一些研究者认为混合式教学不只是在传统课堂中加入信息技术元素,因此把面授时间的减少加入混合式教学的定义之中。如上文提到的混合式教学工作坊,2005 年举行了第二届。与会者摒弃了宽泛定义,对混合式教学进行了如下的界定:部分面授时间由在线活动代替的教学模式(Picciano, 2009)。Stake 和 Horn(2012)认为混合式教学是学生部分时间接受课堂教学,部分时间进行在线学习,在线部分由学生自主控制学习时间、地点、路径或进度。

3）关注线上和课堂占比多少

Allen 和 Seaman（2003）、Watson 和 Murin 等（2010）根据在线学习部分和课堂面授部分的不同比重对混合式教学进行界定，大致划分为网络辅助型、混合型、完全在线型几种类型。具体区分界定在下一小节进行详述。

4）强调混合的质量

还有一种界定方法把"质量"加入定义中。Singh 和 Reed（2001）将混合式教学定义为在恰当的时间，为恰当的对象，应用恰当的教育技术，通过恰当的教学方式，提供恰当的学习内容，以使学生获得较高的学习收益。Garrison 和 Kanuka（2004）将混合式教学界定为课堂面授和在线学习"周密的"（thoughtful）结合。Bliuc、Goodyear 和 Ellis（2007）将混合式教学定义为教师、学生、学习资源之间的面对面互动与技术支持的互动的"系统的"（systematic）结合。这些定义表明混合式教学不是简单地叠加或混合在线和面授两种媒介，而是需要精心的教学设计。

国内学者对混合式教学的定义更多关注其作用和意义。李克东（2004）认为混合式教学的主要思想是整合面对面教学和在线学习两种学习模式，以降低成本，提高效益。何克抗（2004a）指出混合式教学就是要把传统学习方式的优势和 E-learning 的优势结合起来；既要发挥教师的主导作用，又要体现学生的主体地位。传统教学"重教轻学"的问题一直受到诟病，过分强调教师主导地位，过分依赖教师，并且存在学习者学习资源不全面的缺陷。但传统模式中教师与学习者面对面交流的优势是在线学习所不具备的。在线学习有助于学习者发挥主动性、积极性、创造性，但这种形式的弊病在于忽视教师的主导作用，容易产生学习者自我监督的随意性，以及学习的无助感。因此何克抗对于混合式教学的界定强调两种模式的优势互补。

两个定义都明确了混合式教学的形式，即面对面教学与在线学习的结合。同时，两个定义又都强调了其本质，即发挥面对面教学和在线学习两种模式的长处，以期获得比单一面对面教学或单一在线学习更好的学习效果。

2.3.3　分类及实践模式

按照不同的标准可以把混合式教学分为不同的类型，另外，混合式教学有众多的实践形式。以下将对混合式教学的分类以及典型的实践形式进行详述。

1）分类

一些研究者根据课堂面授时间由网络学习替代的程度进行分类。具体划分如表 2-2 所示(表中的百分数表示在线学习时长占总课程时长的比例)。

表 2-2 混合式教学类型划分

研究者	类型		
	网络辅助型 (web-enhanced)	混合型 (blended)	在线型 (fully online)
Allen & Seaman(2003)	1%～29%	30%～79%	80%以上
Smith & Kurthen(2007, 转引自 Tomlinson & Whittaker, 2013)	少量使用	45%以下称作 blended (混合型);45%～80% 称作 hybrid(融合型)	80%以上
Dudeney & Hockly(2007)	只附加少数在线学习 资源	75%	100%
Watson et al. (2010)	30%以下	30%以上	100%

Smith 和 Kurthen(2007,转引自 Tomlinson & Whittaker, 2013:12)把最少量使用网络,如发布通告的,叫作网络辅助型(web-enhanced);网络活动代替了部分课堂活动,但比例不超 45%的,叫作混合型(blended);网络活动代替了45%～80%的课堂活动的,称为融合型(hybrid);80%以上的教学活动都在线上进行的,称为完全线上型(fully online)。Allen 和 Seaman(2003)把不使用网络技术,教学内容通过口头或笔头传递的模式称作传统型(traditional);把在线学习部分占 1%～29% 比重的混合式教学模式定义为网络辅助型(web-facilitated),其典型特征是使用网络技术辅助课堂教学,如使用 Blackboard 或WebCT 张贴课程大纲或作业;在线部分占 30%～79%的称为混合型(blended or hybrid),大量的教学内容通过网络进行;在线部分占 80%以上的称为在线课程,这类课程通常没有面授部分。Dudeney 和 Hockly(2007)也使用时间比例定义 ELT 中的混合式教学类型,认为 100%网络教学的类型属于完全线上学习模式;75%的内容通过线上传授,25%面对面传授的,叫作混合学习模式;只附加一些网络资源作为课堂面授的延伸和支持的,叫作传统面授模式。Watson 等(2010)则认为线上学习部分占 30%以上即可称为混合式教学。这种界定方法的问题在于线上线下的占比不容易清晰地量化。

另有一些研究者根据面对面和在线两种模式各自的功能的搭配进行划分。Adams 等(2009)区分了 4 种混合式教学的实施模式:①网上资源作为自主学习的一种支持;②网上学习资源与课堂教学相联系;③拥有网络平台,提供学习资料以及便于互动;④面授部分与网上学习活动相辅相成,很好地融合。

还有一类根据教学设计方法的不同进行划分。如 Alammary、Sheard 和 Carbone(2011)将混合式教学归为三种类型:低强度型混合(指仅在现有的面授课程中加入一些在线的活动)、中强度型混合(指在线活动代替了一部分现有的面授课堂活动)、高强度型混合(指完全重新设计整个课程,使在线和面授更好地融合)。

还有学者根据混合式教学实施的成熟度进行分类。Graham(2013)将学校层面的混合式教学的应用分为三个阶段。①意识/探索阶段。其特征在于没有学校机构层面的混合式教学策略,但学校已有推行混合式教学的意识,并给予少数教师探索应用有限的支持。②采纳/早期应用阶段。以制度的形式去推行混合式教学策略和尝试新的政策和措施,支持混合式教学的实现。③成熟应用/提升阶段。学校具有完善的整体推广策略、治理结构和来自技术环境、教育方法、政策激励等方面的支持。

2) 实践模式

如前所述(2.3.2 小节),混合式教学的基本形式就是在线学习和课堂面授的结合,两种模式的结合方式种类繁多,在实践中也产生了许多应用广泛的模式,如翻转课堂和 SPOC。

翻转课堂(flipped class;flipped teaching),简言之,就是把原先在课堂上进行的知识传授等教学活动放到课下由学生自主完成,而原先往往在课下进行的知识巩固、内化等活动则放到课堂上进行(Lage, 2000;张金磊等,2012)。这种教学方法早已有之,很难溯源,但并未得"翻转"之名。美国教授 Baker(2000)于 2000 年第 11 届大学教学国际会议上提出了翻转课堂的概念以及翻转课堂模型(Model of Classroom Flipping),即课下学生观看教学视频,而课上主要进行讨论、协作、解决问题等活动。2006 年,Salman Khan 将自己的数学教学微视频发布在网上并获得了许多点击量,影响深远,后来创立了可汗学院(Khan Academy)。其教学微视频对翻转课堂的迅速推广起到了重要作用,使通过教学微视频学习成为广泛使用的学习模式。目前翻转课堂已成为国内外混合式外语教学最常见的模式。

SPOC 是英文"Small Private Online Course"的首字母,即小规模私有在线课程,或称小型准入制在线课程。SPOC 是反思 MOOC(Massive Open Online Course)存在的问题后应运而生的一种教学模式。small 是相对于 massive 而言的,规模较 MOOC 小得多,一般不超 500 人。private 是相对于 open 而言的,指设置限制条件,合格者才能准入。SPOC 是融合在线学习与课堂教学的一种混合式教学模式,其教学基本流程是:学习者利用 MOOC 资源或老师提供的教学视频完成课前学习,教师跟踪学生的在线学习过程,发现和收集问题;然后在面授课堂中解决问题,并组织促进知识内化的课堂活动;对学习者的评价反馈贯穿于线上线下整个教学过程中。2015 年 4 月,教育部发布了《教育部关于加强高等学校在线开放课程建设应用与管理的意见》,指出"高校可根据本校需要选用适合的学习平台以及小规模专有在线课程平台,开展在线开放课程的建设和应用推广,以便为高校师生和社会学习者供个性化和全方位服务"。目前国内外已有许多高校将 SPOC 付诸实践。

2.3.4　理论基础

1) 建构主义学习理论

进行教学实践需要有学习理论作指导。学习理论是教育学与教育心理学的一门分支学科,描述和说明人类和动物学习的类型、过程,以及学习的条件(黄荣怀等,2010)。自 20 世纪 50 年代以来,学习理论历经了行为主义、认知主义、建构主义等不同发展阶段。行为主义把人的心智活动当作动物进行条件反射,因此行为主义学习理论把学习看作刺激与反应之间联结的建立(S - R),强调由外部强化的练习所引起的行为变化便是学习。认知主义把人的心智活动当作计算机进行信息处理,认知主义学习理论认为学习是知识的获得。这两种思想都把人的心智当成非人的东西看待,这就有忽视人类的思想、感情、价值、反思、计划、意志和目标的丰富性的谬误。到了建构主义,才真正把人脑当作人脑本身来看待(任友群,2002)。

不同时期有不同的主要矛盾,要针对不同的目标,就要基于与该目标直接相关的理论(何克抗,2004b)。如本书第 1 章背景部分所分析的,目前大学英语课程存在的突出问题之一就是不能满足学生的个性化需求,学生被动学习、积极性差。因此特别强调建构主义理论的指导是必要的,它对于解决这些突出问题具有针对性。

另外,信息技术的发展为建构主义所倡导的理念提供技术支持,使其得以变成现实。而建构主义为信息化教学提供理论支撑和指导(何克抗,2004b)。作为信息化教学方式的一种,混合式教学的重要理论基础之一正是建构主义学习理论。

建构主义最早由瑞士心理学家 Piaget(1973)在 20 世纪 60 年代提出。他认为儿童在与周围环境的相互作用中逐步建构起对于外部世界的知识,使自身的认知结构得到发展。这种强调个体认知过程的观点被视作个体建构主义的主要观点。后来,Vygotsky(1978)提出了社会建构主义理论,强调"活动"与"合作"在认知过程中的作用,被称作社会建构主义观。

不论个体建构主义还是社会建构主义,都强调知识是由学习者主动建构的。因此,建构主义提倡以学习者为中心的学习,强调互动,强调利于学生建构意义的学习环境的创设。

混合式教学正是基于这样的理念。传统课堂教学往往以教师为中心,教师传道、授业、解惑,"一言堂",因为课堂学习时间有限而没有足够的机会进行充分的思考和互动交流。在完全的在线学习中,学生会因时间的不一致、空间的疏离而产生孤独感。混合式教学中师生、生生的互动交流得到大大加强,或利用即时通讯工具,如 QQ、微信等进行在线互动,或在在线学习平台上开辟互动板块,或利用电子邮件。信息技术的发展使得师生、生生便于异步互动,进行答疑解惑、合作学习、交流讨论等。而由于知识传授部分的内容或多或少地由课下在线学习承担,面授课堂上就会有更多的时间进行各种互动活动,在课堂上来不及深入交流的内容可延续到课下通过在线空间继续下去。同步互动与异步互动的结合大大增加了互动的机会。另外,学生还可以根据需要进行个性化学习。能够提供丰富的形式、媒介多样化的资源,以及真实的学习情境,实现做中学,增强互动,强调自主学习,这些正是混合式教学的特点。

2) 掌握学习理论

"掌握学习"(mastery learning)由美国教育学家 Bloom(1968/1984)在 20 世纪六七十年代提出。掌握学习主要包含两方面的内容。一方面,掌握学习理论对教与学持乐观主义态度。在传统教学中,受智力差异理论的影响,加之重视选拔功能的教育评价体系,人们普遍接受的观点是:学校教育中学生的学习结果呈正态分布是正常的。而掌握学习理论则认为只要提供适当的环境和条件,为学生的学习困难提供及时、适当的帮助,所有的学生将都能够达到掌握的程度。另一方面,掌握学习强调有效的个别化教学实践,强调形成性评价的重要性——及时、频繁地对学生的学习作出反馈,并提供个别的矫正性帮助,以确保每个学生得到所需的帮助。

混合式教学正是基于面向全体的学生观,采用群体教学和个别教学结合的方式,在群体面对面的教学基础上,学生进行自定步调、个性化的自主学习,教师根据学生个性化的需求提供不同的学习资源,实施形成性评估,依据在线学习行为数据诊断问题,为学生提供及时的反馈和个别指导。

学生在学习过程中得到教师的个别关注,再加上个性化的学习条件,会带来学生学习效果的提升,以及自我效能感和学习兴趣的增强。相应地,教师的教学自信也会随之提升。师生之间一次次的互动有助于建立一种相互信任的、民主的、和谐的师生关系。

3) 高阶思维培养理念

美国教育学家 Bloom(1956)提出教育目标分类法,包括认知领域、情感领域和运动技能领域,其中认知领域的教育目标分为知道、领会、应用、分析、综合和评价六个层次。

知道、领会通常被称作低阶思维,是涉及较低认知水平的心智活动和能力,而应用、分析、综合和评价则被称作高阶思维,是涉及较高层次认知水平的心智活动和能力(钟志贤,2004)。教育目标分类与高阶思维的关系如表 2-3 所示。

表 2-3　教育目标分类与高阶思维的关系(钟志贤,2004)

	目标层级	定义	行为特征
高阶思维	6. 评价	根据标准判定价值或用处	评价、估计、选择、评论、预测、鉴定、预言、重视、辩明、联系、比较、辩护、估计、证明、评定、支持
	5. 综合	将各部分合成新的整体	分类、比较、组成、建立、设计、讨论、假设、组织、准备、汇报、系统化、书写、收集、认定、建构、设计、开发、阐述、管理、计划、提议、建立、支持
	4. 分析	确定组成部分及关联程度	分析、计算、选择、对比、推断、实验、提问、区别、辨别、识别、评价、分类、比较、评论、检查、组织、测试
低阶思维	3. 应用	不同环境之间的转换	应用、选择、论证、阐明、处理、操作、安排、利用、实践、计算、分类、编译、解释、叙述、解答、写作
	2. 领会	理解或解释	分类、演示、区别、说明、识别、解释、意译、归纳、认可、择优、具体化、比较、描述、讨论、表达、简述、定位、汇报、重述、回顾、转化
	1. 知道	对信息的回忆或识别	安排、复制、标记、记忆、回忆、反复、陈述、定义、识别、列表、命名、辨认、呈现

我们的学习往往从记忆事实开始,然后才是逐步领会、运用等。高一级的目标涵盖其下面级别的目标,以低级别的目标为依托,因此,低阶思维并非不重要。只是由于科技和社会的发展,尤其是信息技术的发展,越来越多涉及低阶思维的事情可以利用技术手段完成和替代,创新越来越重要,高阶能力的培养因此也愈发重要。

传统课堂教学中,知识传授是主要内容,主要涉及学生的低阶思维活动。而混合式教学中知识传授活动或部分或完全被移至面授课堂外,由学生自主完成,面授课上就能够腾出更多的时间进行高阶思维能力的训练。Watson 等(2010)认为混合式教学环境支持了 21 世纪所需的技能的发展,如批判性思维、合作、沟通和解决问题的能力。

4) 混合的理念

如前文所述,信息技术应用于教学领域,产生了 E-leaning,具有传统模式不可比拟的许多优势,如便于资源共享、自主探究等。但单一在线学习也有其自身的局限性,如缺乏情感体验等。MOOC 在经历了全球热捧之后,在 2014 年开始降温即是有力证明。鉴于此,结合在线学习和面对面教学的混合式教学应运而生,所以混合式教学体现的就是趋利避害、优势互补的思想。

混合式教学形式上是在线与面对面的结合,与单纯面对面或单纯在线学习相比较,不仅是学习方式的不同,更反映了理念的不同。混合式教学体现了学习理念的螺旋式上升发展。它不片面强调在线学习环境的应用而忽视传统面对面教学,也不片面强调以学生为中心而忽视教师的主导作用,或者片面强调某种学习理论(比如建构主义理论)而忽视其他学习理论的指导作用(何克抗,2004a)。

李克东、赵建华(2004)用媒体延伸的观点和媒体选择定律来解释混合式教学的本质。"媒体是人体的延伸",即各种媒体的功能各不相同,各有所长,因此可以互相补充。反映到教育领域,也就是教师可以利用信息的传播媒介的互补性选择最佳的传播媒介。媒体选择定律对影响人类选择使用媒体的行为做出了解释,即需要付出的成本越小,得到的收益越大,该媒体越有可能成为人们的选择对象。这些观点无不表明混合式教学是以效果为旨归的。

在本书中,笔者称之为混合的理念,即不把教学媒体、教学方法等限定在某个框架内,一切的选择都基于效果驱动。

2.3.5 混合式教学的流程

对于课堂教学的考察已有相对成熟的框架。崔允漷(2009)按照目标管理的教学流程,把教学划分为三个阶段:教学准备、教学实施和教学评价。教学准备指课堂教学前,教师进行教学方案的制定。教学实施分为主要教学行为、辅助教学行为与课堂管理行为主义三种(见表 2-4)。教学评价指课堂教学之后对学生进行学业成就的评价以及对教师的课堂教学进行评价。陈晓端(2007)将教学行为划分成陈述、展示、讨论、提问、指导、反馈、管理、观察、倾听、评价和反思 11种类别。这两种是国内关于教学行为的研究最常使用的分析框架。

表 2-4 教学实施行为维度(崔允漷,2009)

(主要侧重课堂教学的)教学实施行为				
教学行为				课堂管理行为
主要教学行为			辅助教学行为	
呈现行为	对话行为	指导行为		
语言呈现 文字呈现 声像呈现 动作呈现	问答 讨论	自主学习指导 合作学习指导 探究学习指导	学习动机激发与培养 课堂强化技术的应用 教师期望效应的实现 良好课堂气氛的营造	课堂问题行为 课堂问题行为的管理 课堂问题行为的预防

混合式教学环境下教师的教学已经不只局限于课堂。已有部分研究者探索了混合式教学模式下教学过程框架。黄荣怀、周跃良和王迎(2006)把混合式教学的过程分为 4 个环节:课程导入、活动组织、学习支持和教学评价。课程导入指教师与学生交流课程要求和安排等,并进行学习策略指导。活动组织指班级集体学习、小组协作学习和个体学习三种形式的活动。学习支持指学生获得帮助以解决学习困难,这种帮助可以来自老师,也可以来自同学。教学评价指检查和评定预期的教学效果。混合式教学的特点使得其评价方式更加丰富。不同的学习形式有不同的学习过程,产生不同的学习成果,必须采取多种评价方式混合使用(谢非、余胜泉,2007)。

再如赵崎、姚海莹(2013)构建的混合式教学流程框架(见图 2-4)。与传统教学一样,该框架把混合式教学的流程也大致分为教学准备、教学实施、教学评价。混合式教学环境下的教学准备,即教学设计,既要考虑课堂面授,又要考虑

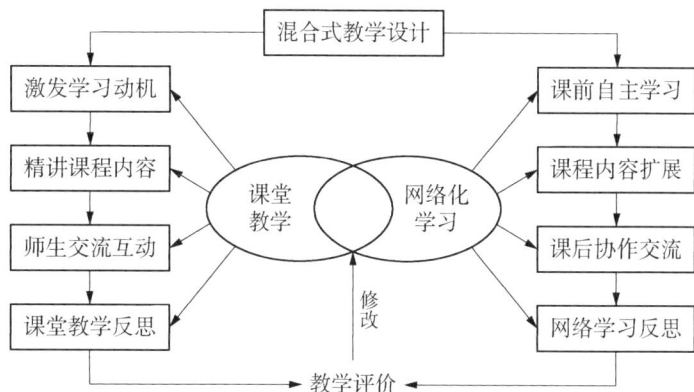

图 2-4 混合式教学流程(赵崎、姚海莹,2013)

在线学习。而教学实施则分为两部分:面对面的课堂教学和在线学习。课堂教学部分中,教师的主要行为包括激发学生的学习动机;精讲课程内容,突出重点难点;师生互动交流,促进意义的建构;教师对课堂教学进行反思。在线学习部分,教师的主要行为包括提供资源;组织在线互动交流;在线学习反思。教学评价包括对面对面课堂教学的评价,也包括对在线学习的评价。此框架沿用了教学准备、实施、评价这一经典分析框架,较充分地体现了混合式教学的特点,但混合式教学强调个性化教学的特点在该框架中没有得到明显的体现。

黄映玲、苏仰娜(2017)在"现代教育技术"课程中实施混合式教学模式,将实施分为以下四个维度:①搭建混合学习环境;②建设混合学习资源;③设计和组织混合学习活动;④实施混合式学习评价。杨芳等(2017)基于清华大学大学英语教学的教学实践,探索了大学英语混合式教学的结构。该框架(见图2-5)凸显了对线上线下有机融合以及对学生主体作用的强调,基于学生的视角进行构建,对于教师的行为与作用没有明确阐释。

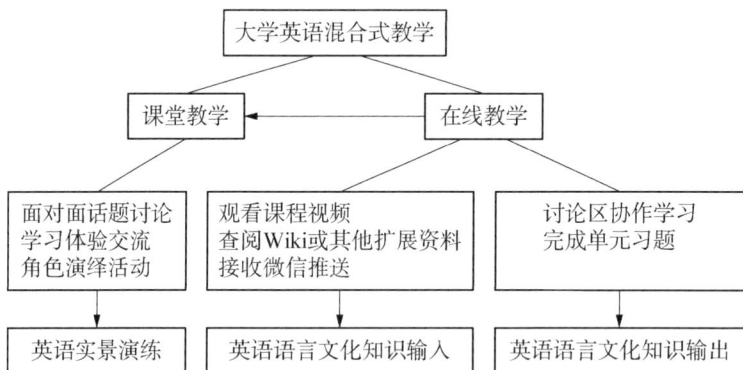

图2-5 大学英语混合式教学结构图(杨芳等,2017)

综合起来,从物理空间上说,混合式教学包括线上平台和线下课堂两部分。在线上平台,学生进行自主学习,师生、生生进行在线互动等。面授课堂上,学生进行成果展示,教师进行反馈、组织讨论等。教学评价贯穿于两种模式之中。

2.3.6 研究现状

以"混合学习""混合式学习""混合式教学"为关键词或主题词在中国知网(CNKI)进行检索,以"blended learning""blending learning"为关键词或主题词在 Web of Science 进行检索,发现国内外关于混合式教学的研究主要集中于教学效果、教学设计、影响因素、学习分析、教师、机构、课程思政、学习投入等几个方面。

1）教学效果研究

在混合式教学的效果评价问题上，研究者聚焦不同方面进行了探讨。

一类研究为对比研究，即将混合式教学与单一面授或在线学习进行对比。Chou 和 Liu(2005)以中国台湾地区一所初中的学生为对象进行了 14 周的实验研究，对比混合式教学和单一面授模式下的学习有效性。该研究的学习有效性界定为学习成绩、学生自我效能感、学生满意度、学习氛围四个变量。结果显示混合模式在这四个变量上均优于单一面授模式。Thai(2017)用实验法对比了翻转课堂模式、混合式教学模式、单一面授模式和单一在线四种模式对学生的学业成绩、自我效能感、内在学习动机和感知到的学习灵活性的影响。该研究把翻转课堂模式作为混合式教学的一种特殊形式。结果发现翻转课堂模式下的学业成绩优于其他模式，其次是混合式教学模式，还发现翻转课堂模式和混合式教学模式对学生的自我效能感和内在学习动机有积极影响。Mirzaei 等(2022)对比了传统面对面课堂方式与翻转课堂中学生说明文写作的表现和动机。学生的回顾感知显示翻转教学的灵活性、以学习者为中心、轻松的环境、随时随地互动和协作性等特点令学习者青睐，进而刺激了学习者的学习动机、学习投入和写作表现。Fathi 和 Masoud(2022)采用准实验方法考察了翻转课堂模式对以英语为外语的学生的写作表现、复杂度、准确度和流利度的影响，结果显示翻转模式中学生的写作表现和流利度显著高于对照组，但复杂度和准确度没有显著性差异。

另一类研究考察实施混合式教学后，学生的学习成绩的变化。Baepler、Walker 和 Driessen(2014)的调查显示，一门化学课的面授时间减少三分之二，由在线学习取代模式之后，考试成绩至少与之前一样好，但学生对学习环境的感知满意度较单一面授模式有提升。徐显龙等(2020)通过实验研究考察了混合式教学对英语语言技能发展的影响，结果表明混合式教学对于短听力、语法词汇、翻译和口语四项语言技能具有促进作用，对于阅读理解能力提高则有消极影响。

还有许多研究通过问卷、访谈等考察学生对于混合式教学的满意度问题，结果显示学生对混合式教学持积极态度(Ushida, 2005; Chenoweth et al., 2006; Scida & Saury, 2006; Stracke, 2007)。

还有部分研究探讨了混合式教学对于更微观和具体层面的学生学习效果的影响。如郑咏滟(2019)基于对参加英语学术论文写作混合式课程的学生的调查，探讨了经过一学期的混合式教学模式学生学习信念的变化，发现学生的知识观从接受认知范式逐渐转换为社会建构范式,写作体裁意识也显著提升。李丹丽、赵华(2021)基于活动理论框架探究了外语写作混合式教学的促学机制,发现在线下课堂和线上辅导两个活动系统中,5个中介因素(目标、中介工具、规则、共同体、劳动分工)发挥调节作用,从而促进学生写作能力的提升。欧阳西贝等(2022)采用质性和量化相结合的方法,探讨混合式教学模式下内容与语言融合(Content and Language Integration, CLI)的教学效果,研究结果基本证明了混合式模式对学生学习内容知识内化和英语语言质量提升有积极作用。部分研究聚焦混合式教学对学生写作能力的作用,如杨扬、冯志伟(2022)发现经过一个学期的混合式教学,学生的语言复杂度明显改善;钱希等(2023)发现混合式教学对学术英语写作中的转述能力发展(paraphrasing)有促进作用。

在教学效果的研究方面,还有一类元分析研究。Means等(2013)对1996年至2008年期间发表45项关于高等教育领域在线学习或混合学习的实验或准实验研究进行元分析,发现单一在线学习的效果与单一面授模式无异,而混合式教学优于前二者。Bernard等(2014)以及Vo等(2017)的元分析研究也得出了类似的结论,即在高等教育领域混合式教学能产出更好的教学效果。陈纯槿、王红(2013)对近十年国际上关于混合学习效果的47个实验和准实验研究进行了元分析。结果显示,混合学习的效应值显著高于完全的面对面学习或在线学习。进一步的分析表明,混合学习相对网上学习和面对面学习更有效,主要缘于协作学习和教师的直接指导相结合的混合学习方式。Grgurović(2010)分析了7项关于高校外语教学中混合式教学的研究,这些研究均通过把混合式教学与传统教学相比较来考察混合式教学的有效性(effectiveness)。7项研究中的外语语种包括法语、西班牙语以及德语。每项研究所比较的变量各不相同,大致涉及听、说、读、写各项语言技能以及语法、文化等语言知识。没有一项研究显示在所涉及的所有变量上,混合式教学显著优于传统教学,只是在某个或某几个变量上混合式教学存在优势。进一步分析表明,技术问题以及对在线学习环境不熟悉影响了混合式教学的有效性。

关于混合式教学效果的研究得出的更重要的结论是混合式教学良好效果取得的关键在于课堂面授和在线学习如何混合。正如Ross和Gage(2006)所提议的,未来的研究更应该关注如何混合的问题。

2) 教学设计研究

既然混合式教学旨在通过发挥面对面教学和在线学习两种学习环境的优势达到更好的教学效果,那么恰当的混合才能达到这一目的,因此混合式教学的教学设计、教学策略研究是重要议题。

关于教学设计的研究主要有两类。一类是思辨研究，研究者基于各自的理论基础和视角提出建议。如 Dziuban 等（2006）指出混合式教学的关键是教学设计，包括如何促进互动；决定哪些学习内容适合面授，哪些内容适合在线学习；如何激发学生积极参与以及为自己的学习负责。Picciano（2009）构建了一个混合式教学设计的概念模型，包含情感支持、对话等 6 个维度，该模型基于学习风格理论及对"数字原住民"一代的特点分析而提出，因此尤其强调采用多样的教学方法和教学手段来满足多样化的学习需求。Tomlinson 和 Whittake（2013）提出课程混合学习课程设计者要考虑 4 个问题：情境、教学设计、参与主体、评价。情境指要考虑混合的目的及制约因素。教学设计指要考虑信息技术手段包括哪些，面对面模式和在线模式的比例如何安排，两种模式如何互补，应用哪些教学方法。参与主体指要考虑互动类型及参与主体各自的角色。评价指用各种方式对混合学习模式进行评估，如参与主体对模式的态度、学业成绩等。黄荣怀等（2009）则提出了课程设计的步骤，将混合式学习课程设计工作分为前端分析、活动与资源设计和教学评价设计三个阶段。叶荣荣、余胜泉和陈琳（2012）认为诸多教学平台都是基于内容的，只提供学习内容，而学生的学习发生在学习活动中，因此提出基于学习活动的混合式教学模式，通过使学习活动序列化、结构化，让学生在参与活动中完成学习，以期既能发挥学生的主动性，又能发挥教师的主导作用。

另一类研究则通过实证方法获得混合式教学设计方面的策略。Cheung 和 Hew（2011）描述了新加坡国立教育学院（NIE）实施了 12 年的混合式教学模式。虽有不同的变体，但基本是面对面课堂教学和异步在线讨论相结合的混合模式。基于教学实践，研究者提出了一些教学设计建议，如只有让学生真正理解在线讨论的意图，才会有更高的学生满意度；在线讨论可以考虑让学生使用匿名以鼓励参与。Lai、Lam 和 Lim（2016）通过对三个混合学习个案的研究，提出面授和在线学习的混合方式有两种设计类型，一种是强化型（consolidation），旨在让学生参与不同模式下的学习活动，强化和巩固知识；另一种是延伸型（extension），旨在通过学习空间的延伸，使得学生的不同需求能得以满足。Amanda 等（2017）通过对药学专业学生的访谈归纳出 10 个提升混合式教学效果的做法，这 10 方面涉及在线和面授两种模式下任务的配置、如何督促学生完成自主学习任务等方面。国内研究者也构建并实践了各种混合式教学模式，验证了混合式教学模式由其建构性等特征带来的促学效果。如钟兰凤、钟家宝（2020）构建了学术英语阅读混合教学模式,发现该模式能有效建构学习者的学术语篇知识,培养学术批判能力,提升学术英语深度阅读能力。阮晓蕾、詹全旺(2021)采用行动研究法探索了大学英语课程混合式教学的实践,提出混合式教学模式需要不断发展和完善,是一个动态发展的过程。马晓雷等(2021)基于语义波理论构建了大学学术英语课程混合式教学模式,实践表明该模式有助于促成知识积累、体现教师主导地位、实现线上线下协同。

3)影响因素研究

关于影响混合式教学成功与否的因素的研究多考察对学生满意度的影响因素。关于学生满意度的研究,最初研究者把焦点放在技术方面,认为在线平台的质量是混合式教学模式取得成功的决定因素,后来的研究开始关注与人有关的因素,因为在线系统的成功有赖于参与其中的人,即教师和学生。如 Ozkan 和 Koseler(2009)认为,在线系统应被视为一个社会-技术系统。因此现在更多的研究涵盖教师、学生、技术等各个方面的因素。

一类研究探讨影响学生满意度的综合因素。Etom、Wen 和 Ashill(2006)基于对美国中西部的一所大学完成了至少一门在线课程的 397 名学生的问卷调查,研究了影响学生满意度的因素,包括课程结构、教师反馈、学习动机、学习风格、互动、教师支持等六项构念,同时还发现学生满意度对学习结果有预测性。Wu、Tennyson 和 Hsia(2010)根据社会认知理论提出了混合式教学环境下学生满意度影响因素模型,并通过对 212 名被试的问卷调查验证了该模型的信度和效度。该模型认为学生的计算机自我效能感、学习期待、系统的功能性、学习内容、互动、学习氛围是影响学生满意度的主要指标。其中,学习期待和学习氛围显著影响学习满意度,计算机自我效能感、系统的功能性、学习内容和互动显著影响学习期待,互动显著影响学习氛围。Diep(2017)研究了混合式教学中影响学习者满意度的综合因素,包括教师因素、学生因素、在线学习平台因素及技术支持服务因素。其中,教师因素指教师教学技能、教学支持两大构念;学生因素指自我效能感、感知到的学习价值、感知到的学习收获、乐于分享的程度、书面交际的信心几个构念;平台因素指平台质量,用技术接受模型(TAM)的两大构念——技术有用性和技术易用性来测量;技术支持服务指帮助教师和学生解决在线学习中出现的技术问题。结果发现教师教学技能、学生感知到的学习价值和收获是影响学生满意度的最重要的因素。除了研究影响学习者满意度的因素之外,作者还进一步探讨了这些影响因素之间的互动机制,发现平台质量对满意度没有直接影响,而是通过与教师教学技能相结合对满意度产生影响,即只有教师把在线学习有机地融入整个学习过程中来,平台质量的优劣才能对学生的满意度产生影响。

另一类研究探讨某些构念对学业成绩或者学生满意度的影响。Lynch 和 Dembo(2004)研究了在混合学习模式中学生的自主学习能力对学习成绩的预测性。其中混合学习模式下的自主学习能力被划分为学习动机、自我效能感、学习时间和环境管理能力、寻求帮助的能力,以及信息技术能力 5 个维度。该研究发现自我效能感能够预测学习成绩,而其他四个因子对学业成绩没有预测性。So 和 Brush(2008)通过学生问卷调查了混合学习环境中合作学习(collaborative learning)、社会临场感(social presence)、混合学习模式整体满意度(overall satisfaction)三个构念之间的关系,结果显示前者与后两者呈正相关。对合作学习感知强的学生社会临场感更强,对整个学习模式满意度更高。社会临场感和满意度呈正相关,但没有统计学意义上的显著性。该研究通过后续的访谈,发现课程结构、情感支持、交流媒介是影响前面三个构念感知的最重要的因素。Viet (2017)研究了互动(包括师生互动、生生互动、学生与学习内容互动以及学生与技术互动)与学习结果之间的关系。回归分析显示,在线平台上的生生互动对学习结果有重大影响。

以上研究主要采用量化方法,另有一些研究者采用质性研究手段,如访谈等,识别出混合学习的一些优势,尤其是与完全在线学习相对比,如灵活的时间安排、自定步调网上学习、可以与教师面对面互动、增强对自己学习负责的责任感(Edginton, 2010; Demetriadis & Pombortsis, 2007; Rodriguez & Anicete, 2010)。在一些研究者的访谈中,有的学生也表示了担忧,如认为混合学习模式对自己的时间管理能力、团队合作能力等有挑战性(Edginton, 2010; Holley & Oliver, 2010)。

国内也有关于混合式教学中学生满意度影响因素的大量研究。如赵国栋、原帅(2010)构建了学生满意度分析模型,其中学生满意度作为因变量,学生特点、教师特点、课程特点和系统功能特点 4 个维度共计 12 个变量为自变量。以北京大学实施的混合式课程为例,通过对学生的问卷调查,发现学生对电脑学习适应性、认知有用性、教师关于作业及考试回应及时性、认知易用性、课程适用性是影响混合式学习学生满意度的显著因素。李宝、张文兰等(2016)通过访谈识别出影响学生满意度的因素来自学生、教师、课程、技术 4 个维度的 18 个变量,并探索了各变量间的关系,构建了影响因素的层级模型,发现学习动机、学习氛围、交互行为是影响学习满意度最直接的因素,学习风格、主讲教师、课程助教、平台功能设计、学生学习背景是最根本的因素,其他变量作为中间层级因素发挥作用。

教师对混合式教学的接受程度被认为是混合式教学效果成败的关键因素,因此一些研究探讨了教师对混合式教学接受度的影响因素。赵建民、张玲玉(2017)基于解构计划行为理论(DTPB)与任务技术适配模型(TTF),构建了高校教师对混合式教学的接受度模型,认为教师对混合式教学的态度、教师对行为控制的感知(指教师对自身所掌握的资源、时间、机会等的感知)、主观规范(指重要的人,如同事、领导对教师实施混合式教学的影响)、任务技术适配(指技术支持与教师的教学任务的匹配程度)共同影响教师对混合式教学的接受度。对问卷数据的路径分析表明前三个构念显著影响教师对混合式教学的接受度,而任务技术适配通过态度间接影响教师的接受意向。刘梅(2018)基于创新扩散理论,构建了高校教师混合式教学影响因素模型。结构方程结果表明,学校支持、易用性、兼容性、相对优势和传播渠道5个因素依次显著影响高校教师对混合式教学的接受意愿,教师创新类型对各因素和接受意愿之间的关系起到调节作用。

综上所述,关于影响因素的研究多为探讨影响教学效果的因素,而且往往把学生满意度作为教学效果的观测点。另外,既往研究更多地关注在线学习部分的影响因素,把在线和面授相结合的研究较少。教师的教学行为是影响整个混合式教学过程和结果的重要因素,既往研究关注较少。

4) 学习分析研究

在线学习平台可以捕获大量的学生学习行为的数据,近年来学习分析逐渐兴起。学习分析协会(The Society for Learning Analytics Research)对学习分析的定义是:学习分析技术就是测量、收集、分析和报告关于学习者及其学习情境的数据,以期了解和优化学习和学习发生的情境(魏雪峰、宋灵青,2013)。

混合式教学中,在线学习平台上产生了大量的学习者的学习行为数据,通过收集、分析、报告这些数据,可以评估学生的学习进度,预测学生未来的学业表现,发现潜在的问题,提供个性化的学习指导。如Zacharis(2015)利用LMS平台上的学习行为数据,观测了29个变量,发现阅读和张贴信息、在平台创建内容、对测试的努力程度、阅读的资料数量是影响学业成绩的最重要的4个因素。高菊(2017)对SPOC(如云课堂)环境下学习者的线上学习行为进行了分析,挖掘了学习者在SPOC环境下的学习特点及学习者学习类型。李小娟等(2017)以清华教育在线网络教学综合平台上学生的在线行为数据为分析对象,经因子分析,把在线行为划分为课程阅读、总结反思、互动交流以及研究协作4种。每一种行为都有多个观测点,如学生进入课程总数、阅读课程通知次数、阅读课程教学材料次数都属于课程阅读行为。然后作者探讨了这 4 类在线行为与学习绩效的关系。

以上提到的两个研究均聚焦混合式教学中在线学习平台上的学习行为数据,Lu(2018)的研究囊括了混合式教学中学生在线上和线下两种环境中的学习行为。该研究以某大学修读微积分课程的 59 名学生为研究对象,以 21 项线上线下的学习行为为变量,探讨这些学习行为对课程成绩是否具有预测性。结果表明,仅教学周期三分之一的时间过后,即可通过这些学习行为预测课程成绩,同时还提取出 7 项关键学习行为,包括 4 项在线行为(如点击视频"开始"的次数、点击视频"后退"的次数、在线练习的分数等)和 3 项线下行为(每周的线下作业成绩、每周参与课外线下辅导的次数等)。

5) 关于教师的研究

如 1.1.4 节所述,技术不会自动发挥作用,混合式教学的优势也不会自动凸显,教师的教学是很重要的一环,因此有些研究聚焦混合式教学中的教师。一类研究关注混合式教学中教师的作用,多为理论思辨研究。何克抗(2005)提出混合式教学中教师要发挥主导作用,包括对学习内容的讲解、对学生的启发引导、情境创设、信息资源提供、合作探究学习的组织和指导等。田爱丽(2015)探讨了翻转课堂教学中教师角色的转变:从以"讲解为主"到以"激疑解惑"为主,从传授知识到发展高级思维能力和综合素质,以及需要进行个性化教学。

另一类研究探讨混合式教学对教师的素养、能力等方面的要求。如阮全友(2014)基于 TPACK 框架,分析了翻转课堂中教师所应具备的知识和能力结构。翻转课堂模式下对教师的 TPACK 提出了更高的要求。学生的信息输入放在了课外,但并不意味着在学科知识上对教师要求低了,相反,教师要答疑解惑,这些对教师的学科知识要求挑战更大。翻转课堂中教学的组织需要教师的教学法知识。翻转课堂是信息技术环境下的教学,教师的信息技术素养是必不可少的一部分。

许多研究使用胜任力(competency)一词指称对教师的要求。如郝兆杰、潘林(2017)把教师胜任力定义为胜任教师工作所具有的知识、技能和价值观,基于此构建了高校教师翻转课堂的教学胜任力模型。该模型包括 4 个维度,分别是知识、技能、特质与动机、态度与价值观,每个维度都包括通用胜任力和核心胜任力两种类型的指标。廖宏建、张倩苇(2017)基于对 15 名教师的关键行为事件访谈,构建了 SPOC 混合式教学中教师的胜任力模型。该模型包括 3 项基本胜任特征(专业知识、讲授能力和信息素养),以及 13 项能够区分绩优者和绩平者的鉴别性特征(成就动机、课程设计能力、评价素养等)。

韩晔、高雪松(2022)通过对 2010—2020 年间发表在 SSCI 和 CSSCI 期刊的论文的回顾,梳理了外语教师对混合式教学的认知和实践情况,发现外语教师在混合式教学的认知上,主要包括对混合式教学内涵的认知、对师生角色的认知、对影响因素的认知,与学界主流观点大体一致。在实践层面,国内外外语混合式教学都以翻转课堂为主。

评价是教学环节中的重要内容,尤其是随着教育评价理念从"对学习的评价"(assessment of learning)转向"为学习的评价/学习性评价"(assessment for learning)和"作为学习的评价/评价即学习"(assessment as learning),评价的促学作用越来越凸显。部分研究关注了混合式教学中评价的问题。孟亚茹、崔雨(2023)强调外语教师形成性评价素养是确保混合式教学质量的关键,并构建了外语教师混合式教学形成性评价素养量表。研究者使用量表对来自 22 所高校的 203 位外语教师进行了调查,发现外语教师的形成性评价素养存在知行脱节现象和群体间差异。

由前文的梳理和分析可知(详见 1.1 节),由于单一面授模式和在线学习模式的局限性,追求使两种模式优势互补的混合式教学应运而生,并在国内外高等教育领域获得广泛应用。大学英语课程也不例外,对混合式教学的实践探索和理论研究处于持续发展之中。下节将通过梳理大学英语教学的发展历程,尤其是教学模式的演变,以及学界对大学英语教学有效性问题的探讨,进一步厘清本书核心概念的内涵。

6) 机构层面的研究

以上的研究都是从课程层面对混合式教学进行研究,除此之外,还有一些研究从机构层面研究混合式教学,探讨如何在学校层面整体推进混合式教学改革。

一类研究通过构建基于院校层面的混合式教学的描述框架,为院校定位自身所处的阶段以及制订改进方案提供指南。如 Graham 等(2013)基于对美国 6 所高校的调查,构建了院校层面推进混合式教学实施的措施框架,包含策略(strategy)、结构(structure)、支持(support)三个维度。并根据对这些措施的实施程度,将混合式教学的实施分为三个阶段,即意识/探索阶段、采纳/早期应用阶段、提升/成熟应用阶段。黄月、韩锡斌和程建钢(2017)基于对 6 所国内高职院校的混合式教学的调查,指出 Graham 等人(2013)的框架不能体现混合式教学改革的动态发展性,因此提议增加教师群体教学行为维度(如教师混合式教学总体参与度),以使描述框架更加细化。

还有一类研究与上述研究殊途同归,即亦旨在为混合式教学提供建设与改进指南,不同之处在于这类研究往往基于个案院校改革的实践经验得出结论。如许德泓(2016)以福州大学的实践为例,探讨了本科院校实施混合式教学改革的主要影响因素,得出结论:教师培训和激励政策、网络基础设施及相关软件的建设、顶层设计、对外合作都是保证实施效果的要素。任军(2017)则以内蒙古民族大学为例,梳理了顶层设计、培训体系、质量监控与信息反馈机制、激励体系和服务体系5个方面的措施及其效果。苏芃和黄秀华(2017)总结了清华大学在混合式教学实践中的探索,主要包括:①物质上的措施:建设在线平台,如MOOC平台"学堂在线"、课堂教学管理平台"雨课堂"等,调整物理教室;②人力上的措施:开展教师培训,配备助教,辅助混合式教学的开展;③进行实时跟踪调研,确保混合式教学的质量。于洪涛和任军(2017)基于实践案例提出了有效的混合式教学改革培训措施,包括对授课教师和相关管理人员进行校内集中培训和校外集中培训,以及对各个系院分别进行培训。

以上研究均表明,院校的措施,如激励措施、对教师的培训措施等,对混合式教学的推进与提升发挥着重要作用。

7) 课程思政融合研究

2020年,教育部发布《高等学校课程思政建设指导纲要》并指出:全面推进课程思政建设是落实立德树人的战略举措。课程思政建设工作由此率先在高校全面铺开。近年来,课程思政相关的论文、教材、学术会议、科研项目等数量猛增,反响较大。混合式教学与课程思政的融合问题也是学界的关注点。岳曼曼、刘正光(2020)论证了混合式教学在育人理念、育人目标、育人环境、育人路径等立德树人层面与课程思政具有内在的一致性与高度统一性。而更多的研究尝试构建了"混合式教学+课程思政"融合模式。如李睿(2021)构建了大学外语课程精准思政多维混合教学模式,旨在推进大学外语、学科专业、课程思政三位一体、协同发展,并在职场英语课程的教学实践中进行了实证检验,结果表明该模式具有亲和力、针对性和感染力,有效提升了外语课程思政的育人效能。翟峥、王文丽(2021)探讨了在混合式教学中从教学内容、教学管理、教学评价、教师言行4个维度融入课程思政的路径与方法。张荔(2023)展示了在混合式学术英语课程中融入课程思政的教学实践,分析了该模式下的教学目标、教学内容和教学方法,为混合式教学中融入课程思政的方式方法提供了参考。

8）学习投入研究

无论什么样的教学模式，没有学习者的学习投入（student engagement），一切都是空谈。混合式教学旨在有效融合不同教学媒介、方式和资源等，实现教学效果的最大化（Osguthorpe&Graham，2003），具有促进学习投入的潜在优势（Halverson&Graham，2019）。学界部分研究即从学习投入视角探究混合式外语教学的成效。陈静等（2021）通过对 7 名大学生的个案研究，探究了学术英语写作混合式教学课堂中学生的学习投入情况及其影响因素。研究结果表明，学生在混合式模式中具有多样的行为投入、认知投入和情感投入，学习投入受个体因素和环境因素的共同影响。该研究进一步说明教学模式并不能直接确保天然的学习投入，混合式教学需要教师的精心设计，方能提升学习者的学习投入。任庆梅（2021）考察了大学英语混合式教学环境下学生的动机调控对学习投入的影响，用实证结果印证了学生动机调控对学习投入的重要影响。

2.4 大学英语教学

本研究的大学英语指为非英语专业大学生开设的英语课程。1985 年之前，大学英语被称为"公共英语"，1985 年之后教育部正式将其更名为"大学英语"。王守仁（2008）把改革开放以来的大学英语教学改革分为以下 3 个阶段：1978—1984 年的恢复阶段、1985—2001 年的稳定发展阶段、2002 年至今的教学改革阶段。2002 年教育部正式启动大学英语教学改革，2007 年颁布《大学英语课程教学要求》，改革的核心是实施"基于计算机＋课堂的大学英语教学模式"。随着"一带一路"倡议的提出和实施，国家鼓励中国企业和文化走出去，社会急需更多专业水平高、通晓国际规则、具有跨文化交际能力的高端人才（《国家中长期教育改革与发展规划纲要（2010—2020 年）》）。为了提高教学质量，体现新的教学理念，教育部于 2013 年启动《大学英语教学指南》的研制工作，2015 年《指南》送审稿定稿（余渭深，2016）。

自 21 世纪初实施大学英语教学改革以来，"在教学理念、课程教材、教学方法、教学手段方面都有明显的改善，大学生英语综合应用能力也有明显提升"（刘贵芹，2012：280），"大学英语教学充分利用现代信息技术，初步建立起基于计算机和课堂的新教学模式，促进了学生英语听说能力的提高"（王守仁，2010：4）。但另一方面，如 1.1.1 节所述，大学英语课程实施中低效教学的现象也大量存在。因此,对大学英语有效教学的研究一直在进行中。

2.4.1 大学英语有效教学研究

1) 大学英语教学低效原因分析

一些学者将大学英语教学低效的原因归于大学英语教学目标问题。束定芳(2013)提出大学英语教学处于"迷茫阶段",在于"定位不清;教学目标不明;评估方式和内容简单;缺乏有效的理论指导"。蔡基刚(2010:90)认为把大学英语教学目标定位在语言基础上造成应试教学和费时低效。文秋芳(2012:286)指出"大学英语教学力图培养外语全能……往往置交际的有效性于不顾,过分追求语言的完美,反而对思想表达不够重视,师生的精力没用在刀刃上,致使学习效率低下"。黄宇元(2009:201)分析道,大学英语"教学目标偏离了学生的需求,又会带来教学行为、教学产出在方向上的偏离,从而导致教学效果不理想的局面"。张弢、杨军(2014:106)认为"大学英语教学要求只关注了工具性,忽视了语言的其他属性"。阳志清、刘晓玲(2002:37)认为"交际能力作为外语教学目标来说,是个过于模糊宽泛的概念",因为"当交际能力作为目标时,教师对交际应涉及的深度与广度是心中无数的;交际能力的许多方面微妙而精细,难以达到"。

还有一些研究则将大学英语教学低效归因于教学方式。王一普、李蜜和黄跃华(2012:84)提出"被动接受式学习一直是阻碍我国大学英语教育质量提高的绊脚石"。屈社明(2006:64)提出"学生的学习行为受制于老师的指令,比较被动",课堂上基本是教师提问,学生从教材中找寻答案的模式。罗宏(2011:184)也提出了类似的问题,"教师活动约占70%,整堂课学生难有机会与老师用英语进行交流。"周小勇、朱晓映(2016)则认为教师缺乏教学设计能力,教学过程即"教教材"的过程,而不是"用教材教"。黄国君、夏纪梅(2013:18)指出以教师为中心的教学方式导致学生的学习兴趣低下,"当教与学不发生关系,教师与学生不相容时,这样的教学其实已经成为'伪教''盲教'或'无效教学'"。

2) 大学英语有效教学路径探索

除了探究大学英语低效教学的原因,大学英语有效教学的研究还包括以下几个方面,本书将其归入大学英语有效教学路径探索研究。

(1) 研究大学英语的课堂有效教学。束定芳(2006/2011)把语言学习分为课堂学习和课外学习两部分,提出课堂教学在外语教学中的六大功能,分别是①培养和保持学生的学习兴趣;②提供使用语言、促进语言学习的环境;③提供学习资源;④提供外语学习方法和策略指导;⑤帮助学生克服学习困难;⑥提供学生展示学习成果的机会。混合式教学的课堂教学依然需要满足这些功能。同时他提出课堂和课外学习的关系:语言学习＝课堂学习＋课外学习;课堂教学＝为课外学习做准备;课外学习＝促进课堂学习;课外学习的方法和内容＝学习＋交际。课堂教学与在线学习的配合也正是混合式教学所强调的。朱彦(2013)提出有效的外语课堂教学包含 7 方面内容:教学目标合理、教学设计可行、教学材料丰富多样、教学技能灵活、教学氛围和谐民主、教学评估有效、教学反思及时深入。这主要是从教学环节入手,提出每个环节应如何做到有效。王峥(2014)以建构主义学习观为视角,从教学目标设定、情境引领、学习材料呈现、课堂对话等方面提出了建议。这与朱彦的研究可谓异曲同工,均是探讨如何达到每一个教学环节的有效性。戚亚军(2015)在对话哲学框架下以"外教社杯"教学大赛为研究视点,探讨外语课堂教学的有效性及其形成机制。一方面,作者认为有效的语言教学意味着语言的人文性、思想性、社会性须居于工具性之上,厘清了影响课堂师生互动的有效因素:相互尊重、彼此倾听、悬置判断、保持开放心态和进行问题驱动等,以及 5 种相应的有效对话策略:跟进提问、专注倾听、情境想象、动态资源开发与批判性反思。另一方面,作者认为教师是有效教学的主导因素,有效教学取决于有效教师,因此构建了旨在通过教师发展来提升有效教学的长效工作机制,即经验转换机制、动力生成机制、制度保障机制等。

任庆梅(2013)从学生感知视角出发,从过程和结果两个层面构建了大学英语有效课堂环境评价框架。过程层面包括学生对学习行为、人际支持、情境支持 3 个维度的感知,结果层面指学生对课堂教学效果的感知,即满意度,具体包括学习兴趣、收获评价和自我效能 3 个维度(见表 2-5)。

表 2-5　大学英语有效课堂环境评价标准(任庆梅,2013)

大学英语有效课堂环境评价		教育质量标准														
		约定标准												满意标准		
		任务取向	活动参与	探究学习	合作学习	个性化学习	与现实联系	学生融洽度	教师支持	学生平等	课堂管理	活动创新	多媒体技术	学习兴趣	收获评价	自我效能
过程	学习行为	☆	☆	☆	☆	☆	☆									
	人际支持							☆	☆	☆						
	情境支持										☆	☆	☆			
结果	学习效果													☆	☆	☆

（2）用有效教学理念反思外语教学。李航（2008）、乔淑霞（2011）认为有效教学关注教学目标达成、关注教学效益和效率、注重反思的理念可以为我国外语教学提供启示，以反省外语教学的"费时低效"。

（3）研究信息技术在外语学习中的有效性。安静（2004）对使用信息技术提高语言输入与输出的效率和效果进行了分析，认为信息技术为大学英语教学模式的改革和完善提供了契机，切实提高了学生英语学习和运用的能力。付道明、吴玮（2014）阐释了外语泛在学习有效性的本质和内涵，并构建了外语泛在学习的评价体系（见图2-6）。该体系囊括了教师、学习者、语言学习资料、学习支持系统、学习服务系统，是一个综合的评价体系。

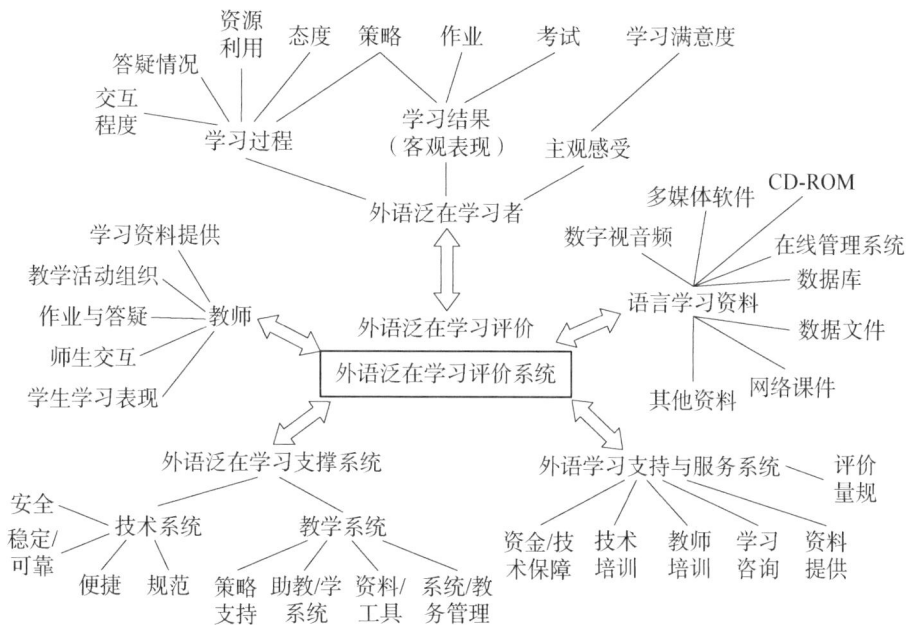

图2-6 外语泛在学习评价体系（付道明，2014）

如前所述，混合式教学在高等教育领域发展迅速，大学英语课程也不例外。在线学习是混合式教学的一部分，但现有研究主要聚焦大学英语面授课堂的有效教学，缺乏对在线学习、线上线下学习配合情况的观照，以及对混合式教学环境下大学英语有效教学影响因素的综合研究。下文首先梳理大学英语教学模式的发展和相关研究，最终聚焦于大学英语混合式教学的研究现状。

2.4.2　大学英语教学模式

1) 大学英语教学模式的发展

"模式"是使人能够照着做的标准样式,便于人们学习和仿效。而教学模式是一种结构,是反映特定教学理论、相对稳定而具体的教学活动结构(李伯黍,1994),是在一定的教育思想、教学理论和学习理论指导下,在某种教学环境和资源的支持下,教与学活动中各要素(教师、学生、内容、媒体)之间稳定的关系和活动进程结构形式(李克东,2001)。教学模式包括以下几个基本要素:①理论基础,指教学模式所依据的哲学、教育学、教育技术学等方面的理论,对其他要素起导向作用;②教学目标,它是教学模式的核心,制约着操作程序、实现条件,也是教学评价的标准和尺度;③实现条件,它是教学模式功能有效发挥的保障;④操作程序,指教学模式实施的环节和步骤;⑤教学评价,它使人们能够了解教学目标的达成度,从而调整或重组操作程序,以使教学模式得到进一步改造和完善(钟志贤,2008)。

戴炜栋、刘春燕(2004)基于现代学习理论的新发展,将与之相对应的外语教学模式命名为新认知主义模式、以学习者为中心的模式和建构主义模式。王守仁(2008)将外语教学模式划分为三大类型:以教师为中心的讲授型;以学生为中心的交互型;兼顾教师和学生能动性的综合型。陈坚林(2010)提出基于"以教师为中心"和"以学生为中心"两种教学理论产生了"以教师为中心"的教学模式和"以学生为中心"的教学模式。以上对教学模式的划分均是根据教学模式所基于的教学理论。教学模式是在一定教学理论指导下建立起来的框架结构,依据理论基础对教学模式进行类型划分有助于把握不同教学模式的本质。

本书聚焦大学英语教学,即为非英语专业本科生开设的英语课程。1978 年以来的大学英语教学可以粗略地分为 3 个阶段:恢复阶段(1978—1984 年)、稳定发展阶段(1985—2001 年)、教学改革阶段(2002 年至今)(王守仁,2008)。从教学模式上来说,前两个阶段一直沿用传统的以教师讲授为主的单一课堂教学模式,教学手段上采用"课本+粉笔+黑板"。随着时代的发展,这种教学模式受到前所未有的挑战,在培养学生的英语应用能力上明显不足,"哑巴英语""聋子英语"的现象普遍存在(戴炜栋,2001)。1999 年起,我国大学开始扩招,以每年8%的速度增长,"短时间内学生数量的快速增长使得师资力量相对薄弱,教学质量难以得到保障"(戴炜栋,2009)。传统教学模式无力解决这一难题。21 世纪开始,信息技术快速发展,融入了社会生活的方方面面,教育领域也不例外。传统教学模式在电脑、网络的冲击下,已不可避免地失去其原有的地位与优势(陈坚林,2010)。2002 年 12 月 23 日,教育部高教司下发《关于启动大学英语教学改革部分项目的通知》,拉开了大学英语教学改革的大幕(王守仁,2008)。大学英语这一轮改革最主要的内容就是改变以讲授为主的单一教学模式,充分利用信息技术,采用基于计算机和课堂的教学模式。

2) 大学英语教学模式研究现状

由于教学模式是此次大学英语教学改革的核心,关于大学英语教学模式的研究一直是大学英语教学研究的热点。依据中国知网中的期刊论文数据,笔者在"高级检索"页面下,在"篇名"部分的前一个输入框里分别键入"大学英语"或"大学外语",选择"并含",后一个输入框中键入"教学模式"或"模式",进行检索。再把"篇名"换为"关键词"进行检索。近几年翻转课堂、混合式教学、MOOC、SPOC 等兴起后,对英语教学模式的研究多为对这些"教学模式"的直接研究,故笔者也以"大学英语"并含"翻转课堂"或并含"混合式教学""混合学习""MOOC""SPOC"为篇名和关键词进行检索,来源类别设定为"CSSCI"期刊。如上文所提到的,大学英语教学改革以 2002 年 12 月 23 日教育部高教司下发《关于启动大学英语教学改革部分项目的通知》为开始的标志,但从 20 世纪末 21 世纪初开始,大学英语教学改革就已经在我国高校兴起,因此笔者将年度设定为"2000 年至今",逐一细读题目和摘要,剔除与大学英语教学模式内容不相关的文章,从研究方法、研究角度等方面对相关文章进行梳理和分析。

研究可大致划分为三个阶段。第一阶段(2000—2006 年),《大学英语课程教学要求》颁布之前;第二阶段(2007—2012 年),《大学英语课程教学要求》颁布之后;第三阶段(2013 年至今)。《大学英语教学指南》从开始制定到基本完成,MOOC、混合式教学等在全球范围内兴起。

参照文秋芳和任庆梅(2010)区分实证研究与非实证研究的标准,"提供了'研究对象、研究工具、数据收集、分析'等相关详细信息"的文章被认定为实证研究,否则为非实证研究。根据上述标准,笔者对选定论文就其研究方法进行逐篇界定,将在摘要中提供了"研究对象、研究工具、数据收集、数据分析"的文章列为实证研究;没有列出的则通读全文,然后确定文章是实证研究还是非实证研究。

在第一阶段,非实证研究以分析、述评为主,分析传统教学模式已不能适应时代的发展(夏纪梅,2003;蔡基刚,2003);阐述新型教学模式采用的必要性和可行性;对"以学生为中心"新型教学模式进行思考(范姣莲、高玲,2004)。2004 年教育部颁布《大学英语课程教学要求(试行)》,强调"实施计算机+课堂的新型教学模式",一些专家学者对该模式进行解读(贾国栋,2004),也有学者对新型教学模式下的教师角色转变进行分析(徐锦芬、徐丽,2004;王一普,2005;龚嵘,2006),亦有对新模式从不同视角进行的理论探究,如陈坚林(2006)从生态学视角,俞秀红(2006)从建构主义视角分别对新型教学模式进行考察。

这一阶段的实证研究主要以介绍个案学校的大学英语教学模式改革情况为主,多采用学业成绩、问卷、访谈等方法验证新型教学模式的有效性(张肖莹,2006;龚维国、朱乐红,2006;崔岭,2004)。这一阶段关于大学英语教学模式的研究多使用"新模式""探索"等术语。

第二阶段的非实证研究开始出现对大学英语教学改革启动以来涌现的教学模式进行梳理总结的文章,如萧好章、王莉梅(2007)把当时存在的教学模式划分为"多媒体辅助下的传统课堂英语教学模式"等5种模式。莫锦国(2007)总结了3种与外语教育技术整合的新教学模式。这一阶段的研究也有对实施新型教学模式后所出现的不尽如人意的现象的理性再思考(陈坚林、史光孝,2009;丰久光、王巍,2010),指出教学模式的选择有若干制约条件,如教学目标、教学条件、学生水平,不能为用技术而用技术。

而实证研究则多为在基于不同视角理论构建新型教学模式后,用实验法,结合问卷、访谈等研究工具,检验教学模式的效果,如张善军(2009)的"多元互动大学英语教学模式";卜爱萍(2010)的"'2+1+1+X无缝隙'大学英语多媒体教学模式";徐锦芬等(2010)的"培养大学新生英语自主学习能力的'三维一体'教学模式"。与第一阶段的实证研究相比,这一阶段的实证研究更为微观,如关注某一类型学校的大学英语教学模式(李霄翔,2011;蒋霞,2011)或某一课型的教学模式(张艺宁,2010;江洁,2011)。

第三阶段的研究是伴随着MOOC与翻转课堂在全球教育领域的风靡而开始的,因此这一阶段对大学英语教学模式的研究往往与翻转课堂、MOOC、SPOC、混合式教学等术语联系在一起。在这一阶段,受国内外学术环境的影响,在线学习与面授课堂相结合的模式被普遍冠以混合式教学这一名称。实证研究主要集中于对这些新型模式的构建、案例分析以及效果验证(胡杰辉、伍忠杰,2014;邵钦瑜、何丽,2014;李艳平,2015;王素敏,2016;岳丽锦、宋铁花,2016;吕婷婷、王娜,2016;杨芳、魏兴、张文霞,2017;王娜、张敬源、陈娟文,2018;王林海、赵觅、杨雯雯,2018等)。这类研究往往先提出一个混合式教学设计的模型或模式,然后将其应用于大学英语教学中,最后通过学习成绩等客观指标和(或)对学生的问卷、访谈等检验该模型或模式的教学效果。这一阶段的实证研究还包括大学英语混合式教学中的教师中介作用研究(成泅涌,2016)、学生学习行为的影响因素研究(王聿良、吴美玉,2017)、学生满意度影响因素研究(翟雪松、林莉兰,2014;戴朝晖、陈坚林,2016;胡杰辉、李京南、伍忠杰,2016)。

这一阶段的非实证研究主要包括对混合式教学模式进行理论构建(宋军、程炼,2015;何芳、夏文红、何芸,2016),对混合式教学(包括各种实践模式)概念、理论基础等的阐述(邓笛,2016;尹玮、张凯,2017;娄伟红、陈明瑶,2017)等。

综上,对大学英语教学模式的研究,从研究内容和视角来说,多为模式建构、案例分析,以及对教学效果的考察,基于教师视角的研究较少。另外,对"学"的影响因素的研究多于对"教"的影响因素的研究。在有关"教"的影响因素的研究中,主要聚焦单个变量对"教"的影响,如聚焦教学信念、教学能力等,缺乏对影响因素的综合研究。

从研究方法来看,实证研究占主导。但对"教"的研究多为思辨研究,如阐释教师的角色和作用、总结教学策略等,较缺乏聚焦教师的"教"的实证研究。

从研究对象上来说,多为单个案或多个案研究,即针对一所或几所高校的大学英语教学展开研究,缺乏涉及多校的样本的研究。

2.5 核心概念的操作定义

概念界定是在文献综述的基础上,结合研究目的和研究问题对研究的主要核心概念进行明确和细化的过程。概念界定对于研究思路的厘清、研究数据的收集、研究结果的分析具有十分重要的意义。下文将对本书的核心概念"大学英语混合式教学"以及"大学英语混合式教学有效性"进行界定。

2.5.1 大学英语混合式教学

在研究的操作化过程中,对重要概念进行界定包括给出概念定义和操作性定义。前者指对概念的本质特征或概念的内涵和外延作出说明。仅有概念定义无法表明如何对概念进行测量,还需要操作性定义,即从操作层面上对概念进行界定,也就是通过测量手段对一个概念进行定义(秦晓晴,2009)。

结合 2.3.2 节中所梳理的混合式教学的定义,本书将混合式教学界定为面对面课堂教学与在线学习相结合的教学模式,目的在于充分发挥二者的优势。形式上是面对面课堂教学和在线学习的结合,实质是教师主导作用、学生主体地位的结合。

混合式教学主要表现为以多媒体计算机为核心的多媒体教学环境(多媒体教室)和以网络技术为核心的虚拟学习环境。虚拟学习环境目前用得比较多的有 Moodle、Blackboard、微信平台、网络课程等。混合式学习中的网络环境可以为混合式学习提供三方面的支持,即向学生提供有关课程各方面的信息,弥补学生课堂学习的不足,提供在线学习资源供学生访问浏览(黄荣怀等,2009)。由此可见,混合式教学的开展需要有发布与管理教学资源,能够进行在线教学交互、在线教学评价、教学管理的网络教学平台来支撑。因此本书对于大学英语混合式教学的操作性定义为:大学英语混合式教学指面向非英语专业本科生开设的大学英语任意课程中实施的面对面课堂与在线平台学习相结合的教学模式。

具体而言,本书对大学英语混合式教学的界定有以下两个要点:

(1)既然混合式教学界定为面对面课堂教学与在线学习的结合,则在线学习是相对于课堂面授而言的,是对照和对等的关系,因此仅在面对面课堂内使用网络不算作混合式教学。

(2)混合式教学包含两部分,即面对面部分和在线部分。面对面课堂教学发生在实体教室。而在线部分又包括两个板块,在线自主学习和在线互动交流。在线学习的开展需要一个空间,即虚拟的在线空间,通常称作在线平台。在线平台或者能够承担两大板块的功能,即在线自主学习和在线互动交流,集两种功能于一体,或者只能承担其一的功能。只要配备并使用承载任意一项功能的在线平台,又同时有面对面教学环节,在本书中即视作混合式教学。

2.5.2　大学英语混合式教学有效性

如前所述,有效教学在于促进学生的学习,但基于的教学理念不同,时代要求不同,对于追求促进怎样的学习、如何促进学习有不同的内容。信息化时代的有效教学指高阶思维能力的培养,强调以学生为中心的教学。混合式教学的特点使其得以成为实现信息化时代有效教学的重要途径,这些特点即其有效性所在。这些特点包括:

(1)灵活性。在线学习部分的存在使得学生的学习不受时间空间的限制,实现泛在学习。

(2)个性化。学生可以根据自己的学习风格自定步调学习,而且可以得到教师个性化的指导和反馈。

(3)强交互性。面授与在线两种空间的存在大大拓宽延伸了师生、生生交互的渠道,弥补了单一面授模式和单一在线模式容易造成互动不充足的缺陷。

(4) 利于培养学生的自主学习能力。许多学习内容放在课下自学,要求学生有较高的自主学习意识和能力。

(5) 利于培养高阶思维能力。记忆、理解等内容移至在线学习部分,面授课堂能够腾出更多的时间进行高阶思维能力的训练。

(6) 提供了真实的学习环境。利用信息技术可以实现做中学。

(7) 打破了传统课堂的界限,扩大了学习者参与学习的机会。

(8) 资源可及性增强。师生拥有丰富的教学资源。网络上存储有大量的文字、图像、声音及影像资源,方便学习者获取。

(9) 以学习者为中心。大量的资源需要学习者进行取舍和消化,只有积极主动、勇于探索和思考的学习者才能取得令人满意的学习效果。

(10) 能够合理选择和组合所有学习要素,促进学习效果和学习成本最优化。

2.5.3　大学英语混合式教学中的教师有效教学行为

如2.2.1节所述,本书中的教学行为指教师"教"的行为,即教师为达成教学目标、完成教学任务而采取的外显的可观察的行为,具有可观察、易测量的特征。混合式教学能否真正发挥其有效性,取决于教师能否实施有利于混合式教学有效性发挥的教学行为。根据前文所述,这些教学行为大致可以归纳为教师创设在线学习和课堂教学相结合的混合式学习环境,充分体现混合式学习泛在、灵活、个性化的特点,延伸课堂教学;利用信息技术提供丰富的学习资源;通过分析学习行为数据提供个性化、针对性的教学和指导;实施主体多元、形式多样的教学评价,发挥其对教学过程的调节、导向和激励作用;在线上线下连贯的学习体验中实现师生真实情感的交流,构建一种互动性、参与性的学习情境,以达到效率和效果的最优化。

2.6　概念框架

概念框架是对一项科学研究中涉及的所有概念、变量及其之间关系的逻辑阐述,以此明确将要探讨、研究、测量或者叙述的具体内容(Maxwell, 2013)。概念框架对研究方法的选择、数据资料的收集和分析以及研究发现的论述起引领作用(Merriam,1998)。本节着眼研究目的,根据理论基础,以已有文献为基础,确立本书的概念框架。

本书首先构建大学英语混合式教学中教师的有效教学行为指标框架,然后使用该框架考察部分院校的大学英语教师在混合式教学中实施有效教学行为的情况,同时厘清影响这些行为实施的因素。

根据前人文献可知(详见2.2.2节),影响教师教学行为的因素可以归为教师因素、学生因素、课程因素和环境因素。教师因素大致包括教师观念、专业能力、教师期望、教育背景、性格特点等;学生因素大致包括个性特点、起始水平、学习态度、学习动机、学习期望、评价、反馈等;课程因素大致包括课程性质、教学目标、教学内容、教学模式、上课时间、班级规模等;环境因素主要包括校外的社会环境、家庭环境,以及校内环境,即学校的物质条件、政策、氛围、教学管理等方面。由于本书聚焦教师的教学行为,因此将这几个影响因素归为教师自身因素和外部因素两类,以方便围绕教师展开研究。教师自身因素即文献中的教师因素。外部因素则包括学生因素、课程因素和环境因素。根据文献,教师的个人特征,如性格、兴趣爱好对教师的教学行为也会产生影响,但本书以寻找具有操作性的影响因素为目的,后天难以改变的影响因素不在本书的研究范围之中。

本书的概念框架如图2-7所示。

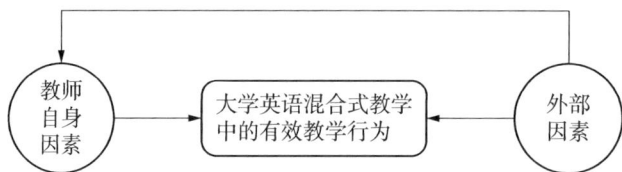

图2-7 本书的概念框架图

2.7 研究路径

本书旨在构建大学英语混合式教学中的教师有效教学行为指标框架,用以考察大学英语混合式教学中教师实施有效教学行为的现状,挖掘影响这些行为的主要因素及因素之间的互动关系,从而为提升混合式教学质量提出意见。

如图2-8所示,为实现这样的研究目的,本书首先根据文献和先导访谈,归纳大学英语混合式教学下教师有效教学行为的维度,编制测量问卷,回答"大学

英语混合式教学中的有效教学行为是什么"的问题。选取部分高校,用编制好的
问卷调查分析大学英语混合式教学中有效教学行为实施现状,回答"大学英语混
合式教学中有效教学行为现状是怎么样的"这一问题。接着,考察教师自身因素
和外部因素对有效教学行为的影响效应,以回答"为什么大学英语混合式教学中
的有效教学行为是现在的样子"这一问题。最后对从上述研究中得到的启示进
行阐述。

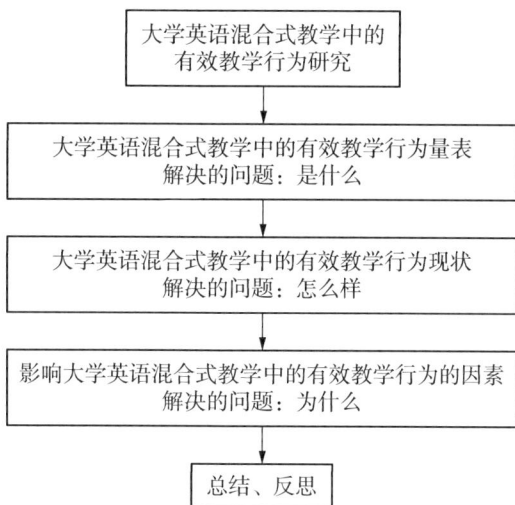

图 2‑8 本书的研究思路图

为了实现上述研究目的,本书拟采用量化和质性相结合的研究方法,通过调
查问卷、访谈、文本和网络资料的三角互证,凝练本书的结论,如图 2‑9 所示。
首先通过理论回顾和文献梳理厘清大学英语混合式教学的描述性参数框架、大
学英语混合式教学中的教师有效教学行为及其影响因素。

然后笔者对数位信息化外语教学研究专家、大学英语课程负责人、大学英语
教师、非英语专业本科生进行先导访谈,主要了解三方面的信息,验证和充实基
于文献确立的概念框架:一是大学英语混合式教学实施的基本情况的内涵;二是
大学英语混合式教学中教师有效教学行为的维度;三是有效教学行为的影响
因素。

接下来,笔者基于文献和先导数据,设计问卷内容和访谈提纲。

对于有效教学行为部分的量表,笔者应用德尔菲专家调查法,对数位信息化
外语教学研究专家进行问卷咨询,形成最终的有效教学行为调查量表。

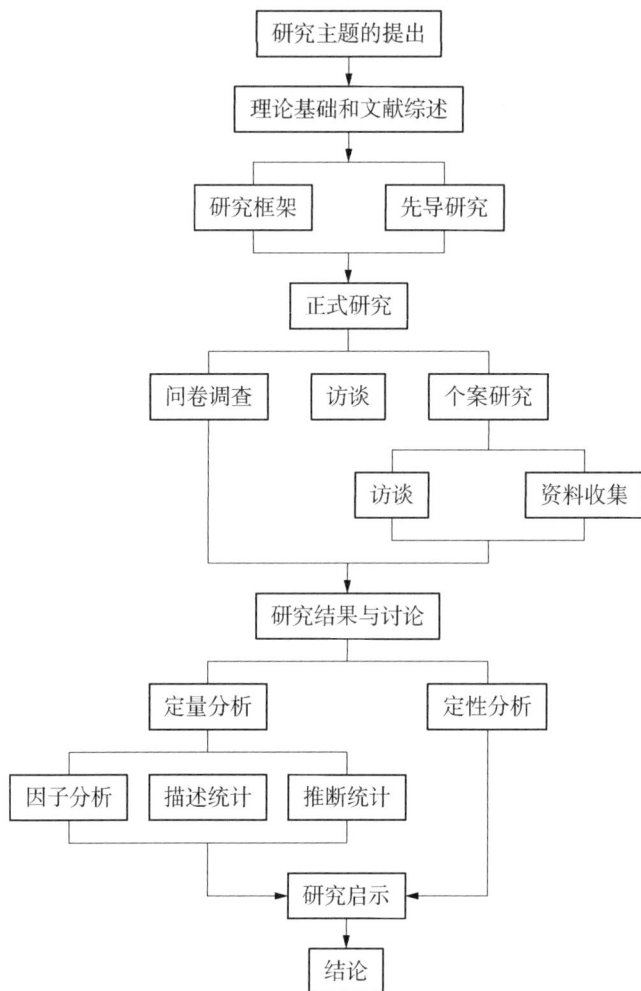

图 2-9 本书的技术路线图

　　笔者综合考虑高校层次和高校专业特色,选取部分高校作为调查对象,向大学英语教师发放问卷;从所研院校中选取部分大学英语课程负责人、大学英语任课教师、非英语专业学生进行进一步访谈;使用社会科学统计分析软件SPSS23.0对问卷进行处理分析;进行探索性因子分析,获得基于数据驱动的有效教学行为因子。与之前的理论维度框架进行比对,确立最终的大学英语混合式教学中的教师有效教学行为维度;分析问卷数据,以了解所研高校的大学英语教师在混合式教学中实施有效教学行为的实然,并用访谈获取的质性数据进行三角验证,以及进一步解释;根据影响因素的分析框架,使用问卷中影响因素量表的量化数据及访谈获取的质性数据对影响因素进行分析;同时选取来自 985、211、普通高校的四位教师作为个案,通过深度访谈、相关文本和网络资料收集的手段深入分析大学英语教师混合式教学的实施情况以及各影响因素的作用机制。

2.8 本章小结

　　本章文献综述先由有效教学这一概念入手,介绍有效教学的相关概念及研究现状。有效教学的内涵与具体情境息息相关。本书中的有效教学处在两个情境下:大学英语课程、混合式教学。因此,接下来对混合式教学以及大学英语课程的相关内容进行综述。混合式教学部分首先回顾其产生的背景,继而梳理定义、分类、理论基础、教学的流程,以及研究现状。大学英语教学部分综述了大学英语有效教学的内涵及相关研究,然后梳理大学英语教学模式的发展历程,再过渡到对大学英语混合式教学研究的分析,找出研究空白。在此基础上对本书的核心概念进行界定,并提出了本书的概念框架和研究路线。

第 3 章   研究设计与数据收集

3.1   引言

　　本章基于第 2 章的概念框架,详述研究问题,并以开放式访谈作为先导研究,探究大学英语混合式教学中的教师有效教学行为及其影响因素的构念;然后将其操作化以编制调查问卷、访谈提纲;最后,论述本书的研究对象、研究方法、研究过程和研究工具。

3.2   研究问题

　　正如 1.2 节所述,本书的目的就是通过构建大学英语混合式教学中的教师有效教学行为评估框架,以部分高校为例,探究不同层次和不同专业类型高校大学英语混合式教学的现状,挖掘影响大学英语教师在混合式教学中实施有效教学行为的主要因素,考察多种因素之间的互动关系,提出改进意见,为教师提高混合式教学的有效性提供参考。

　　基于以上研究目的,本书围绕以下三个研究问题展开:

　　(1) 大学英语混合式教学的基本情况是怎样的?

　　(2) 大学英语教师在混合式教学中实施有效教学行为的现状如何?

　　(3) 教师的这些行为受到哪些因素影响? 这些因素是如何发挥作用的?

3.3　先导研究

3.3.1　先导研究设计

先导研究是指研究者为了论证提出的理论假设是否正确而进行的前期研究,以质化研究为主要形式收集和分析数据,其目的是为后期的正式研究提供理论支持和方法论支持(Creswell,2008)。基于现有文献,大学英语混合式教学的教师有效教学行为和影响因素有了初步的框架,但其合理性及完善性有待进一步检验,同时编制合理有效的评价工具也需要建立条目池,因此笔者通过开放式访谈进行了先导研究。正如 Oppenheim(1992)所说,最好的问卷题项来自与受访者进行的实际访谈。访谈可以很好地反映受访者的真实情况,研究者可以获得反映真实情况的测量指标。

开放式访谈方式使得采访者和被采访者较少受到"问题-答案"模式的困扰,可以围绕问题进行充分沟通和交流,双方之间是开放、双向的沟通和交流,有利于全景式了解,也有利于归纳各种观点。

访谈对象包括从事信息化外语教学研究的专家、大学英语课程的负责人、大学英语任课教师以及非英语专业大学生。信息化外语教学研究专家对于混合式教学有效性的认知具有前瞻性和理论高度,对混合式教学实施的应然态有较好的把握。大学英语课程负责人可以提供院系层面上关于混合式教学实施的信息。大学英语任课教师是混合式教学的执行者,需要了解他们对于大学英语混合式教学的理解。学生是教学服务对象,需要充分了解学生的感知和期待。

本先导研究具体包括以下几步:①根据前期文献综述和分析构建出先导研究使用的访谈提纲,对部分信息化外语教学研究专家、大学英语课程负责人、大学英语任课教师和非英语专业学生进行半结构访谈,调查了解大学英语混合式教学实施的现状、教学效果、影响因素等;②提炼框架维度,比照前期文献分析的结果,初步编制正式研究所用的调查问卷。

3.3.2　先导研究过程

根据便利条件,笔者对 5 名信息化外语教学研究专家、2 名大学英语课程负责人、9 名大学英语课程授课教师和 5 名非英语专业本科生进行了开放式访谈（见表 3-1）。访谈主要是面谈，也结合微信聊天的方式进行。所有人员均是在笔者邀请之下，征得其同意的情况下参与访谈的。

表 3-1 先导访谈情况表

参访人员身份	人数	主要访谈内容
信息化外语教学研究专家	5	大学英语混合式教学有哪些优势？对教师提出了怎样的要求？授课教师应该如何做？
大学英语课程负责人	2	贵校大学英语混合式教学是如何实施的？存在哪些困难和挑战？该模式的优势体现在哪里？
大学英语任课教师	9	您是如何实施混合式教学的？您如何看待这种教学模式？这种模式有哪些优势和不足？哪些因素影响其优势的发挥？
学生	5	您是如何学习这门课程的？您如何看待混合式教学模式？这种教学模式有哪些优势和不足？对大学英语教学有哪些期待？

5 位专家均为高校的副教授或教授，具有外语教学方向博士学位，研究领域均为信息化外语教学，在外语类和教育类 CSSCI 期刊上发表该领域的论文多篇。同时对来自上海市、浙江省、安徽省、云南省、湖北省的 2 名大学英语课程负责人、9 名大学英语任课教师及 5 名非英语专业学生进行访谈。参加访谈的课程负责人和任课教师信息如表 3-2 所示。参加访谈的 5 名学生是上海两所高校（一所 211 高校，一所普通本科院校）大二的学生，其中男生 3 名，女生 2 名，是参加访谈的两名教师在执教班级随机挑选的。

表 3-2 先导访谈教师情况表

信息项目	选项	数量（人）
性别	男	3
	女	8
年龄	30 岁以下	0
	31～40 岁	6
	41～50 岁	4
	50 岁以上	1
教龄	5 年以下	0
	6～15 年	6
	16～25 年	3
	26 年以上	2

信息项目	选项	数量(人)
学位	学士	0
	硕士	9
	博士	2
职称	助教	0
	讲师	6
	副教授	4
	教授	1
所在学校类型	985 工程	1
	211 工程	4
	普通本科院校	6

为了在最大程度上保证被访者回答的真实性及便利性,笔者一般事先与受访者确定访谈的时间和地点,同时,为了消除一些不利因素,如噪音等的影响,访谈地点选择在相对安静、干扰较少的地方,如办公室、教师休息室等。对专家和教师的访谈均为个体访谈,其中对专家的访谈时间为每人 30～45 分钟,对教师的访谈为每人 45～60 分钟。对学生的访谈为小组访谈,根据学生所在学校,其中一组为 3 名学生,另一组为 2 名学生。访谈时间分别为 60 分钟和 50 分钟。在征得受访者同意的基础上,笔者对访谈进行了录音。

3.3.3　先导研究结论

笔者对访谈录音进行了逐字逐句转写,形成 Word 文档转写稿,以话轮对转写稿进行了标注。访谈数据的分析方法一般分为类属分析法(categorization)和情景分析法(contextualization)两种。类属分析法是指把具有相同属性的编码单位归入同一类别,并且以一定的概念命名;情景分析法则是按照时间或空间顺序对有关事件和人物进行描述性的分析(杨鲁新等,2012)。本研究的先导开放式访谈的目的是寻找反复出现的教师教学行为、影响因素等,并不特别注重其时间和空间上的顺序关系,因而采用类属分析法对数据进行分析。具体步骤如下:

第一步,对转写稿进行逐字逐句地反复阅读,寻找与研究目的有关的或反复出现的关键词语、概念,进行开放式编码(又称初级编码或一级编码)(Creswell,2007)。编码时尽可能地使用被访者用来表达看世界的方式的"本土概念"(陈向明,2000:284),如"课堂讲太多是没意思的""老师喜欢讲"被视为一级编码。

第二步,反复阅读一级编码,找出这些编码之间的内在关联,将意义相近的一级编码进行归类,形成更高一级的类属,即二级编码,如将"平台资源老套""操作不方便""后续服务跟不上"归为"平台因素"二级编码。

第三步,找出二级编码之间的内在关联,依据先导访谈的目的框架,进行三级编码,如将"平台因素"归为"影响因素"。

本研究使用 NVivo11.0 帮助分析访谈内容。NVivo 是澳大利亚 QSR 公司推出的一款质性数据分析软件,目前已经被广泛使用。

笔者反复将先导访谈的编码和基于文献梳理出的概念框架进行比对。经过归纳,发现大学英语混合式教学的有效性体现在以下方面:教师提供在线学习资源,布置在线学习任务,延伸了课堂学习,增加了语言输入;教师打造在线互动环境,弥补课堂互动不充分的欠缺,增加互动空间和机会,创设语言使用环境;课堂面授时间获得解放,能够更好地组织以学生参与为主的课堂活动,增加输出;教师更易于实施多元化评价和个性化教学;有效性的发挥还离不开线上线下的教师支持作用。相应地,有利于混合式教学有效性发挥的教师教学行为,即有效教学行为,为教师布置在线学习任务并进行学习分析、组织并管理在线互动交流、组织课堂面授活动、实施多元化评价、实施个性化教学、提供线上线下的教师支持。

影响这些行为的因素包括教师自身因素和外部因素。前者主要包括教学信念、教学能力、教学动机,后者主要包括平台因素、教师所在机构(学校/院系)的环境因素、学生因素。这一划分也正符合班杜拉的三元交互决定论(triadic reciprocal determinism)。该理论被广泛用来解释和预测人的行为,认为人的行为、认知因素和环境因素之间存在三元交互因果关系,人的信念、期待、意向、自我概念等认知因素支配并引导人的行为(见图 3-1)。同时人的行为受到所处的社会、物理环境的制约,环境通过人的认知机制影响人的行为(Bandura, 1986; Wood & Bandura, 1989)。

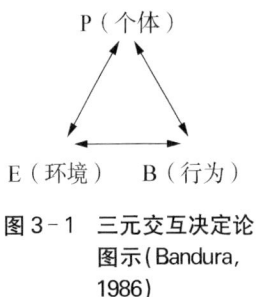

图 3-1 三元交互决定论图示(Bandura, 1986)

先导研究进一步支撑和验证了基于文献形成的关于大学英语混合式教学中教师有效教学行为及其影响因素的初步假设。由此,基于文献和先导访谈,获得了有效教学行为及其影响因素的构念(见表 3-3)。后续研究将操作化这些构念,编制问卷和访谈提纲,用以回答研究问题。

表 3-3 有效教学行为及其影响因素维度

研究问题	维　度	
大学英语混合式教学中的有效教学行为	管理在线学习：布置在线学习任务并能够进行学习分析	
	营造在线互动氛围：在线互动使交流更充分、更深入	
	实施线上线下的教师支持：提供资源、答疑解惑等	
	组织面授课堂：促进主动建构、高阶思维能力培养	
	实施多元化教学评价	
	实施个性化教学	
影响因素	教师自身因素	教学信念
		教学能力
		教学动机
	外部因素	平台因素：易用性、有用性等
		学生因素：学习态度、信息素养等
		环境因素：机构氛围等

3.4 **正式研究**

正式研究的核心内容是形成正式的问卷和访谈提纲，选取部分学校了解大学英语混合式教学中教师实施有效教学行为的现状，分析和厘清影响这些行为的因素及其影响机制。

3.4.1　研究方法

研究方法的选择取决于研究问题。本书研究的第一个研究问题（大学英语混合式教学的基本情况现状如何？）和第二个研究问题（大学英语教师在混合式教学中实施有效教学行为的现状如何？）均属于现状描述问题，而对较大规模的样本的现状进行描述比较适合量化研究方法，因为量化研究"比较适合在宏观层面对事物进行大规模的调查与预测"（陈向明，2000：5）。本研究主要通过问卷调查，了解大学英语混合式教学的基本实施情况和教师实施有效教学行为的情况。另外，在形成大学英语混合式教学中教师有效教学行为量表时，运用德尔菲专家调查法，以确保量表的科学性。但仅靠量化数据，研究的效度和深度难以得到充分保障，三角验证（triangulation）不失为有效的弥补手段。因此在对现状进行描述时，采用访谈获取的质性数据对量化数据进行互证和解释。

本研究的第三个研究问题(教师的这些行为受到哪些因素影响？这些因素是如何发挥作用的？)具有解释性的特点。鉴于质性研究"一般比较适合在微观层面对个别事物进行细致、动态的描述和分析"(陈向明,2000:5),且问卷受篇幅以及本身特点所限,无法全面、深入了解影响因素的方方面面,因此对于第三个研究问题主要使用质性研究方法,以细致地分析影响大学英语教师实施有效教学行为的因素。调查问卷的最后一部分也设置了关于影响因素的相关题项,用以大规模调查了解大学英语教师在这些影响因素上的现状。笔者以这部分量化数据为辅,对影响因素进行综合分析(见表3-4)。

表3-4 研究设计概括

研究问题	研究方法	数据收集手段
1. 大学英语混合式教学的基本情况现状如何？	问卷法、访谈法	调查问卷、访谈
2. 大学英语教师在混合式教学中实施有效教学行为的现状如何？	问卷法、德尔菲专家调查法、访谈法	调查问卷、访谈
3. 这些行为受到哪些因素影响？这些因素是如何发挥作用的？	问卷法、访谈法、个案研究	调查问卷、访谈、资料收集

　　教师教学行为的形成受到其自身以及外部环境诸多因素的影响,是一个相对复杂的过程。问卷调查和涉及较多院校的访谈能够较好地了解现状和影响因素的情况,但无法深入、系统地探究各影响因素的作用机制。因此,本书采用个案研究方法,通过对四名个案教师的深度访谈以及各种文本、网络资料的收集,力图探究更细化层面的有效教学行为、影响因素及其影响机制。

　　综上,根据研究问题的特点和性质,本书采用量化研究和质性研究相结合的混合研究来解答研究问题。混合研究通过三角验证,可以实现两种数据的互证、互补,获得更丰富的细节,而两种数据间可能出现的差异与矛盾有助于产生新的认识(Rossman & Wilson, 1994)。

　　以下对本书所使用的研究方法进行具体阐释。

　　1) 问卷法

　　问卷法是应用语言学领域使用最多的数据收集方法之一。问卷可用来测量行为、态度、事实等(秦晓晴,2009)。这三个方面在本研究中皆有涉及:大学英语混合式教学的基本情况属于事实问题;混合式教学中教师的有效教学行为属于行为问题;影响教师有效教学行为的因素包括教师信念等教师自身因素和平台情况等外部因素,前者属于态度问题,后者属于事实问题。因此本研究使用问卷法对这些内容进行考察。

调查问卷分为开放式问卷和封闭式问卷。开放式问卷又称非结构性问卷(unstructured questionnaire),指问卷设计者提出问题,参与调查者可以给出各种各样的答案。而封闭式问卷也称为结构式问卷(structured questionnaire),指问卷回答的内容具有限制性,被调查者只可在可选的几个答案中进行选择。本研究的问卷主要使用选择题和李克特量表(Likert Scale)收集数据。

2)访谈法

访谈法通过与受访者进行交流而获得有效信息,具有较好的适用性和灵活性,且与问卷法的广泛性相比,访谈法更具深入性。访谈是收集质性数据的重要形式,也是质性研究中常用的一种方法,尤其在外语教学研究中运用最广泛,几乎所有深入调查研究都要用到(陈坚林,2004)。

根据对访谈结构控制程度的不同,访谈通常有三种形式——结构式、半结构式和无结构式访谈。结构访谈按照访谈提纲进行问答,实施起来有章可循,获得的数据更容易处理。无结构访谈实施起来更灵活,获得的信息量更大。人们倾向于将二者结合起来,取二者之长,在访谈中既有事先准备好的固定问题,又有根据受访者的回答临时追加的问题,在访谈中启发受访者给出更多的信息,这就是半结构访谈(秦晓晴,2009)。

根据正式程度还可分为非正式访谈和正式访谈,根据双方接触的方式可分为直接访谈和间接访谈,根据受访人数可分为单独访谈和小组访谈,根据受访次数可分为一次性访谈和多次性访谈(陈向明,2000)。本研究中的访谈主要属于正式、半结构和直接访谈法。本研究对四位个案教师进行了多次性访谈,其余访谈为一次性访谈。

3)德尔菲专家调查法

德尔菲法(Delphi)在 20 世纪 40 年代由美国的兰德(Rand)公司提出,是专家调查法的一种,指让某领域的专家在相互不知情的情况下发表对某一研究问题的意见,然后由研究者对专家意见进行整理,剔除专家共同否定的部分,保留多数专家认同的部分,并增加多数专家提议的项目,向专家反馈结果并且进行再一轮的意见征询,经过多次反复,最后得到相对稳定一致的咨询结果(Okoli & Pawlowski, 2004;邓芳,2014)。运用德尔菲法,一方面能够集思广益,获得集体智慧;另一方面,以专家背对背的方式征集意见,避免了权威压力,使得专家能够表达自己的真实想法,得到的结果较有客观性(傅利平、何兰萍,2015)。本研究采用德尔菲法,以问卷形式对专家进行意见征询,以确保量表的科学性。

德尔菲法通常包括 4 个步骤:建立项目、选择专家、轮回征询、统计分析。

(1) 建立项目:拟定项目主题,编制专家咨询表。

(2) 选择专家:根据研究问题所需要具备的知识能力要求,确定专家,一般控制在 20 人内。

(3) 轮回征询:分析整合专家们的意见,然后将整合意见反馈给专家,专家通过反馈意见,了解到专家组整体的倾向性看法,修正个人的判断结果。也可以将整合的专家意见交由更权威的专家进行判断,再将权威专家的判断意见反馈给每位专家,以便他们修正自己的判断。直到每位专家坚持个人意见不再修正为止。

(4) 统计分析:根据专家意见的集中程度和协调程度,确定最优方案(王玉荣,2014)。

德尔菲法已经在实践中被证明可靠性,被广泛应用于商业、军事、管理、教育、卫生保健等多个领域。

4) 个案研究

个案研究是指通过一个或多个个案对某种现象进行的深入研究(Creswell,2007)。外语教学领域中的个案研究是指以特殊的个体(教师或学生)、典型的教学事件或教学团体为研究对象,通过收集、整理、分析与该研究对象有关的资料,探究某种特殊情况的发生和发展的原因,揭示其发展变化的规律(陈坚林,2004)。

Yin(2013)认为个案研究根据研究的目的可以分为探索性、描述性和解释性个案研究三类。探索性个案研究旨在明确研究问题、研究假设或确定研究步骤的可行性;描述性个案研究是对某种现象进行完整描述;解释性个案研究呈现某种现象或事件发生的因果关系。本研究通过个案研究,深入了解四位个案教师所在学校的大学英语混合式教学的基本情况和个案教师实施混合式教学有效教学行为的状况,探究影响这些教学行为的因素,以及影响因素的作用机制,因此具有描述性和解释性的特点。

为达到对研究对象行为的深度理解,研究者需要使用多种数据来呈现其复杂结构,以深入理解研究问题(Merriam,1998)。在本研究中,主要使用深度访谈、资料收集手段获取数据。网络资料的收集主要通过个案教师使用的在线学习平台进行。文本资料主要涉及个案教师的教学计划书、教学日志、教案等。

3.4.2　研究对象

研究总体的确定、样本选取、样本大小、抽样策略等因素都会影响数据的质量,继而影响整体研究数据的阐释质量(郑新民、王玉山,2014)。本研究调查大学英语混合式教学的基本情况以及教师有效教学行为,从理论上讲,所有在本科高校中实施混合式教学的大学英语课程的教师都是研究对象,也就是理论上的总体。但受人力、物力和财力的限制,研究总体的全部是不切实际的。

由于学校的不同,大学英语课程混合式教学的实施会有很大差异。本研究主要按照我国高校层次划分的一般原则,同时为了研究的方便性和可行性,将所研高校归为"985 工程"高校、"211 工程"高校和普通本科高校三个层次。高校的另一划分标准是其专业设置特点,如综合类院校、理工类院校、师范类院校等。把学校层次、专业特色考虑在内,根据便利性和可及性原则,本研究选取 35 所高校进行调查。从高校层次来说,"985 工程"高校有 4 所,"211 工程"高校 4 所,普通高校 27 所,三个层次院校数量的比例大约是 1∶1∶6。从专业特色来说,所选学校包括了综合类、理工类、师范类、财经类、外语类、医药类、海洋类、政法类,后 5 种在本研究中称作专业院校类(见表 3-5)。

表 3-5　所研院校情况表

学校层次	学校数量(所)	学校类型	地域
"985 工程"高校	4	综合类、理工类、专业院校类	东北、华北、华东
"211 工程"高校	4	综合类、理工类、专业院校类	华中、华东
普通本科	27	综合类、理工类、师范类、专业院校类	东北、西北、西南、华东、华南

根据便利性的原则,选取每个学校中实施混合式教学的大学英语课程的授课教师作为调查对象,发放问卷。并选取部分教师、课程负责人、学生进行访谈(参与访谈人员的具体信息将在下文进行详细介绍)。

各个院校实施的混合式教学情况各不相同,仅凭对所选院校进行问卷调查,以及对其中少数学校的少数教师、学生进行访谈,难以深入、系统地了解大学英语混合式教学的微观层面,因此本书通过个案研究探究教师实施混合式教学有效教学行为的状况、影响这些教学行为的因素,以及影响因素的作用机制。大学英语混合式教学中教师有效教学行为的影响因素框架表明,外部因素主要包括平台因素、环境因素、学生因素,而这几个因素都与高校的情况息息相关,因此本研究在"985"和"211"院校中各选择一位教师作为个案研究对象。普通高校数量较多,因此选择两位教师作为个案研究对象。而且在其他的人口学变量特征上选择尽可能相近的四位教师。四位个案教师中的两位与笔者相识,其所在院系积极进行大学英语教学改革,两位老师均敬业、积极,教学效果良好。另两位个案教师经由其所在外国语学院的教学副院长推荐。据了解,两位教师对工作积极投入,教学效果良好,并且愿意配合参与研究。孟迎芳、连榕和郭春彦(2004)将 15 年教龄以上的教师称为专家型教师,5~14 年教龄的教师称为熟手型教师,4 年以下的教师称为新手型教师。根据这一划分,四位个案教师均为熟手型教师。四位个案教师的具体情况见表 3-6。(注:本文中使用字母,匿名指称四位个案教师。)

表 3-6 个案教师情况表

人口特征	教师			
	D 老师	W 老师	S 老师	G 老师
性别	女	男	女	女
年龄(岁)	37	36	38	43
大学英语教龄(年)	12	11	13	15
学历	硕士	硕士	硕士	博士
职称	副教授	讲师	副教授	副教授
学校层次	普通本科	"211 工程"	"985 工程"	普通院校
学校类型	专业特色(商科)	理工	综合	理工

3.4.3 研究工具

本研究主要包括两种研究工具,即调查问卷和访谈提纲,下文将对两种研究工具的构成、编制进行详述。

3.4.3.1 调查问卷

要了解大学英语混合式教学中教师有效教学行为的现状,需要合理有效的评价工具。笔者根据文献和先导研究得出构念编制问卷的维度,再分别查阅文献梳理这些构念的概念和内涵,参考国内外学者编制并已经验证过的相关问卷,结合先导访谈的数据,编制《大学英语混合式教学情况调查问卷》。

　　本问卷由四部分构成。第一部分是教师的基本信息,包括性别、年龄、教龄、所在高校层次、所在高校类型、职称、学位。第二部分为大学英语混合式教学的基本情况,包括实施混合模式的大学英语课程的类型、在线学习平台的类型、模式的类型情况等。第三部分是有效教学行为现状,考察在大学英语混合式教学中教师的有效教学行为现状。第四部分是影响因素,考察影响教师实施有效教学行为的因素。

3.4.3.1.1　问卷编制

　　本小节将着重描述第二、三、四部分的编制过程,包括各构念在问卷中出现的理据、各构念的内涵和结构,以及用于测量各构念的题项的设计情况。

　　1) 大学英语混合式教学基本情况部分的编制

　　针对第一个研究问题——大学英语混合式教学的现状,本书拟使用选择题来收集数据。

　　Neumeier(2005)提出了语言学习混合式教学模式6参数描述框架(见表3-7),分别是模式、整合类型、学习内容和目标的配置、语言教学方法、师生的参与、学习地点。以下分别介绍6个参数的内涵。根据 Neumeier 的观点,混合式教学环境包括两种学习模式:面对面课堂和 CALL。占主导地位的叫主导模式。该框架用两个变量来界定主导模式:时间分配和模式内容。学习者在哪种模式下花的时间长,且整个课程教学过程由哪个模式引领,哪种模式就是主导模式。教学内容的组织与协商发生在哪个模式下,哪个模式就是主导模式。第二个参数——混合类型,包含两个指标。一是面授与在线两种模式的先后次序,是交替,还是平行,抑或重叠;二是指两种模式的融合程度,指在线和面授两种模式的内容分别是必需的还是可以进行选择的。如果两种模式的内容都是必需的,则属融合程度高。一般来说,混合式教学环境下,面授是必需的,学生不能自主决定是否参加,而在线部分需要学生对自己的学习负责,即可以自主选择学习还是不学习的。第三个参数——学习内容和目标配置有两种方式:平行和独立。平行配置指某项学习内容或目标既可以在课堂也可以在 CALL 下进行,而独立配置指某项学习内容或目标只能在一种模式下进行。第四个参数——语言学习方法,指每种模式中所使用的学习方法。第五个参数——师生的互动指人-人、人-机之间的互动情况,以及师生角色。最后一个参数——学习地点,指学习发生的物理地点。本部分的题目设置除了借鉴此框架,也整合了先导访谈所获得的信息,以使问题更符合大学英语混合式教学的现实。

表 3-7　语言学习混合式教学模式 6 参数描述框架表(Neumeier, 2005)

参数	具体描述指标
1. 模式	主导模式、模式分配、模式选择
2. 混合类型	先后次序、融合程度
3. 学习内容和目标配置	平行或独立
4. 语言学习方法	每种模式中使用的学习方法
5. 师生互动	互动模式、师生角色、自主程度
6. 学习地点	教师、家庭、户外、电脑室等

《大学英语教学指南(2020 版)》提出大学英语课程的课程体系包括通用英语、专门用途英语和跨文化交际三类。汇总先导访谈数据,专门用途英语通常被分成两类课型:学术英语(如学术写作、学术阅读等)和专门用途英语(如金融英语、医学英语等)。因此,大学英语的课型大致可分为通用英语类、学术英语类、专门用途英语类、文化类。笔者据此设置题项,了解混合式教学实施于哪些课型中。

混合式教学的开展离不开发布资源、互动交流、开展学习的在线学习平台,问卷中设置题项调查进行这些活动的在线学习平台的类型。先导访谈中提及的平台类型包括教材所属出版社的与教材配套的平台;其他科技公司研发的多功能学习平台;在学校在线学习平台(如 Moodle、LMS 等)上由任课教师自建的平台;各类 MOOC 平台;微信公众号;手机 APP;在线测试或作业类平台;以及利用即时通讯类工具建立的在线共同体(如 QQ 群、微信群)。基于此编制题项。另外,根据宋伟、孙众(2013)对信息资源的分类,选项中增加了"课堂管理类平台,如雨课堂"一项。

学习发生的物理地点是 Neumeier 框架中的参数之一。从先导访谈中了解到,学生们进行在线学习的地点有三种情况:使用自己的电子设备随时随地进行在线学习,使用学习自主学习中心的设备或自行安排时间,或按规定时间进行在线学习。因此,设置三个选择题项。

学习内容的分配是框架中的又一参数。基于先导访谈,编制选择题项,调查在线学习的任务内容。关于在线和面授两种模式的时间分配和各自的地位,设置两题,分别是面授课的频度和在线学习的时长要求,旨在通过将两题的数据结果进行对照,了解两种模式的时间分配。

如 2.2.3.1 节所述,对混合模式的分类,最常用的划分依据是课堂学习的功能和任务由在线模式所代替的程度。在线学习代替课堂教学的程度分为三类。一类是只附加一些网络资源,作为课堂面授的延伸和支持;另一类是网络活动代替了部分课堂活动;第三类是课堂面授只进行答疑、知识内化等活动,如翻转课堂模式。问卷中将这三类设置为选择题的三个选项。

如前所述,多元化评价是有效教学行为的一部分。在此部分设置选择题,以调查教师进行教学评价的方式,与后面量表题相关题项形成互证。

以上选择题均设有开放选项:"其他形式。请予以简单描述",以尽可能穷尽所有可能性。

2)大学英语混合式教学中教师有效教学行为现状部分的编制

本部分问卷拟测量大学英语混合式教学中教师实施有效教学行为的现状,以回答第二个研究问题。混合式教学包括线上平台和线下课堂两部分。在线上平台,学生进行自主学习,师生、生生进行在线互动等。面授课堂上,学生进行成果展示,教师进行反馈、组织讨论,进行必要的讲授等。教学评价贯穿于两种模式之中。通过文献和先导研究可知,在这些环节中教师的教学行为可以总结为管理在线学习、营造在线互动氛围、进行教师支持、组织面授课堂、进行教学评价、进行个性化教学6个维度。笔者进一步通过文献和先导访谈梳理在各个维度上教师分别有哪些有效教学行为,以及这些教学行为应该产生的效果,以形成大学英语混合式教学中教师有效教学行为评估框架。该框架中的教学行为强调凸显混合式教学特色的内容。

a. 管理在线学习

混合式教学中的在线学习指学生借助在线学习资源,进行自主学习,完成教师布置的在线学习任务,实现有意义的个性化自适应学习。混合式教学中的在线学习是有指导、有约束的自主学习。在此过程中教师应该发挥的作用包括教师布置自主学习任务、追踪学习情况、进行针对性的指导。根据先导访谈数据,参考戴朝晖(2016)翻转课堂教师教学行为问卷的相关题项,形成本部分的题项。

b. 营造在线互动氛围

混合式教学的一个重要特征就是师生、生生的互动交流得到大大加强,在面授课堂上来不及或不便于交流的内容可以通过在线交流的方式继续下去。教师的作用在于营造在线师生互动、生生互动的氛围,增加互动空间和机会,以弥补课堂讨论不充分的缺陷,有助于所有同学都有机会了解更多信息、了解别人的观点并表达自己的观点,做到知识和信息的内化。增加学生语言应用,也是解决英语环境缺失的途径之一。黄荣怀等(2010)提出,若让学生进行有效的在线交流,需要满足三个条件:获得学生的信任,使学生愿意交流;学生的提问和表达能得到及时反馈,使其获得答案或成就感;让学生在情感上获得认同感。结合先导访谈结果的归纳,设置本部分的问卷题项。

　　c. 实施教师支持

　　对教师支持(teacher support)的概念及其构成学界没有统一的认识。教师支持通常分为自主支持、认知支持和情绪支持。自主支持指教师学习方法、学习资源、问题解决等方面给予学生的支持,以促进学生的自主学习。认知支持指教师使用教学策略促进学生的认知发展。情绪支持也称作情感支持或情感支架,指教师给学生提供关注与关爱、情感上的连结以及帮助学生克服消极情绪等(柴晓运、龚少英,2013)。本研究根据这一框架设置本部分题项。

　　自主支持的行为之一是教师提供学习资源的行为。美国教育传播与技术协会(Association for Educational Communications and Technology)(2004)将资源定义为旨在帮助学习者的人、工具、技术和材料。马宪春等(2005)综合分析对于学习资源的定义,认为学习资源就是能满足学习者学习需要的所有元素。从以上定义可以看出,学习资源是促进学习者学习的支持条件之一。随着信息技术的发展,学习资源朝着数字化和移动化的方面发展。与传统学习资源相比,网络学习资源更加丰富多样,有利于合作学习、自主学习和个性化学习(陈时见、王冲,2003)。

　　在混合式教学中,教师需要向学生提供学习资源,便于学生自主学习,让学生由向教师学习为主转到向资源学习为主。同时,教师需要提供个性化的资源,以利于学生进行个性化学习。黄荣怀等(2010)提出优质数字化学习资源的五个标准:内容是学习者感兴趣或解决问题所必需的;难度适中,认知负荷恰当;内容的结构合理;呈现形式是学习者容易接受的;导航布局清晰。林莉兰(2013)认为混合式教学中教师提供的学习资源主要用于学生面授课堂之外的自主学习,因而与一般学习资源有所不同,不仅包括学习材料,还包括用于支持自主学习的体系和技术。优质的自主学习资源应具备以下特征:有助于自主学习能力及语言能力提高;内容丰富,满足学生的不同需求;方便学生独立学习;有学习支持体系;提供学习效果保障机制,督促学生有效自主学习。

　　依据以上分析形成本书中教师提供学习资源部分的题项。问卷中自主支持行为的题项还包括教师指导学习方法、解决学习问题。根据前文所述的认知支持的含义,在语言教学中,认知支持行为主要是教师创设语言环境,促进语言能力发展的行为。情感支持部分的题项参考孙云梅(2009)大学外语课堂环境问卷中关于教师情感支持的题项。

d. 组织面授课堂

组织面授课堂指教师对教学内容和教学方法的把握和安排以及对课堂活动的组织。在混合式教学中知识学习和技能训练放在了课外,课堂内不再是传统英语课堂上讲授知识点、语言点、练习为主,口语练习为辅的模式,而是以学生讨论、小组活动、成果汇报等方式进行,这样有利于促进语言运用能力的发展,同时有助于实现学生之间的资源共享。

混合式教学实施中存在的突出问题之一就是面授和在线两种模式不能有机融合,存在"两张皮"现象。混合式教学的本质在于两种模式互相融合,发挥两种模式的优势,规避两种模式各自的缺陷,增加教学效率,提升教学效果。两种模式如果互不相干,则达不到取长补短的效果,甚至会造成学习负担过重的问题。因此,使课堂面授与在线学习相互对接,相互融合,是发挥混合式教学有效性的关键。

问卷中本维度题项的设置不追求面面俱到,涵盖所有的课堂教学环节,而是仅针对体现混合式教学特点的部分。一是课堂讲授着重重点难点,更有针对性;二是课堂活动强调内化、应用和互动性,促进主动建构;三是在线、面授内容相互关联、融合。

e. 进行多元教学评价

教学评价分为终结性评价(summative assessment)和形成性评价(formative assessment),前者通常是进行标准化考试,后者是对学习过程的评价(Leung & Mohan, 2004)。Black 和 Wiliam(2009)也对形成性评价进行了界定,阐明了形成性评价的内容、目的以及主体。内容即对学习过程进行评价;目的是调整教学,促进学习;而评价主体多元化,包括教师和学生。

混合式教学需要形成性评价。传统教学中的终结性评价,容易造成考试进行之前短时间内突击学习的情形,无法调动学生学习过程中的主动性和积极性。混合式教学对学生自主学习能力要求高,整个过程都需要学生高度的自主参与,否则难以取得良好的学习效果。因此,混合式教学需要采用形成性评价,全面评价学生的学习动机、学习行为和学习成效,从而激发学生的学习动机。

混合式教学为形成性评价提供了条件。混合式教学有课堂面授和在线学习两个部分,教学过程更复杂,教学活动丰富多样,易于实施形成性评价。

因此混合式教学应大力采用形成性评价,构建以形成性评价为主、兼顾终结性评价、多元主体参与的评价体系,发挥教学评价的鉴定功能和激励功能。

问卷的选择题部分设置了题项调查教学评价的形式和内容,在此处量表中仅从评价主体角度进行考量。

f. 个性化教学

《国家中长期教育改革和发展规划纲要(2010—2020 年)》指出要"坚持以人为本""树立多样化人才观念,尊重个人选择,鼓励个性发展,不拘一格培养人才"。《大学英语课程教学要求》规定:"无论是主要基于计算机的课程,还是主要基于课堂教学的课程,其设置都要充分体现个性化,考虑不同起点的学生,既要照顾起点较低的学生,又要为基础较好的学生创造发展的空间……要有利于学生个性化的学习,以满足他们各自不同专业的发展需要。"个性化教学的核心是以学习者为中心(Henry, 1975),需要充分考虑学生的个体差异和个性特征,强调采用个性化、差异化的教学手段(刘长江,2008),对不同的学习者进行不同的指导(Niedzielski, 1975)。信息技术的发展为个性化教学提供了各种可能和支持,主要表现在为学习者提供个性化的学习环境,使学习不受时间和空间的限制;为学习者提供丰富、多样化的资源;为教师提供学生的学习行为数据,便于及时掌握学生的学习情况,提供个性化的指导。根据个性化教学的内涵以及信息技术对个性化教学的支撑内容,个性化教学维度主要从根据学生情况为学生提供学习资源、布置学习任务、进行个性化指导方面设置题项。

以上分析了大学英语混合式教学中教师有效教学行为所包含的 6 个维度的内涵,以及可以用于评价大学英语混合式教学有效性的理据(见表 3‐8)。问卷采用李克特五级评分量表的形式,每个题项分别包含"从不""很少""有时""经常""总是"5 个选项,依次代表 1～5 的评分。

表 3‐8 大学英语混合式教学有效教学行为指标框架表

维度	描述
管理在线学习	教师布置在线自主学习任务、追踪学习情况、提供针对性的指导
营造在线互动氛围	教师营造在线师生互动、生生互动氛围,以弥补课堂讨论不充分的缺陷,增加互动空间和机会
组织面授课堂	教师进行必要的课堂讲授、组织知识内化、语言应用活动,促进学生的意义建构;教师营造学习环境,促进学生的课堂参与度;对接在线学习,以实现两种模式的有机融合
教师支持	教师提供学习资源,让学生由向教师学习为主转到向资源学习为主;线上线下对学生学习的指导、答疑、帮助,以及情感支持

续 表

维度	描 述
多元化评价	教师对在线学习、课堂面授的学习进行形成性评价以及终结性评价,体现混合式教学中学习活动更丰富、学习结果更多样、参与主体更多元的特点
个性化教学	教师提供个性化资源、学习任务、指导

3) 大学英语混合式教学有效教学行为影响因素部分的编制

经过先导访谈,分析访谈对象对有效教学行为的归因,结合第 2 章文献综述,笔者发现影响教师有效教学行为的主要因素可以总结为教师自身因素与外部因素两个方面。其中,教师自身因素主要包括教学信念、教学能力、教学动机;外部因素主要包括学生因素、平台因素和环境因素。以下详细阐释各构念题项的设置。

a. 教学信念

研究人的行为的所有学科均把人的行为界定为"有目的、能动的活动"。如窦胜功(2005)指出人的行为是一种有目的、有意识的能动活动。行为的产生和变化总是有原因、有目标的。Brown 和 Cooney(1982)指出信念是行为的主要决定因素。Woods(1996)也认为教师的信念和态度对课堂教学产生重要的影响。一个行为的实施往往来源于一个相对应的观念,一个观念不一定引发一个相应的行为(文秋芳,2009)。因此,要考察教师教学行为的影响因素,教学信念是一个重要的构念。在教育与教学研究领域,存在"教育信念""教师信念"和"教学信念"混用的现状。本书认为教师的"教学信念"从属于"教育信念"。鉴于教师的核心工作是教学,在本书中对"教师信念"和"教学信念"不进行区分,视为同义词。

许多研究者对教学信念的概念及构成等进行了探讨。Peterson 和 Clark(1978)指出教学信念是教师对各种与教学相关的因素所持的看法。Borg(2003)认为教师信念是教师对课堂教学、语言和语言学习、学习者和教师角色、课程改革以及教师专业发展等问题的基本看法。研究者对教学信念的概念表述有所不同,但基本都认同教学信念是教师对与教学相关的因素所持的观点。

对于教学信念的构成学界没有统一的观点。Richards 和 Lockhart(2000)认为英语教师信念包括语言信念、学习信念、教学信念、课程信念和英语教学职业信念 5 个维度。陈红(2009)基于《大学英语课程教学要求》所倡导的教学理念,提出了大学英语教师信念的构成框架，包括语言文化、语言文化学习、语言文化教学、信息化教学、教学评价、教师角色以及学生角色八个方面。徐泉（2014）以英语教学活动为中心，提出了包括六个维度的英语教师教学信念系统，分别是英语语言观、英语教学观、英语学习观、师生角色观、英语教学环境观、英语教学专业观。与教师信念相关的实证研究也体现出对教师信念构成维度的观点。如陈冰冰、陈坚林（2008）对大学英语教师教学信念的调查包括语言信念、学习信念、学习者、教师角色、课堂信念、教学信念六个方面。郑新民、蒋群英（2005）关于大学英语教师教学信念的调查涵盖了语言观、语言教学观、课程设置的观点以及教师对教学内容、师生角色、课堂活动、教学资源使用的理解七个方面。

基于研究目的，本书对大学英语教师的教学信念定义为：大学英语教师对英语教学的信念，简单说，即指教师对"为何教""教什么""如何教"的看法。因此，问卷中该部分的题项考察教师对大学英语教学目标、课堂活动内容、教学方法、信息化教学手段等方面的信念。

《大学英语课程教学要求（2007）》提出"大学英语的教学目标是培养学生的英语综合应用能力，特别是听说能力"。《大学英语教学指南（2020 版）》提出"大学英语的教学目标是培养学生的英语应用能力"。从这两个文件可见，大学英语课程的教学目标最主要的是培养语言应用能力，因此问卷中设置相关题项，考察大学英语教师对教学目标的理解和看法。

以学生为中心的主动学习是建构主义所倡导的教学理念，也是大学英语教学改革的基本要求之一，亦是信息技术与课程融合的教学模式的基本特征。Nunan（2004）提出了以学生为中心的课程设计概念，这样的课程强调学生的积极参与，一方面学生参与决定学习内容、学习方式、评价方式，另一方面课堂时间最大限度地让学生参与，而不是教师讲授。问卷中设置相关题项，调查了解大学英语教师对该理念实施的认识。

信息技术为外语教学提供了丰富的资源和全新的教学方式，助力实现以学生为中心的教学理念。自 21 世纪初大学英语教学改革至今，国家始终倡导大力推进信息技术与课程教学的融合，发挥信息技术在外语教学中的重要作用。混合式教学也是充分利用信息技术的一种教学模式。因此，大学英语教师有必要认识到信息技术的教学价值。问卷中设置题项以了解大学英语教师对信息技术的教学价值的观念。

b. 教学能力

"教师在教学实践中不可能怎么想就怎么教，他们的'所言、所感'跟他们在教学实践中的'所做、所为'存在着一定的拟合差异"(郑新民,2006:32)。造成拟合差异的原因有许多,其中教师能力是影响教学行为的重要因素。

对教学能力比较有代表性的定义有以下几种。Tigelaar等(2004)认为教学能力是教师实现有效教学所需要的知识、技能和态度。Long、Ibrahim和Kowang(2014)认为教学能力指教师为促使学生的学习发生所需的知识、技能和专业态度。罗树华、李洪珍(2005)认为教学能力是教师从事教学活动、完成教学任务的能力。综上,本书认为教学能力是从事教学活动、达到教学目标所需要的知识、技能、态度的集合。

申继亮、王凯荣(2000)将教师的教学能力分为智力基础、一般教学能力和具体学科教学能力三个方面。智力基础指教学需要具有分析性、创造性和实践性思维;一般教学能力是任何学科都需要的,主要指教师的教学知识、教学实施能力;而学科教学能力是指不同学科的教学需要教师具备的"特殊性"能力。

外语课程对教师的特殊能力要求就是外语能力。这一点从各级各类外语课的教学大赛评分标准可以得到印证。王蓓蕾、安琳(2012)对担任"外教社杯"全国大学英语教学大赛评委的二十几位专家的点评进行分析后,发现专家们的评价重心首先锁定在选手的"语言基本功"上。对几位专家进行访谈后发现,"他们普遍关注教师的语言能力,并提出教师对教学材料的理解能力是语言能力的一部分,也是上好课的前提条件"。

教师除了需要具备具体学科所需要的教学能力,还需要适应具体教学情境的教学能力。信息技术快速发展,融入各个领域成为这个时代最显著的标签。2012年3月,教育部颁布《教育信息化十年发展规划(2011—2020)》,要求实现"现代信息技术与教育的全面深度融合,以信息化引领教育理念和教育模式的创新"。要达到深度融合的目标,教师需要具备与之相适应的教学能力。国内外学者在探讨信息化时代教师教学能力时,多使用信息化教学能力这一概念。对该概念的内涵,没有统一的界定。刘喆、尹睿(2015)明确了信息化教学能力的实质是实现"技术促学"。沈国荣(2016)把信息化教学能力界定为在现代教育理论指导下,教师将信息技术、信息资源等与课程教学活动有机融合的能力以及促进学生信息化学习能力发展的能力。该定义强调了教育理论的指导。葛文双、韩锡斌(2017)认为信息化教学能力是指教师应用信息技术来有效促进课程教学的能力,这种能力不只是把技术作为工具来使用,而且意味着应用技术创设学习环境,实施教学策略。该定义进一步明确了信息化教学能力的具体内涵。基于以上定义可见,混合式教学是信息技术与课程深入融合理念的具体实践,要求教师不但要具备灵活使用技术的能力,更要具备何时应用技术的意识。

在借鉴申继亮、王凯荣(2000)对教学能力的分类框架,突出外语学科以及信息化教学特殊性的基础上,本书从以下方面考察教师的大学英语混合式教学能力:一是教学创新,这是智力基础维度的一个方面,在信息化环境中,教学创新尤为重要;二是英语语言能力,这是由大学英语课程的特殊性决定的;三是教学设计与组织,指对教学环境、教学资源、教学活动的设计与组织,以及使在线和面授两种模式有机融合的能力;四是信息化教学能力,主要指教师运用信息技术促学的能力。

c. 教学动机

动机是激发、推动、维护、调节个体行为的心理动力。在教学领域,教师的教学动机影响教师的教学行为(Thoonen, 2011)。教师动机是激励教师进入教学工作以及终身致力于教学事业的个体内部的心理因素。Dörnyei 和 Ushioda(2011)将教学动机分为内部动机(职业兴趣、获取专业知识和对成功的信仰)、社会因素(政府、父母及教学环境)以及外部动机(教师待遇、薪资、权利、声望和社会福利等)。衷克定、申继亮、辛涛(1999)通过实证研究得出结论,教学动机由内部动机、外部动机和外部内化动机构成。内部动机指激励教师完成教学工作的主观原因,如对教学工作的兴趣爱好、成就感。外部动机指激发教师的行为的外在的目标和诱因,如物质奖励、同伴影响等。外部内化动机是一种中介形式的动机,指外部动机可以转化为内部动机。以上两种分类中的内部动机内涵是一致的,都认为内部动机主要包括兴趣爱好和对成就的期望。

问卷中的题项主要用来测量影响教师实施大学英语混合式教学有效教学行为的内部动机,并通过访谈进行补充。而外部动机与接下来要分析的外部影响因素中的环境因素有重叠,如政策要求、薪资待遇等,因此外部动机不单独设置题项,而是放在环境因素部分进行测量。

d. 学生因素

学生是教师教学的服务对象,教师的教学行为旨在引起、维持及促进学生的学习。但反过来,学生也会对教师的教学行为产生影响。根据先导访谈,影响教师实施有效教学行为的学生因素主要包括学生的学习主动性、信息技术素养、学生的外语水平等。

e. 平台因素

混合式教学是将面授教学与在线学习有机结合,那么,有效开展在线学习首先要搭建网络学习平台,网络学习平台的质量直接影响在线学习的效果。

DeLone 和 McLean(2003)认为,用户对某个信息系统的满意度决定其是否愿意继续使用。他提出了包含 6 维度的信息系统成功模型,分别是信息质量、系统质量、服务质量、使用意愿、用户满意度和净利润(见图 3-2)。

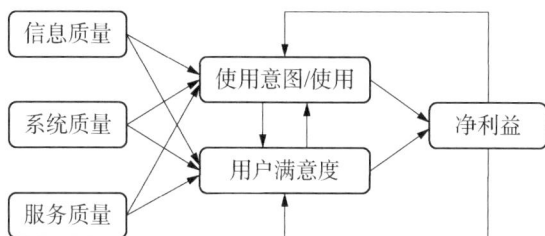

图 3-2　信息系统成功模型(DeLone & McLean, 2003)

对于人们是否接受使用信息技术,还有一个影响广泛的解释模型,即 TAM (Technology Acceptance Model,技术接受模型),由 Davis(1989)提出。该模型包括外部变量、感知有用性、感知易用性、使用态度、行为意向五个自变量和系统使用这个因变量(见图 3-3)。其中"感知有用性"和"感知易用性"是主要的决定因素。"感知有用性"指人们相信使用一项技术能够提升绩效的程度。"感知易用性"指人们相信一项技术容易使用的程度。

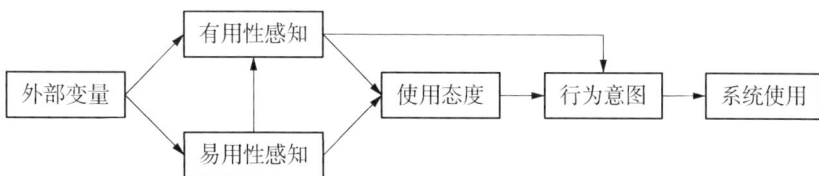

图 3-3　技术接受模型(Davis, 1989)

根据先导访谈得知,学校的网络质量(如有些学校的网络时常出现"掉线")的情况、网络限制(如有些学校的平台只能通过校园局域网才能登陆,致使教师只有在校园里才能登陆平台)以及硬件设备的可及性(如有些学校不允许大一的学生在校使用笔记本电脑,理由与中小学不允许学生携带手机进校园相同)也会影响到平台的使用。

综合两个模型以及先导访谈数据,把影响大学英语教师有效教学行为的平台因素确定为在线学习内容的质量、在线平台质量、平台服务质量、平台的有用性及易用性、平台可及性 6 个方面(见图 3-4)。其中内容质量指在线平台资源的丰富性以及质量的优劣;平台质量主要考察平台的稳定可靠程度;平台服务质量指平台的技术支持质量;平台的有用性主要侧重平台的功能性方面;平台易用性则主要针对平台的结构与导航方面;平台的可及性包括登陆平台所需的硬件(电脑、手机)和互联网的可及性。

f. 环境因素

教师的教学行为会受到教师所在机构的影响,Ramsden(2007)通过结构方程模型,验证了教师的教学行为与其所感知到的院系教学氛围的相关性。曾兰芳、黄荣怀(2014)亦是通过结构方程模型,发现学校政策、院系氛围会显著影响教师所获得的技术支持,从而影响教师的技术应用行为。郑新民(2012)则采用访谈等质性研究方法对西部某高校的外语教师专业发展开展研究,发现良好的学院文化氛围能够有效增强教师的交流,优化教学观念,转变教学模式,促进外语教学改革。而对于环境包括哪些维度,毛耀忠等(2018)提出信息技术应用的外部环境主要包括硬件环境(计算机、投影仪、网络等)、软件环境(电子书包APP、网络教学平台等)、资源环境(电子教材、教学资源网站等)、技术环境(硬件维护保障、软件操作指导、技术人员示范等)和制度环境(学校管理者的支持、教师培训等)。

在学校教育中,教师的教学除了受到学校环境的影响,还会受到来自学校之外的社会宏观大环境和教师家庭环境的影响。鉴于本书旨在为院系层面和教师个体实施有效教学提供参考,因此不对社会环境和家庭环境做详细探讨,主要聚焦学校和院系环境对教师教学行为的影响。

结合文献及先导访谈,学校和院系层面上对教师实施混合式教学的支持主要体现在物质支持、政策支持、管理支持、智力支持、技术支持等。物质支持指学校和院系为教师实施混合式教学提供必要的硬件和软件方面的物质条件;政策支持指院系出台要求或激励教师实施混合式教学的政策措施;管理支持指学校和院系在教学管理上对教师实施混合式教学提供便利等;智力支持指给教师提供混合式教学理论上的指导与培训;技术支持指对教师实施混合式教学进行信息技术上的指导、培训和帮助。另外,院系氛围也会影响教师实施有效教学,如同事间互助合作的氛围、同事交流等都会有助于教师实施有效教学。

如表3-9所示,本部分问卷采用李克特(Likert Scale)五级评分量表的形式,每个题项有五个选项,分别是"非常不同意""不同意""不确定""同意""非常同意",依次代表1~5的评分。

表 3-9　影响因素部分问卷结构

维度	次维度	描　　述
内部因素	教学信念	教师对混合式教学模式的信念
	教学能力	混合式教学中使教师能够胜任有效教学的能力
	教学动机	教师实施混合式教学的内部驱动力
外部因素	学生因素	对教师实施混合式教学产生影响的学生方面的因素
	平台因素	对教师实施混合式教学产生影响的平台方面的因素
	环境因素	对教师实施混合式教学模式产生影响的学校和院系层面的因素

3.4.3.1.2　问卷修编

问卷编制完成,对照问卷自我评价表(秦晓晴,2009)进行整理和完善。然后邀请笔者的两位博士生同学审阅,试做问卷,就题项的内容、表述、排序提出意见。他们的意见主要有:个别选择题的选项没有穷尽所有的可能性;有些题项的措辞或有歧义,或欠精准,或信息冗余;有的维度下的题项应基于一定的标准重新排序。基于这些意见,笔者对问卷进行了修改,然后实施德尔菲专家咨询。

本研究选取了 10 位专家。10 位专家包括参与先导访谈的 5 位专家,以及其他 5 位专家。各位专家均为高校的教授或副教授,均取得外语教学方向的博士学位,长期从事信息化外语教学方面的研究,并在 CSSCI 期刊上发表关于信息化外语教学的论文数篇。

1) 第一轮专家问卷调查

第一轮专家问卷调查的目的是征求专家对研究者初拟的大学英语混合式教学中教师有效教学行为评估框架的意见,请专家评判此评估框架的维度和题项是否适切以及能否涵盖所要测量的构念。研究者对每一个维度的内涵及意图予以简单描述,然后以李克特量表的形式,请专家评判每个维度下的题项的必要性,选项依次为"非常不必要""不必要""不确定""必要""非常必要";接着要求专家提供问卷中没提到的,但需要出现的维度或题项。问卷通过"问卷星"(一款用于在线问卷调查的工具)发送给各位专家。

通常,当 80% 以上的专家选项相同,称为通过一致性(Murry & Hammons, 1995)。本书认为"有必要""非常有必要"均代表同意,两项所占比例之和达到 80% 及以上,则认为该题项达到了一致性标准,不作修改。下一轮问卷咨询将不再对这些题项进行专家意见咨询。

对衡量大学英语混合式教学中教师有效教学行为的 6 个维度,同意率均在

90%以上(见表 3 - 10)。

表 3 - 10　第一轮专家咨询结果列表

一级维度	选项百分比					M	SD
	非常不必要	不必要	不确定	必要	非常必要		
管理在线学习	0	0	0	70	30	4.3	.48
营造在线互动氛围	0	0	0	60	40	4.4	.52
组织面授课堂	0	0	0	60	40	4.4	.52
教师支持	0	0	0	60	40	4.4	.52
多元化评价	0	0	10	50	40	4.3	.68
个性化教学	10	0	0	40	50	4.4	.70

有些题项,如"组织面授课堂"维度下的"我的课堂内容与现实生活密切相关"同意率只有 20%。结合专家意见,考虑到本题项并不凸显混合式教学的特点,因此删除本题项。

对问卷中的"奇异值"进行处理。发现"组织面授课堂"维度中几个题项同意比例偏低,远远低于其他维度的同意率,如"我会向学生提问""我对英语水平不同的学生提出难度不同的问题""课堂上我的学生会向我提问"。甚至一位专家将本维度所有的题项均标记为"不确定"。笔者对这位专家进行了追问,其意见是:本维度题项所表述的教学行为与是否是混合式教学模式关系不大,本维度题项不能充分体现出混合式教学的特点。笔者反思后,发现本维度同意率偏低的题项是所有教学模式共性的东西,确有不能突出混合式教学的特点的问题存在,因此予以删除。

有些题项的同意率较低,经比对文献及反思,予以保留,没有直接删除,但略作措辞上的修改,使意义更精准,然后放入第二轮专家咨询问卷。

问卷设有开放题,供专家对问卷提出意见,以及补充本问卷未提到的、但应该存在的维度和题项。意见汇总和修改结果如下:

● 个别题项带有倾向性的问题。依次对这些题项作措辞上的修改。

● 面授课堂中缺少教师评价课堂活动的行为,因此在组织面授课堂维度增加"面授课上,进行讨论等课堂互动活动时,我会对学生的观点及表现进行点评"这一题项。

● 教师应"给学生线上学习提供明确的目标,特别是产出性目标(learning outcome)",因此在"管理在线学习"维度增加本条题项。

把新增题项、修改后的题项及其余同意率不足 80％的题项汇总,共 15 条进入第二轮专家访谈问卷,再次征询专家的意见。

2) 第二轮专家问卷调查

本轮问卷发放的对象与方式与第一轮相同。本轮问卷的主要目的是对第一轮问卷中出现的一致性比例不足 80％的题项以及根据第一轮专家意见作了修改的题项再次征求专家意见。对这两类题项单独编制问卷,发放给专家。每个题项附上了第一轮问卷中该题项的得分均值,以供专家参考。

题项"我提供的自主学习资源对大部分同学来说难度适中""我提供的自主学习资源内容结构合理,简单明了""我给学生布置不同形式的作业"在第二次咨询中同意率不足 50％,考虑到前两个问题更适合通过质性数据进行调查,第三个题项不凸显混合式教学的特点,因此予以删除。其他题项获得了 80％以上的一致性意见。

至此,本研究拟定的大学英语混合式教学教师有效教学行为评估问卷经过两轮专家意见咨询,已经取得专家一致意见,可以结束德尔菲问卷调查,进入下一步问卷试测阶段。

3.4.3.1.3　问卷试测

笔者利用在线问卷工具"问卷星"编制问卷,发放到某学研共同体微信群。该微信群成员均为来自国内不同高校的英语教师,笔者向他们说明了本问卷的填写条件。一是需要教授非英语专业大学英语课程的教师;二是所授课程除课堂面授外,还有任一包括 QQ 群、Moodle 等在内的在线平台。共收回问卷 53 份,均为有效问卷。

试测问卷第一部分为研究对象的基本信息。

试测问卷第二部分为大学英语混合式教学基本情况,本部分为选择题,基本都设有开放题项,如"本课程所使用的平台是什么?"根据先导研究了解到的情况,笔者尽可能穷尽所有的平台类型,但仍设有开放题项"其他情况,请予以简单描述"。利用此方法,笔者的确获得了许多额外的信息,整理后,追加到正式问卷选择题的题项中。

根据秦晓晴(2009)的研究,试测规模应在 50～200 人之间。本次试测符合样本量标准,适合进行初步的统计分析。

试测问卷第三部分"有效教学行为现状"和第四部分"影响因素"均为量表题。笔者运用 SPSS23.0 对量表进行了项目分析和信度检验,依据两部分量表的总分区分高分组和低分组之后,通过独立样本 t 检验的方法进行了项目分析,删除了未达到显著区分度的题项,对需要保留但未达显著区分度的题项进行了措辞方面的改进。本研究采用 Cronbach Alpha 系数检测问卷量表部分的信度,有效教学行为量表的信度为 0.944,影响因素部分的信度为 0.718,说明信度较好。

就此最终问卷形成,其整体结构见表 3-11。

表 3-11 调查问卷整体结构列表

问卷构成	题项形式	题项数目	主要内容
1. 个人信息	选择题	8	答卷人性别、年龄、教龄、学位、学历、职称、院校层次、院校类别、院校所在省份
2. 基本情况	选择题	9	大学英语混合式教学实施的基本情况,包括授课课型、在线平台类型、在线学习地点等
3. 有效教学行为	李克特量表	37	教师有效教学行为现状,包括管理在线学习、营造在线互动氛围、组织面授课堂、实施教师支持、多元化评价、个性化教学 6 个维度
4. 影响因素	李克特量表	25	影响教师有效教学行为的教师自身因素和外部因素。前者包括教学信念、教学能力、教学动机;后者包括学生因素、平台因素、环境因素。

3.4.3.2 访谈提纲

根据研究问题所需,访谈对象包括三类:大学英语课程负责人、大学英语任课教师、非英语专业学生。三类访谈对象分别使用三种不同的访谈提纲,描述如下。

1) 大学英语课程负责人

从实施问卷调查的高校中,根据数据的代表性和资源的可及性,选取 2～3 所院校,对其外语学院的院长(或副院长),或大学外语部的主任(或副主任)进行访谈,了解其所在学校大学英语混合式教学的现状,了解管理层对于大学英语混合式教学的观念、做法和建议。

访谈目的:

- 了解其所在高校大学英语混合式教学的现状;
- 了解其对于混合式教学的理解;
- 了解其作为管理层对大学英语混合式教学的建议;
- 挖掘混合式教学影响因素的相关维度。

访谈内容:

- 受访者个人教学与管理工作情况；
- 受访者所在高校的大学英语混合式教学情况；
- 受访者从课程管理层角度对大学英语课程校本化的看法和态度；
- 对大学英语混合式教学的建议；
- 实施中遇到的困难；
- 对混合式教学的支持措施。

2）大学英语任课教师

从所研高校中，尽量根据不同的年龄段、职称、学历、所授课程，选取 6～8 位教师进行访谈，了解大学英语混合式教学的实施情况以及受访教师对大学英语混合式教学的观念、态度等。

访谈目的：

- 了解受访教师对于本校大学英语教学的看法；
- 了解其混合式教学的设计、实施的现状；
- 了解其在教学设计和实施过程中的亲身感受和体会；
- 了解其对于混合式教学的理解；
- 挖掘混合式教学影响因素的相关维度。

访谈内容：

- 受访教师所在高校的大学英语混合式教学实施情况；
- 受访教师得到的支持和遇到的困难；
- 受访教师对混合式教学的理解。

3）非英语专业本科生

教师有效教的目的是为了学生有效学，对教师教学的研究必然要考虑学生对教师教学的感知和态度，因为这直接决定着学生的"学"。因此，本研究也进行了学生访谈，了解基于学生感知的大学英语混合式教学现状。

访谈目的：

- 了解学生大学英语混合式学习的现状；
- 了解学生对于大学英语混合式教学的体会和感知；
- 了解学生对于大学英语混合式教学效果提升的看法。

访谈内容：

- 大学英语混合式学习的情况；
- 大学英语混合式学习的优势和困难；
- 大学英语混合式教学需要改进的地方。

3.4.4 研究过程

3.4.4.1 问卷发放与数据收集

试测问卷经项目分析、信度分析、整理之后,开始进行正式施测,全部使用在线问卷工具"问卷星"发放问卷。与纸质问卷相比,使用在线问卷工具收集问卷有如下优势。一是收集速度快,节省时间。电子问卷用微信推送给调查对象,不管调查对象身在何处,都可在线提交问卷。二是便于数据处理。在线问卷设置了"必答"功能,即填写者没有完成必答题不能提交,这就避免了纸质问卷中会出现缺省值的情况。除此之外,还可以进行个性化设置,使问卷更符合研究的需要。如本书为避免重复填写问卷的风险,设置了"同一手机只能填写一次"。

笔者通过直接或间接的关系,在选取的每所高校都找到一位联系人。首先将问卷通过微信发送给各位联系人,并告知问卷填写教师的条件及其他注意事项,由联系人通过微信发送给其所在学校的教师。联系人或发在大学英语课程授课教师的微信群,强调填写教师的条件;或经过筛选一一发送给符合条件的大学英语任课教师。

本研究共收回问卷 448 份。笔者逐一查看问卷,以剔除无效问卷。

被剔除的无效问卷有两种情况。①所有的题项均选择同一选项。如有效教学行为量表全部选择"总是""有时"等。"影响因素"部分全部选择"同意"或"不确定"。②测谎题选项自相矛盾。本研究问卷设置了两对测谎题,即以互为反向题的形式出现的题项。如"我给学生提供自主学习资源"和"我不提供自主学习资源,让学生自行查找",若被试对两个题项均选择"总是",则属于自相矛盾。

筛选的结果是,所有 448 份问卷中,有效问卷共计 379 份,进入下一步的数据处理。

3.4.4.2 访谈过程

根据便利条件和可及性,笔者在发放问卷的学校选取部分参与问卷调查的教师、其所在院系的大学英语课程负责人、参加访谈教师所授课班级的学生进行访谈。访谈对象的选取考虑了学校、职称、混合式教学的类型等因素,以便在一定程度上保证研究样本的多样性。

访谈主要依据本研究制定的访谈提纲(见 3.3.3.2 节),有个别访谈和集体访谈两种形式,通过面对面访谈、微信访谈、电话访谈的方式进行。被访教师一部分经由熟人推荐安排,一部分由笔者自行联系。教师访谈除了一次有两位教师共同进行外,其余均为个别访谈。学生访谈均为集体访谈,每次访谈人数控制在 4 人之内，以保证每位受访者充分的话语机会。

以面谈方式进行的访谈在教师休息室或办公室进行，事先商定好时间，选择安静的时段进行访谈。访谈时，笔者先征得受访者同意才开始录音。笔者按照访谈提纲进行访谈，受访者提到有意义但超出访谈提纲的信息时，笔者适时进行追问。每次访谈持续约 40～60 分钟。访谈结束后，将访谈录音逐字转写，为后续访谈数据分析做准备。学校代码采用学校名称首字母来指代。被访谈人员及相关信息见表 3－12。

表 3－12　被访谈人员及相关信息

访谈类别	序号	访谈人数	访谈方式	学校代码
大学英语课程负责人	1	1 名	电话	DBD
	2	1 名	微信	SHD
	3	1 名	面谈	SHS
大学英语任课教师	1	1 名	面谈	DND
	2	2 名	面谈	DND
	3	1 名	微信	HGD
	4	1 名	面谈	SLG
	5	1 名	电话	YNC
	6	1 名	面谈	ZHY
非英语专业本科生	1	3 名	面谈	SHD
	2	3 名	面谈	DND
	3	4 名	面谈	DND

3.5　本章小结

本章基于上一章的概念框架，根据研究问题，对本书的研究设计进行了陈述。首先，以开放访谈作为先导研究，结合上一章的文献回顾，归纳出大学英语混合式教学中教师有效教学行为以及影响因素维度。然后，基于文献和先导访谈数据对各个维度的构念进行操作化处理，编制调查问卷和访谈提纲。最后，对研究对象的选取、量化和质化数据的实际收集过程进行了阐述。

第4章 结果与讨论：现状

4.1 引言

在上一章中,笔者详细阐释了本书的研究设计,包括研究问题、研究对象、研究方法,以及所使用的研究工具的制定过程,最后介绍了研究的过程,即数据收集过程。本章首先介绍数据处理,然后对前两个研究问题进行分析和讨论。

4.2 数据处理

4.2.1 问卷数据处理

1) 数据整理

笔者使用"问卷星"将 379 份有效问卷直接导出为 SPSS 格式,然后使用 SPSS23.0 进行下一步数据处理。

为避免被试形成一定的定势思维,笔者设计了 7 道反向题。分析数据时需要将反向题的数值反转,否则数值就会相互抵消。按照反向题处理步骤,设定好后反转了 7 道题项的数值。

2) 问卷项目分析

项目分析能够帮助了解每个题项是否有效地区分了不同的被试。问卷项目如果没有好的区分度,很难保证信度和效度,因此对问卷进行了项目分析。常用的项目分析法有极端分组法和内部一致性分析法(秦晓晴,2009)。本书采用了极端分组法。首先,计算出每份问卷全部题项的得分,根据得分进行排序,以 27% 为标准,得分最高的 27% 确定为高分组,得分最低的 27% 则为低分组。然

后进行独立样本 t 检验。查看高分组和低分组在每个题项上的差异是否达到显著水平。如果达到显著水平，说明该题项具有较好的区分度。有效教学行为量表的项目分析结果显示有 2 个题项（C13、C18）没有达到显著水平，因此予以删除。删除后，有效性量表有 35 个题项。影响因素每个维度涉及的内容纷繁复杂，限于问卷篇幅，题项内容不足以涵盖所要测量的构念。因此，影响因素部分的问卷只用于描述性统计分析，题项不作删除。

　　3）信度分析

　　信度也称可靠性，指测量结果的稳定程度或一致性程度，即在不同时间、不同地点，用同一问卷对不同被试或相同被试进行测量时，结果的一致性和稳定性（秦晓晴，2009）。本研究采用 Cronbach Alpha 系数检测问卷量表部分的信度。Cronbach Alpha 信度系数介于 0.00 和 1.00 之间。系数越高，说明测量结果越可靠，信度越高。一般认为 Cronbach Alpha 信度系数不应低于 0.70。如表 4-1 所示，有效性量表的信度为 0.941，说明本部分信度较好。

表 4-1　有效教学行为量表信度分析

Cronbach 的 Alpha	项目个数
.941	35

　　另外，如表 4-2 所示，C2 题项与量表总分之间的相关表明其相关系数只有 0.164，删除该项后，信度系数会上升到 0.942，因此删除本题项。

表 4-2　有效教学行为题项相关性列表

	尺度平均数 （如果项目已删除）	尺度变异数 （如果项目已删除）	更正后项目 总数相关	Cronbach 的 Alpha （如果项目已删除）
C1 提供资源	113.31	327.412	.589	.939
C2 不提供	113.43	339.442	.164	.942
C3 提供不同资源	113.97	329.742	.420	.940
C4 鼓励共享资源	113.35	330.883	.410	.940
C5 布置任务	113.26	327.002	.563	.939
C6 布置不同任务	114.06	329.652	.446	.940
C7 跟踪	113.61	319.366	.654	.938
C8 发现困难	113.90	321.450	.673	.938
C9 个别指导	114.09	325.869	.603	.938
C10 提出自主目标	113.79	319.938	.680	.938

问卷影响因素部分信度情况如表 4-3 所示。影响因素部分的信度为 0.861,说明本部分信度较好。

表 4-3 影响因素量表信度分析

Cronbach 的 Alpha	项目个数
.861	22

4.2.2 访谈数据处理

与先导访谈的处理和分析方法一样,笔者对访谈录音进行了逐字逐句的转写,形成 Word 文档转写稿,以话轮对转写稿进行了标注,然后采用类属分析法对数据进行分析。具体步骤如下:

第一步,对转写稿进行逐字逐句的反复阅读,寻找与研究问题有关的关键概念,进行开放式编码,即一级编码。第二步,反复阅读一级编码,找出这些编码之间的内在关联,将意义相近的一级编码进行归类,形成二级编码。第三步,找出二级编码之间的内在关联,进行三级编码。在二级和三级编码时尽量使用已有维度概念,使用 Nvivo11.0 帮助分析访谈数据。编码完成之后,对访谈数据进行深入解读,并选择有代表性的片段,用于后期质性数据呈现的支撑材料。访谈教师的代码采取学校代码+教师姓氏首字母的方式。如在对访谈数据的呈现中出现"T-YNC-L",其中 T 表示教师受访者,YNC 是其学校代码,L 是该教师的姓氏代码。受访学生的代码则采用学校代码+数字的方式,如"S-SHD-1"中,S 表示学生受访者,SHD 是其学校代码,数字 1 是区分同一学校的受访学生的代码。

4.3 参与调查的教师和学校情况统计

本次调查的有效问卷总数为 379 份,问卷的第一部分是参与本次问卷调查的教师和其所在高校的信息。教师个人信息方面包括性别、年龄段、教龄段、教育程度、学位、职称共 6 个方面,以下分别进行数据汇报。

4.3.1　性别分布

被试男教师 68 人,占 17.94％;女教师 311 人,占 82.06％。这一结果与王守仁、王海啸(2011)对于大学英语教师的调查结果类似,即女教师占全体大学英语教师的 80.1％。如张雁玲、郑新民(2011:55)所言:"我国外语师资队伍呈'阴盛阳衰'的性别结构,女性教师在外语教学战线上名副其实地起到能顶'大半边天'的作用。"

4.3.2　年龄、教龄分布

30 岁及以下的被试最少,仅占 3.69％;次少的是 50 岁以上的被试,只占 11.35％。31～40 岁的受访者最多,占 48.81％;其次是 41～50 岁的被试,占 36.15％。教龄上,比例最高的依次是 11～15 年、16～20 年、21～25 年,三个教龄段相加为 70.44％。问卷显示大学英语教师年龄、教龄较为集中,以中青年为主。

参与问卷调查的教师的高校教龄分布如图 4－1 所示。

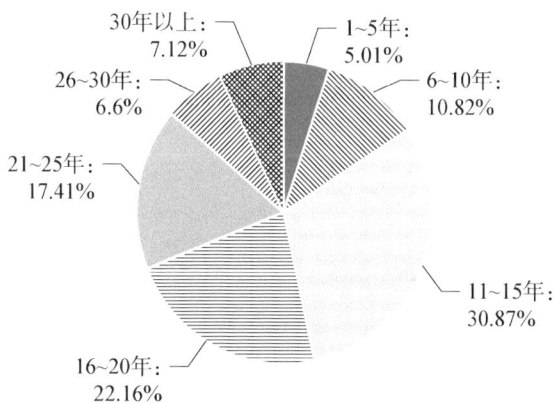

图 4－1　问卷被试教龄分布

4.3.3　受教育程度分布

教育部高等学校大学外语教学指导委员会英语组 2001 年基于 341 所高校的调查显示,大学英语教师的学位以学士为主(占 72％)。2008 年,基于 230 所高校的数据显示具有硕士和博士学位的人数比例有了很大提高,分别为 53.5％和 1.2％(王海啸,2009)。本研究的样本中,具有硕士及以上学位的教师达

90.5%,说明近十年来,大学英语教师的学历层次有进一步的提升。

4.3.4 职称分布

根据王守仁、王海啸(2011)的统计,大学英语教师的职称结构为:教授3.3%,副教授22.6%,讲师74.1%。图4-2显示,被试教师中讲师占63.59%,副教授占30.61%。一方面,样本的职称结构与王守仁、王海啸(2011)的调查结果类似;另一方面,样本中副教授的比例有所增加,说明大学英语教师的职称结构有所提升。

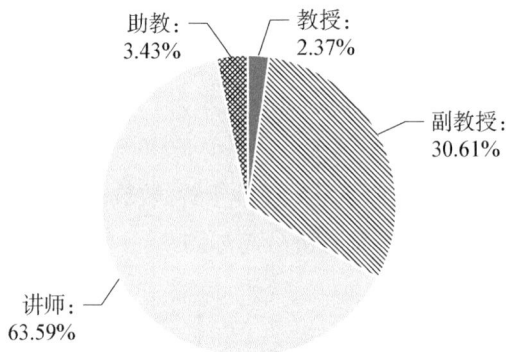

助教:3.43%　　教授:2.37%

副教授:30.61%

讲师:63.59%

图4-2　问卷被试职称分布

4.3.5 高校类型、层次分布

关于教师来源学校的情况,前文已经提到本研究调研的学校共有"985工程"高校4所、"211工程"高校4所和普通本科院校27所。如表4-4所示,来自普通高校的受访教师人数最多,占58.84%,其次为211高校,最少的为来自985高校的教师。在类别上分成了综合类、理工类、师范类、财经类、外语类、医药类、海洋类、政法类,后5种在之后的分析中归并为专业院校类。其中来自综合类高校的被试教师最多,达52.51%。

表4-4　问卷被试所在高校层次、类型分布

分类	高校	人数	百分比
高校层次	985高校	60	15.83%
	211高校	96	25.33%
	普通高校	223	58.84%

续　表

分类	高校	人数	百分比
高校类型	综合类	199	52.51%
	理工类	83	21.9%
	师范类	58	15.3%
	专业院校类	39	10.29%

4.4　大学英语课程混合式教学基本情况现状

问卷第二部分调查大学英语混合式教学基本情况的现状,该部分的数据统计结果将在下文一一呈现。

4.4.1　实施混合式教学的大学英语课程类型

调查数据显示(见图 4-3),通用英语课占到了 86.8%,也就是说在大学英语课程体系中,混合式教学主要发生在通用英语课上。原因不难理解:一是通用英语在大学英语教学中占主流,所有的学校都开设;二是大学英语的其他课型很多学校只有面授,没有在线平台。

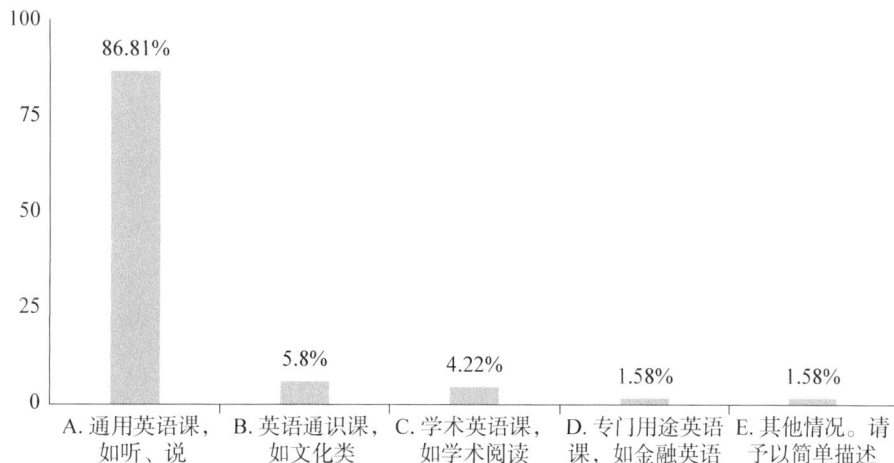

图 4-3　实施混合式教学的大学英语课程类型情况

4.4.2 在线平台类型

混合式教学包括两方面内容:在线学习和课堂面授。在线部分的存在意味着会有一个在线空间,这也是本书对于混合式教学这一核心概念的操作性定义。在选取调查对象时也是将此作为"准入门槛"。由图4-4可知,60%实施混合式教学的大学英语课程使用与教材配套的平台。21世纪初开始实施大学英语教学改革,核心就是变"粉笔黑板+课本"的模式为"课堂+计算机"的模式。由几大出版社牵头开发大学英语教学平台,随着教材在各高校推广,最为大家熟知。因此,不难理解当下被使用最多的依然是与教材配套的在线平台。

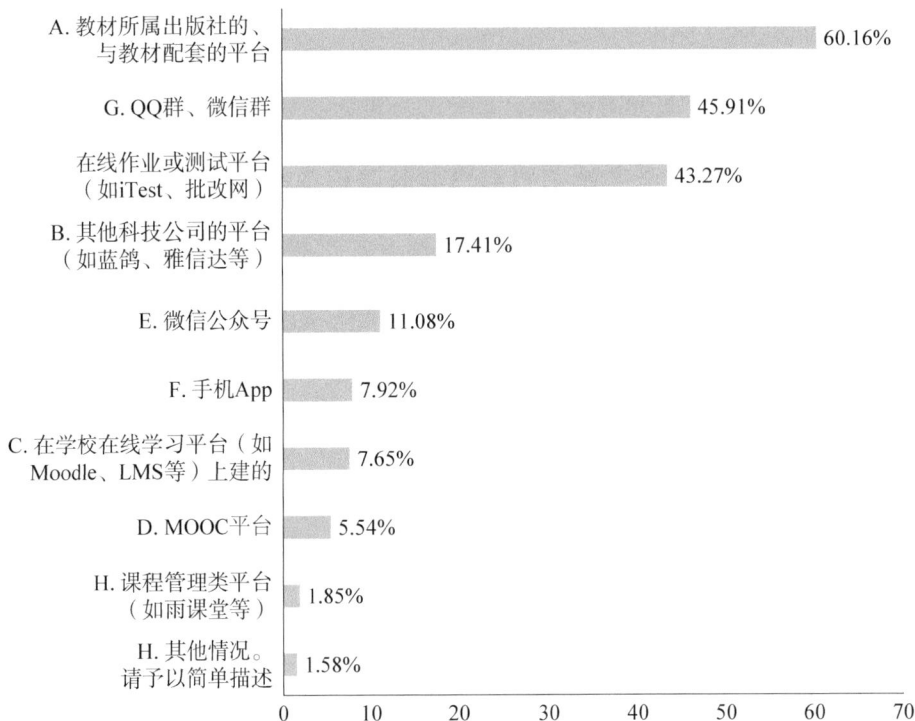

图4-4　在线学习平台类型情况

占第二位的是即时通讯工具类,如QQ群或微信群。作为数字原住民的一代,大多数大学生有智能手机、微信或者QQ。利用QQ或微信交流的便利性已经成为共识。但即使如此,也只有不到一半的教师与学生建立QQ群或微信群。

占第三位的平台是在线作业或测试类。这类平台最大的特点是系统自动评分,使教师从繁重的作业批改工作中解放出来。如参与调查的一所高校,使用某个在线平台，每学期要求学生完成 10 套大学英语四级考试模拟题（不包括作文）。学生做完提交后，系统即时给出每一题的得分以及正确答案。使用"批改网""句酷网"等在线作文批改类平台，也是许多大学英语教师的选择。一位受访教师认为："这种改作文的网，问题很多，不能代替老师改，但至少可以先给改改低级的语法错误。"

其他平台的使用比例非常低，均不到 20％（见图 4-4）。

从对本题的开放式回答，可以得知有的教师"设立公共邮箱"作为给学生提供学习资源的平台。

本题为多选题，所有选项的被选频次为 767，而问卷数为 379 份，即参加调查的每门大学英语课程平均有 2 个及以上的在线平台。

4.4.3　在线学习地点

关于在线学习的地点和时间，65％的教师回答学生使用自己的电子设备进行学习。罗凌（2017）基于移动学习平台对学生的英语写作学习行为进行分析，发现"学生的学习时间呈现全天候的特点"，而地点则是"宿舍、教室、图书馆，以及'在路上'等非传统学习场所"。Barlow（2008）的研究发现学生登陆班级博客网址的地点、使用设备多种多样，包括在学校、在家中、在朋友家中等，使用手机或其他移动设备登陆。虽然 65％的选择率远远高于其他两个选项，但也说明在移动通信如此普及的今天，大学生并没有达到 100％的移动学习。究其原因，在访谈中笔者得到了一些答案。"我们学校规定大一的学生不能把自己的笔记本电脑带到学校，怕电脑玩多了影响学生的学习，"一位 985 高校的教师（T-DND-N）如是说。"我们的那个平台只有网络版，没有手机版，所以学生使用起来还是有不方便之处，"一位大学英语课程的负责人（T-SHD-D）如是说。

另外，21 世纪前后教育部启动教学模式信息化为核心的大学英语教学改革以来，各高校纷纷建立自主学习中心。"几乎所有试点院校都建立了自主学习中心，更多的高校正参加到这项史无前例的硬件大建设中来"（周小勇、魏葆霖，2010）。其共同特点是"运用数量不等的计算机、主控台和用于监控学生学习活动的工作室；多使用网络课程学生自主学习平台……而且主要进行听说训练"（吴书芳，2012）。但随着移动技术的普及，这些学习中心的局限性逐渐显现，存在设备陈旧、故障率高、维修不及时、软件更新速度慢，以及所提供的学习资源更新较为滞后的问题（章木林、邓鹂鸣，2018），缺乏系统的、科学的教学设计（林莉兰，2013），因此利用率趋低。本调查显示，自主学习中心只有 35％左右的利用率。正如访谈中一位大学英语课程负责人所说的："自主学习中心现在都是半废弃的状态,很少用,很浪费。"这个问题具有普遍性,值得思考。学界对此已有一些研究,如江晓丽(2016)提出学校的自主学习中心应发挥学习元平台的功能,教师通过构建学习元平台引导学生自主学习,学生通过个性化自主学习完成学习过程。总之,移动学习环境的发展必将削弱各校自主学习中心的"领导"地位,但各校可以根据实际情况将其变为学生自主学习的场所之一,充分发挥其作用。

4.4.4 在线学习内容

统计结果表明,在线学习具有"多任务"的特点,其中排在前两位且超过半数的是听力练习和写作练习(见图4-5)。这一结果与大学英语课程的性质有关。《大学英语课程教学要求》(2007)指出大学英语课程"以英语语言知识与应用技能、跨文化交际和学习策略为主要内容",而《大学英语教学指南(2020版)》指出大学英语课程"兼有工具性和人文性双重性质"。可见语言技能培养是大学英语课程的主要任务之一。在线学习的内容也与所使用的平台的功能有关。

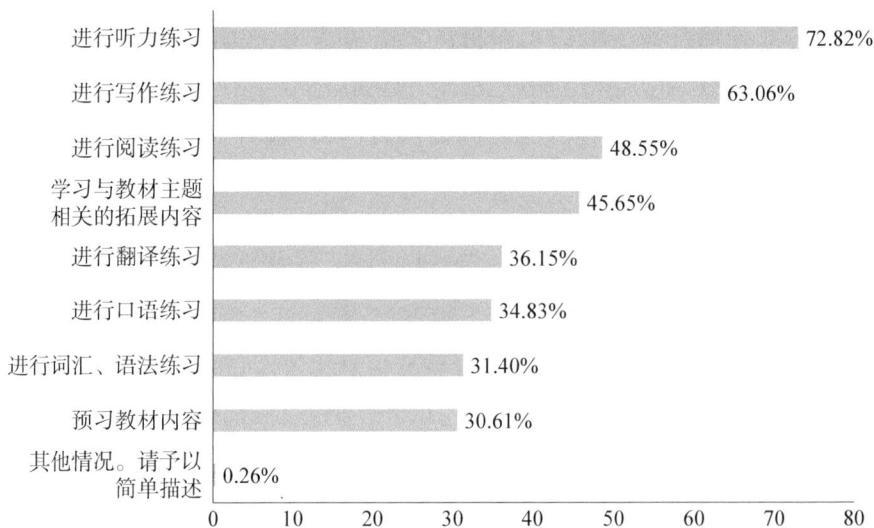

在线学习内容	百分比
进行听力练习	72.82%
进行写作练习	63.06%
进行阅读练习	48.55%
学习与教材主题相关的拓展内容	45.65%
进行翻译练习	36.15%
进行口语练习	34.83%
进行词汇、语法练习	31.40%
预习教材内容	30.61%
其他情况。请予以简单描述	0.26%

图4-5 在线学习内容情况

4.4.5 主导模式

如3.4.3.1.1节所述,Neumeier(2005)的描述框架中的参数之一是主导模式,由模式时长比例和内容分配决定。学习者在哪种模式下花的时间长,且整个课程教学过程由哪个模式引领,哪种模式就是主导模式;教学内容的组织与协商发生在哪个模式下,哪个模式就是主导模式。图 4-6 显示,大约一半的学校大学英语课程的面授频次为一周 4 课时。而根据图 4-7,要求学生一周在线学习两学时的仅为 15% 左右,呈现在线学习频次越高,比例越低的样貌。同时,图4-7 显示,对在线学习的时间要求,占前两位的选项都属于不规定时长,按任务来考核或没有任何要求,这意味着教学的组织与协商必定是发生在面授中的。综合起来,可以得出结论,大学英语课程的混合式教学都是基于课堂面授的,以课堂面授为主导和引领。

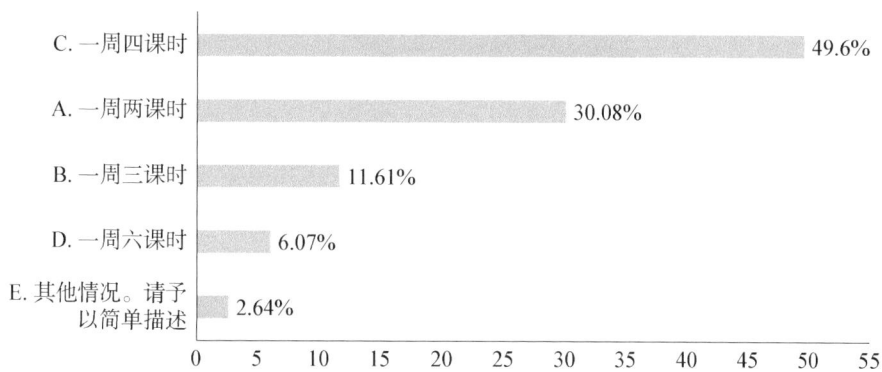

图 4-6 课堂面授频次情况

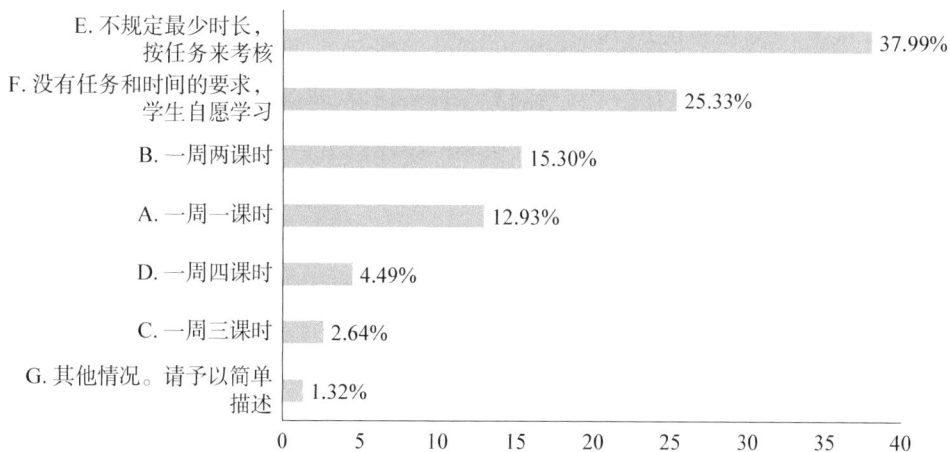

图 4-7 在线学习时长要求情况

4.4.6　混合类型

关于大学英语课程混合式教学的类型,如2.3.3.1节所述,对混合模式的分类,最常用的划分是根据课堂学习的功能和任务由在线模式所代替的程度。根据这一划分标准,本书将图4-8中的A型称为添加型,B型称为混合型,C型称为翻转型。由统计结果(见图4-8)可知,78.1%的为添加型,混合及翻转型两者相加仅为21.9%。

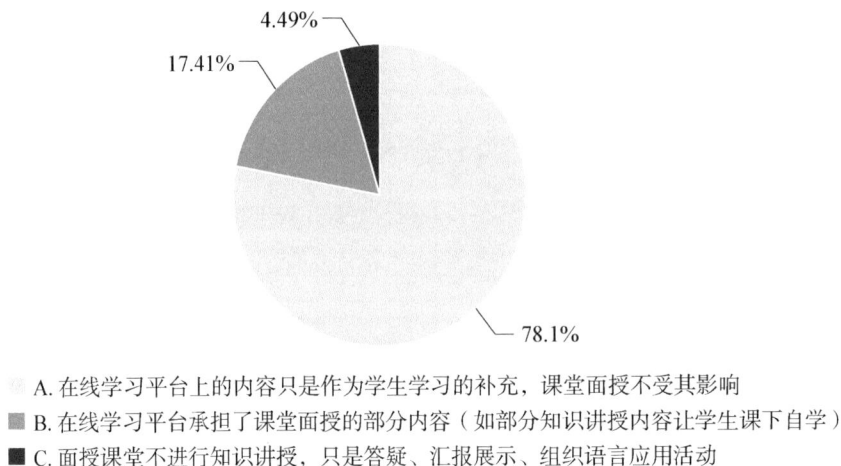

A. 在线学习平台上的内容只是作为学生学习的补充,课堂面授不受其影响
B. 在线学习平台承担了课堂面授的部分内容(如部分知识讲授内容让学生课下自学)
C. 面授课堂不进行知识讲授,只是答疑、汇报展示、组织语言应用活动

图4-8　混合类型情况

4.4.7　教学评价形式

关于大学英语课程混合式教学的教学评价情况,排除最后一个开放式选项,前7个选项的频次相加为1448,即平均每位教师使用3.8种教学评价形式。排前三位的分别是课堂参与、书面作业和期末考试。课堂参与和书面作业都属于形成性评价的范畴,说明大学英语混合式教学基本做到了形成性评价与终结性评价相结合。根据前文的阐述,形成性评价中评价主体包括教师、学生个人和同伴三方,而统计结果显示,进行学生自评和互评的比例皆仅为7%左右(见图4-9)。

参加调查的教师还常使用的评价形式包括口语测试、出勤、课程论文,以及基于项目的个人汇报或小组汇报(PBL)。

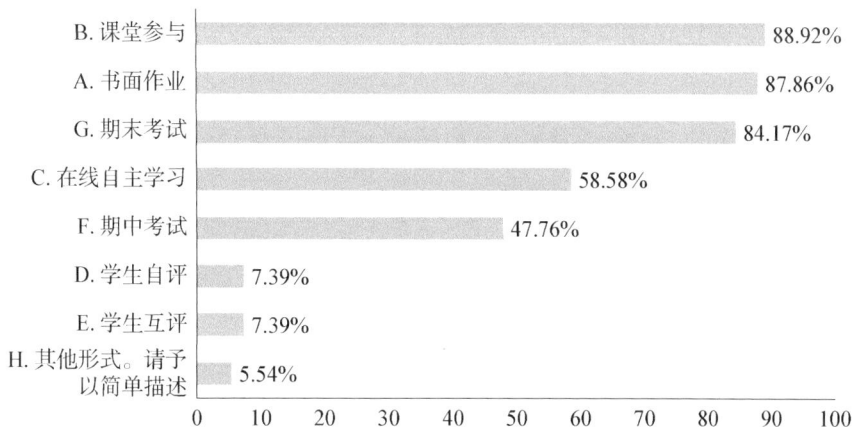

图 4‐9　教学评价形式情况

4.4.8　教师接受培训情况

统计结果显示，42.74%（ $n=162$ ）的被试教师接受过混合式教学培训，未接受过培训的比例为 57.26%（ $n=217$ ）。后文将进一步分析接受培训与否与实施有效教学行为的情况是否相关。

4.5　大学英语混合式教学有效教学行为实施现状

本节首先进行探索性因子分析，获得基于数据驱动的有效教学行为因子，与之前的理论维度框架进行比对，确立最终的大学英语混合式教学有效教学行为维度。然后对各维度题项进行描述性统计分析，同时采用独立样本 t 检验、单因素方差分析（one-way ANOVA），试图发现人口学变量不同以及高校层次、类型不同的大学英语教师在有效教学行为的实施上是否存在显著性差异。

4.5.1　因子分析

笔者首先对用于因子分析的有效教学行为量表的全部数据进行 KMO 和 Bartlett 球形检验。KMO 值越高，表明越适合做因子分析。KMO 值达到 0.9 以上为非常合适，0.8～0.9 之间为合适，0.7～0.8 之间为一般，最低要求不能低于 0.6（秦晓晴，2009）。由表 4‐5 可知，有效教学行为量表 KMO 值为 0.928，且 Bartlett 球体检验也达到了显著性水平($p<0.05$),说明存在因子结构,适合做因子分析。

表 4-5　教学行为量表的 KMO 和 Bartlett 检验(第一次因子分析)

Kaiser-Meyer-Olkin 取样适切性量数		.928
Bartlett 的球形检验	近似卡方	7 310.880
	df	561
	显著性	.000

采用主成分分析法进行因子抽取,抽取时选择特征值大于 1 的因子;因子旋转方法选择方差最大旋转法(Varimax),按照因子负荷大小排列题项,且只输出负荷值高于 0.3 的题项。共提取到 6 个因子,累计解释方差为 61.635%(见表 4-6)。

表 4-6　因子的负荷情况(第一次因子分析)

成分	初始特征值			提取载荷平方和			旋转载荷平方和		
	总计	方差百分比	累积%	总计	方差百分比	累积%	总计	方差百分比	累积%
1	11.981	35.239	35.239	11.981	35.239	35.239	5.072	14.918	14.918
2	3.407	10.021	45.260	3.407	10.021	45.260	4.641	13.649	28.567
3	1.871	5.502	50.762	1.871	5.502	50.762	4.397	12.931	41.498
4	1.510	4.441	55.203	1.510	4.441	55.203	2.957	8.696	50.194
5	1.175	3.456	58.659	1.175	3.456	58.659	2.677	7.873	58.067
6	1.012	2.976	61.635	1.012	2.976	61.635	1.213	3.568	61.635

旋转成分矩阵情况见表 4-7。因子 6 只包含一个题项,因此删除该因子更为合适,但这样可能会改变因子结构,所以需要重新进行因子分析。

表 4-7　第一次因子分析旋转成分矩阵图

	成分					
	1	2	3	4	5	6
C32 反馈在线学习情况	.742					
C30 督促在线学习	.689	.305				
C31 表扬在线学习	.664					
C28 面授自主内容相连	.631					

续　表

	成分					
	1	2	3	4	5	6
C7 跟踪	.613		.351			
C8 发现困难	.538		.507		.314	
C33 展示自主成果	.528		.375	.363		
C29 调整面授进度	.522			.353		
C10 提出自主目标	.485		.418		.336	
C34 评价汇报	.475	.395		.363		
C21 面授点评学生表现		.787				
C23 面授上情感交流		.750				
C24 对学生感兴趣		.736				
C20 面授主要是做活动		.671				
C19 面授上使用多媒体		.660				
C26 遇困难提供帮助		.634				.383
C27 交流学习方法		.541				.526
C22 回答在线提问	.413	.481				
C25 指导信息技术学习	.351	.440			.303	
C14 分析在线发言情况			.762			
C15 反馈在线讨论情况			.757			
C11 组织网上讨论	.		.712		.337	
C12 鼓励网上发表观点			.702			
C16 自主学习强化训练	.421		.566			
C17 解答自主困难			.547			
C36 互评				.863		
C37 提供互评标准				.832		
C35 自评				.804		
C3 提供不同资源					.757	
C6 布置不同任务					.714	
C9 个别指导	.434		.340		.504	
C1 提供资源	.318	.410			.429	
C5 布置任务	.358				.406	
C4 鼓励共享资源			.317			.584

　　删除第 4 题后进行第二次因子分析。操作步骤与设置和第一次因子分析相同。首先进行 KMO 和 Bartlett 球形检验。由表 4-8 可知，此次因子分析的

KMO 值为 0.927，且 Bartlett 球体检验达到了显著性水平（$p < 0.05$）。说明适合做因子分析。

表 4-8　教学行为量表的 KMO 和 Bartlett 检验（第二次因子分析）

Kaiser-Meyer-Olkin 取样适切性量数		.927
Bartlett 的球形检验	近似卡方	7 195.440
	df	528
	显著性	.000

第二次因子分析共抽取因子 5 个，累计解释方差为 59.731%（见表 4-9）。

表 4-9　因子的负荷情况（第二次因子分析）

成分	初始特征值			提取载荷平方和			旋转载荷平方和		
	总计	方差百分比	累积%	总计	方差百分比	累积%	总计	方差百分比	累积%
1	11.800	35.759	35.759	11.800	35.759	35.759	4.894	14.832	14.832
2	3.406	10.320	46.079	3.406	10.320	46.079	4.786	14.504	29.336
3	1.869	5.665	51.744	1.869	5.665	51.744	4.733	14.343	43.679
4	1.461	4.426	56.170	1.461	4.426	56.170	2.962	8.975	52.654
5	1.175	3.561	59.731	1.175	3.561	59.731	2.335	7.076	59.731

第二次因子分析后，旋转成分矩阵结果如表 4-10 所示。

表 4-10　第二次因子分析旋转成分矩阵图

	元件				
	1	2	3	4	5
C15 反馈在线讨论情况	.750				
C11 组织网上讨论	.742				
C14 分析在线发言情况	.710				
C12 鼓励网上发表观点	.702				
C16 面授上强化训练	.612		.402		
C8 发现困难	.580		.523		
C17 面授解答自主困难	.573				
C10 提出自主目标	.514		.468		

续　表

	元件				
	1	2	3	4	5
C5 布置任务	.349		.349		.333
C21 面授点评学生表现		.774			
C23 面授上情感交流		.761			
C24 对学生感兴趣		.757			
C26 遇困难提供帮助		.710			
C27 交流学习方法		.642			
C19 面授上使用多媒体		.640			
C20 面授主要是做活动		.638			
C22 回答在线提问		.503	.386		
C25 指导信息技术学习		.465	.339		
C1 提供资源		.379	.314		.356
C32 反馈在线学习情况			.730		
C30 督促在线学习		.336	.676		
C31 表扬在线学习			.647		
C28 面授自主内容相连		.313	.622		
C7 跟踪	.416		.604		
C33 展示自主成果	.383		.517	.371	
C29 调整面授进度			.506	.366	
C34 评价汇报		.375	.454	.357	
C36 互评				.859	
C37 提供互评标准				.826	
C35 自评				.803	
C3 提供不同资源					.777
C6 布置不同任务					.717
C9 个别指导	.405		.420		.468

　　根据旋转成分矩阵结果及问卷设计时所提出的维度框架,笔者尝试命名大学英语混合式教学中有效教学行为的各类因子。由于各题负荷值阈值设定为0.3,因此,对于在两个或多个因子上的负荷都超过 0.3 的题项,笔者按照因子负荷的大小,将该题项归入负荷量最大的因子。

　　共有 9 个题项在因子 1 上负荷值超过 0.3,按照因子负荷值的大小,将这9 个题项归入本因子中。这 9 个题项主要涉及教师促进在线互动、布置在线自主学习任务、提出自主学习目标、解决在线学习困难的行为,因此将因子 1 命名为在线学习管理行为因子。

共有 10 个题项在因子 2 上负荷值超过 0.3,按照因子负荷值的大小,将这 10 个题项归入本因子中。这 10 个题项主要涉及教师对学生的情感支持、答疑解惑、方法指导、提供资源,因此将因子 2 命名为教师支持行为因子。

共有 8 个题项在因子 3 上负荷值超过 0.3。除第 7 题外,其余题项主要涉及教师在面授课上督促和反馈学生在线自主学习、展示和评价自主学习成果、面授与在线内容融合的行为,因此将因子 3 命名为组织面授课堂行为因子。第 7 题("我会通过在线学习平台及时跟踪学生自主学习情况")出现在本因子上,应该是语义模糊,被试理解有偏差造成,因此考虑删除本题项。删除题项可能会改变因子结构,需要再次进行因子分析。

共有 3 个题项在因子 4 上负荷值超过 0.3,按照因子负荷值的大小,将这 3 个题项归入本因子中。这 3 个题项主要涉及教师组织多元化评价的行为,因此将本因子命名为多元化评价行为因子。

共有 3 个题项在因子 5 上负荷值超过 0.3,按照因子负荷值的大小,将这 3 个题项归入本因子中。这 3 个题项主要涉及教师提供不同的自主学习资源、布置不同的自主学习任务、进行个别指导的个性化教学行为,因此将本因子命名为个性化教学行为因子。

删除第 7 题后进行第三次因子分析。首先进行 KMO 和 Bartlett 球形检验。此次因子分析的 KMO 值为 0.925,且 Bartlett 球体检验达到了显著性水平($p < 0.05$),说明适合做因子分析。第三次因子分析共抽取 5 个因子,累计解释方差为 59.833%。旋转成分矩阵结果显示,因子结构与第二次因子分析结果一致,只是因子 3 变为了 7 个题项(输出结果见附录 4)。

最终,大学英语混合式教学中教师的有效教学行为共得到 5 个因子,按解释力的百分比大小依次为:教师在线学习管理行为、教师支持行为、教师组织面授课堂行为、教师多元化评价行为、教师个性化教学行为(见表 4 - 11)。

表 4 - 11 有效教学行为各因子及相关题项汇总

序号	因子命名	题 项
1	在线学习管理	15. 我对学生的在线讨论情况进行评价反馈 11. 我积极组织引导学生进行网上讨论 14. 我会对学生的发言人数、发言量、发言时间、讨论情况进行记录和分析 12. 我鼓励学生在网上表达观点

续　表

序号	因子命名	题　项
1	在线学习管理	16. 面授课上我对学生课下自主学习的内容进行强化巩固训练 8. 我会使用在线学习平台上的数据发现学生自主学习中的困难 17. 面授课堂中我会组织学生围绕自主学习遇到的问题进行讨论并解答 10. 我会对学生的在线学习提出明确的产出性目标 5. 我会根据教学目标和学习进度，给学生布置自主学习任务
2	教师支持	21. 面授课上，进行讨论等课堂互动活动时，我会对学生的观点及表现进行点评 23. 面授课堂中，我参与学生的互动和讨论，分享我的观点，注重情感交流 24. 我对学生表现出我对他们的问题或观点感兴趣 26. 学生英语学习上遇到困难，我会尽可能提供帮助 27. 我会与学生交流英语学习方法 19. 在面授课上我总是设法利用多媒体资源营造语言学习环境 20. 我面授课堂上的主要内容是讨论、辩论、汇报展示、小组活动等 22. 我及时回答学生的在线提问 25. 我指导学生利用信息技术开展自主、探究、合作的学习活动 1. 我会根据教学目标和学习进度，给学生提供自主学习资源
3	组织面授课堂	32. 面授课堂上我对学生在平台上的学习情况进行反馈和评价 30. 我在面授课上及时督促学生完成在线自主学习任务 31. 我会对学生按时完成自主学习任务的行为予以表扬或某种奖励 28. 课堂面授时的内容与在线自主学习的内容是有联系的 33. 面授课上我会给学生汇报、展示的机会 29. 我按照学生自主学习情况适当调整面授课教学进度 34. 面授课上我会及时评价学生的汇报、展示
4	多元化评价	36. 我让学生开展同伴互评 37. 我给学生提供清晰准确的同伴互评标准或案例 35. 我让学生进行自我评价
5	个性化教学	3. 我给英语需求不同的学生提供不同的学习资源 6. 我会根据教学目标和学习进度，对英语水平不同的学生布置不同的自主学习任务 9. 我会根据在线平台上的自主学习情况对学生进行个别指导

　　因子分析把问卷编制时设定的两个维度"管理在线学习"和"营造在线互动氛围"归为了一个因子。混合式教学涉及面授课堂和在线两种模式，"管理在线学习"和"营造在线互动氛围"都与在线模式有关，合并为一个，使得整个量表的

结构更加简洁,也正体现了因子分析"降维"的意义,因此在后续的分析中把这两者合并为"在线学习管理"因子。各个因子中包含的题项与问卷维度中的题项基本保持一致,说明问卷中有效教学量表结构效度较好。

4.5.2　有效教学行为各因子描述性分析

以下对有效教学行为的 5 个因子进行描述性分析。

4.5.2.1　在线学习管理因子的描述性分析

因子分析的结果显示,贡献最大的单个因子是教师管理在线学习的行为,构成了总方差的 14.832%。

混合式教学包括在线和面授两种模式,而在线部分实际又可分为"在线学习"和"在线互动"两大板块,这一因子即是在这两大板块上教师的有效教学行为(见图 4-10)。"管理在线学习任务"是指教师为保障在线学习的效果而进行的一系列行为。首先教师需要给学生布置任务并提出学习目标,对学生的学习情况进行追踪和诊断,对学习困难作出解决。"管理在线互动"指教师营造在线互动氛围,对互动情况进行分析的行为。一方面教师需要组织、引导、鼓励学生进行在线互动交流讨论,另一方面需要对学生的讨论和发言进行即时的评价和反馈。不管是在线学习板块,还是在线互动板块,教师都须对学生的学习行为进行分析。

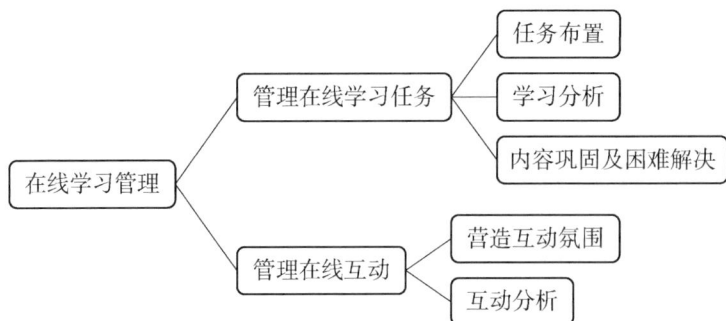

图 4-10　在线学习管理因子框架图

各题项的描述性统计情况如表 4-12 所示:

表 4-12　在线学习管理情况表

题项	5. 我会根据教学目标和学习进度,给学生布置自主学习任务						
选项	从不	很少	有时	经常	总是	M	SD
百分比	2.01	6.92	33.71	41.29	16.07	3.61	.88

题项	10. 我会对学生的在线学习提出明确的产出性目标						
选项	从不	很少	有时	经常	总是	M	SD
百分比	5.58	21.88	36.83	27.46	8.26	3.07	1.02

题项	8. 我会使用在线学习平台上的数据发现学生自主学习中的困难						
选项	从不	很少	有时	经常	总是	M	SD
百分比	6.25	21.88	41.07	25	5.8	2.97	.97

题项	16. 面授课上我对学生课下自主学习的内容进行强化巩固训练						
选项	从不	很少	有时	经常	总是	M	SD
百分比	4.46	17.41	42.86	28.57	6.7	3.09	.93

题项	17. 面授课堂中我会组织学生围绕自主学习遇到的问题进行讨论并解答						
选项	从不	很少	有时	经常	总是	M	SD
百分比	4.69	15.18	45.98	27.01	7.14	3.11	.92

题项	11. 我积极组织引导学生进行网上讨论						
选项	从不	很少	有时	经常	总是	M	SD
百分比	9.82	32.59	36.38	16.52	4.69	2.63	.95

题项	12. 我鼓励学生在网上表达观点						
选项	从不	很少	有时	经常	总是	M	SD
百分比	5.8	25.67	35.27	26.12	7.14	2.93	1.00

题项	14. 我会对学生的发言人数、发言量、发言时间、讨论情况进行记录和分析						
选项	从不	很少	有时	经常	总是	M	SD
百分比	14.06	31.92	32.14	16.52	5.36	2.53	1.02

题项	15. 我对学生的在线讨论情况进行评价反馈						
选项	从不	很少	有时	经常	总是	M	SD
百分比	9.6	23.44	38.84	23.88	4.24	2.8	.98

从统计表可以看出,这一因子上的题项,均值达到 3 分以上的有 4 个,得分最高的是第 5 题("我会根据教学目标和学习进度,给学生布置自主学习"),为 3.6 分。其余的 10、16、17 三题均值在 3 分左右,以上 4 题均为管理在线学习的行为。在线部分的另一板块——在线互动所涉及的题项(15、11、14、12),均值都在 3 分以下。另一均值在 3 分之下的题项是第 8 题(在线学习困难诊断)。以下进行具体分析。

1) 在线学习任务布置

统计结果显示,教师基本能做到根据教学目标和进度,给学生布置自主学习任务($M=3.61$),但给出明确的产出性目标的行为少得多($M=3.07$)。

笔者通过访谈,进一步了解了部分学校课前自主学习任务布置的情况:

T-YNC-L:我们用的是跟教材完全匹配的一个在线学习系统。我会在平台上发布通知,告诉学生作业是什么。一般每一单元讲之前,让他们在平台上自学课文的生词,预习课文内容;一个单元讲完之后一般会布置作文什么的,也是在那个平台上写,然后提交。他们做的情况我都看得到,包括登陆的时间、在线多长时间、做习题的正确率。

T-DND-W:每单元课前会给学生发一个课件包到 QQ 群里,里面有课文语言点的讲解,也有拓展阅读文章。在 QQ 群里,每次我都会嘱咐大家要做,课堂上我会提问,预习没预习就能看得出来,但也只能检查到一少部分同学。

T-SHS-Y:我们在搞改革,尝试翻转课堂,我们这门课的几个老师一起录了微课视频。课前让学生看视频,课上提问、讨论。

可见,给学生布置的任务主要为对教材内容的预习,以语言知识学习为主,多为听力、写作、阅读任务。这也印证了问卷第二部分"在线学习内容"一题的数据结果——在线学习具有"多任务"的特点,其中排前两位且超过半数的是进行听力练习和写作练习。

2) 学习分析

在线学习中,学习者留下了大量的行为痕迹数据。对这些数据进行分析,可以更好地理解学习过程,进而为学生提供更优化的环境和解决方案,给学生提供及时、有针对性的反馈和指导,使个性化学习成为可能。

从问卷数据可获知,能够"经常"及"总是""使用在线学习平台上的数据发现学生自主学习中的困难"的教师仅占 30%($M=2.97$),说明教师较缺乏学习行为分析的意识和实践。学习分析作为一个近年来才兴起的研究领域,在促进教师实践方面还有很长的路要走。

从访谈中，笔者了解到产生这一问题的主要原因。首先是平台功能的不完善；其次是教师的观念陈旧，认为学生课前学习可有可无；其三则是教师个人的习惯使然，倾向用课堂检测的办法检查学生的课前学习情况等。

3）在线学习内容巩固及困难解决

42.86％的教师有时在面授课上对在线学习内容进行强化巩固训练，而常规性这样做的只有35.2％。第 17 题与教师对在线学习困难的解决情况有关。学习困难的解决前提是学习困难诊断（第 8 题）。因此，第 17 题的量化数据显示其与第 8 题数据比较接近，即 34％左右的教师经常或总是在面授课堂中围绕在线学习困难进行讨论，而接近一半（45.98％）的教师只是有时这样做。

4）营造互动氛围

在线互动能够延伸课堂，解决课堂讨论等互动不充分的问题。从统计结果可知，与在线互动相关的题项（第 11、12、14、15 题），均值都在 3 分以下。说明教师较少引导、组织学生进行讨论，对讨论进行学习行为分析的情况更少。

从访谈中发现，虽然多数平台设有互动交流版块，但一些即时通讯工具功能强大，使用方便，人们越来越多地依赖这些工具进行在线交流。一位参加访谈的学生所提到的情况具有普遍性："我们的在线平台也有留言区，但几乎没人在上面留言，大家还是习惯于有问题在 QQ 群里说。大家手机上都有 QQ，随时用，平台的话没有手机版，必须用电脑，太麻烦。"

但从问卷第二部分第 2 题（所授课程使用的在线平台类型）可获知，建立并使用微信群、QQ 群的仅为 44.2％。有受访教师反映：

T-DND-W：但是我跟他们讲，就是如果说需要比较详细沟通的问题，最好当面沟通。QQ 里面讲得不是太清楚。

对学生的访谈也反映出同样的观点和倾向。

S-DND-1：线下交流好一点。线上打字太慢，而且有可能别人不在，不一定有人及时回复，线上还是很麻烦的。线上不一定有人说话。

根据访谈，师生之间在平台上的互动多为学生询问教学安排事宜，教师进行解答。师生之间针对其他内容的互动较少。有的教师认为这是学生和老师所处的身份和角色的原因。

T-ZHY-H：但是总体上讲，跟我们沟通不多。学生跟老师肯定还是有点隔阂的。他们可能还是更愿意他们自己互相沟通，对吧？因为这个群里面有很多同学嘛。在群里，他们互相沟通比较多一点。那跟我沟通就要相对少一些。有时他们会问一些很简单的问题,比如说口试考什么范围啊,这些问题当然就是群里面回答一下。

而有的教师则是主动促成生生之间的互动。

T‐DND‐L:学生们自己会互相讨论,我觉得他们自己能讨论的,我就keep silent,我就不说话,让他们自己解决。有的时候他会讨论书上的一个具体的词汇,有人发出问题,基本上都会有其他同学回答。当然,如果我觉得有些问题学生可能回答得不准确,我肯定会主动回答。

而对于"课堂上的话题没讨论尽兴,是否会在线继续讨论?"的问题,得到的典型回答则是"也有,但不是很多,那个不太多!"

5) 互动分析

对学生的在线互动情况进行分析的情况则更少。第14题("我会对学生的发言人数、发言量、发言时间、讨论情况进行记录和分析")和第15题("我对学生的在线讨论情况进行评价反馈")均值分别为2.53和2.8。

4.5.2.2 教师支持因子的描述性分析

第二个因子"教师支持"构成了总方差的14.504%。如前所述,教师支持分为自主支持、认知支持和情感支持。自主支持的题项包括第1题(提供学习资源)、第25题和第27题(指导学习方法)、第22题和第26题(解决学习问题)。认知支持的题项包括第19题和第20题(促进语言能力发展)。情感支持的题项包括第21、23、24题。

各题项的描述性统计情况如表4‐13所示。

表4‐13 教师支持情况表

题项	1. 我会根据教学目标和学习进度,给学生提供自主学习资源						
选项	从不	很少	有时	经常	总是	M	SD
百分比	0.89	7.59	40.4	37.72	13.39	3.55	.83

题项	25. 我指导学生利用信息技术开展自主、探究、合作的学习活动						
选项	从不	很少	有时	经常	总是	M	SD
百分比	1.56	10.94	39.73	35.94	11.83	3.42	.88

题项	27. 我会与学生交流英语学习方法						
选项	从不	很少	有时	经常	总是	M	SD
百分比	0	2.46	17.19	50.22	30.13	4.12	.72

续　表

题项	22. 我及时回答学生的在线提问						
选项	从不	很少	有时	经常	总是	M	SD
百分比	2.23	5.58	30.36	43.97	17.86	3.68	.91
题项	26. 学生英语学习上遇到困难，我会尽可能提供帮助						
选项	从不	很少	有时	经常	总是	M	SD
百分比	0	0.67	16.52	45.54	37.28	4.24	.70
题项	19. 在面授课上我总是设法利用多媒体资源营造语言学习环境						
选项	从不	很少	有时	经常	总是	M	SD
百分比	0.67	2.68	22.99	49.78	23.88	3.95	.79
题项	20. 我面授课堂上的主要内容是讨论、辩论、汇报展示、小组活动等						
选项	从不	很少	有时	经常	总是	M	SD
百分比	0.89	7.14	36.16	38.84	16.96	3.62	.88
题项	21. 面授课上，进行讨论等课堂互动活动时，我会对学生的观点及表现进行点评						
选项	从不	很少	有时	经常	总是	M	SD
百分比	0.89	2.46	25	48.66	22.99	3.93	.79
题项	23. 面授课堂中，我参与学生的互动和讨论，分享我的观点，注重情感交流						
选项	从不	很少	有时	经常	总是	M	SD
百分比	0.89	5.13	22.99	51.12	19.87	3.86	.83
题项	24. 我对学生表现出我对他们的问题或观点感兴趣						
选项	从不	很少	有时	经常	总是	M	SD
百分比	0.67	3.79	19.87	53.35	22.32	3.94	.80

　　与因子 1 的描述统计结果相比，本因子的均值明显提高，均在 3.4 分以上。分数最高的是第 26 题（帮助解决学习困难），其次是第 27 题（交流学习方法）。得分最低的两项分别是第 1 题（提供学习资源）和第 25 题（利用信息技术开展自主、探究、合作学习）。得分最高的两项属于教师的传统、经典职能（传道、授业、解惑），而得分最低的两项恰好是混合式教学区别于传统教学的"特色"职能。以下进行具体分析。

1）提供学习资源

根据问卷的数据，大约 50% 的教师经常或总是根据教学目标和教学进度给学生提供自主学习资源，40% 的教师有时提供自主学习资源。

从访谈数据可以看出，大学英语教师给学生提供的自主学习资源有以下几类。①供学生面授课前学习的微视频，多为授课教师所在教学团队自己录制的，多出现在实施翻转课堂和 SPOC 的大学英语教学中。②有助于学生对教材进行学习的资源，如与教材配套的平台上的资源，有对语言知识的详细讲解、对篇章结构的分析，以及课本练习题的参考答案；或者是教学课件。③英语学习网站、链接等教师自己搜索到的、认为有助于学生学习的一些资源，这些资源或与面授课堂主题相关，也有可能与其不相关。

T-HGD-C：我经常会在微信群里发一些课外资源，比如一些微信号啊，TED 演讲之类的。

T-DND-N：有的时候比如说我听到一个好的演讲，觉得能够给他们一点启发的，我就传上去。有的时候我们课上讨论一个话题，我就会刻意地留意一些相关资料，发现了我就传给他们。学生有的时候读过一些文章，他们就也传上来，蛮好的。

T-YNC-L：我们老师有个群，老师们会分享的。比如中国传统节日，或者说一些时事政治，就会加上让学生做翻译。比如十九大召开时，我们课程组组长做了一小节的 PPT，要求我们让学生课后学习或者课上预热，但不一定都是考试内容。我们还会加一些视频之类的在上面。

2）指导学习方法

第 27 题（"我会与学生交流英语学习方法"）得分较高（$M=4.12$），80% 的教师经常或总是与学生交流学习方法。但经常或总是"指导学生利用信息技术开展自主、探究、合作的学习活动"（第 25 题）的教师只占 47%。从访谈中得知，教师主要与学生交流提高各项语言技能的方法。

3）解决学习困难

在混合式教学等信息化教学模式下需要教师角色的转型，但混合式教学有效性的发挥离不开教师"解惑"的传统角色。第 26 题（"学生英语学习上遇到困难，我会尽可能提供帮助"）的均值较高（$M=4.24$），说明多数教师力争担当起教师作为解惑者的角色。第 22 题（"我及时回答学生的在线提问"）的均值为 3.68。根据访谈，不及时回答在线提问的情况有两种。一种是因为教师为了促成学生间的合作学习。"学生们自己会互相讨论，我觉得他们自己能讨论的，我就 keep silent，我就不说话，让他们自己解决"。另一种原因在于异步互动容易导致互动不及时。

对学生的访谈也印证了一个事实，即信息化时代教师已不是信息的唯一来源，互联网代替教师充当了解惑者的角色。

　　——如果你英语学习遇到问题了，比如觉得听力不够好，不知道怎么提高，会问老师吗？（笔者）

　　——那就自己练一练嘛。（S-DND-2）

　　——英语学习方面有任何的问题，你会去请教老师吗？（笔者）

　　——可以先上网查查。（S-DND-2）

　　——如果有的语言知识你没理解，会问老师吗？（笔者）

　　——这种东西，上网查一查会比老师讲得更准确。（S-DND-2）

4）认知支持

第19题（"在面授课上我总是设法利用多媒体资源营造语言学习环境"）的均值为3.95。第20题（"我面授课堂上的主要内容是讨论、辩论、汇报展示、小组活动等"）的均值为3.62，55%的教师经常或总是这样做，36%的老师表示有时这样做。

对学生的访谈反映出面授课堂由以教师讲授为主向以学生参与为主，由以低阶能力培养为主向以高阶思维能力培养为主的方式转变的必要性。

S-DND-6：词汇什么的我自己看就可以。我比较喜欢听老师发表对一些事情的看法。比方说我们有一单元的话题是 fashion，老师说 fashion 是一种商业化的行为，他会给出自己对一些知识的见解。我不太喜欢老师讲单词之类，因为那些东西你给我指出来，我自己背就可以了。

对老师的访谈发现，教师认同这样的教学方式的转变。

T-YNC-L：现在的课不再是 content-based，而是 project-based，比如我们都分成学习小组，然后他们自己来选择话题，小组合作，做 presentation。我们课程组是这样要求的，就是 student-centered，让学生去展示、去做，我们从旁去辅助、指导……我的课堂基本上就是组织活动，多姿多彩的活动。学生也很有创意，比如一个组，选的话题是中国服饰，他们自己做了一些服装，边展示边讲。

5）情感支持

教师的教学不仅仅包括知识和技能方面，还包括对学生的情感支持（Picciano，2009）。第21题（"面授课上，进行讨论等课堂互动活动时，我会对学生的观点及表现进行点评")的均值为 3.93,第 23 题("面授课堂中,我参与学生的互动和讨论,分享我的观点,注重情感交流")的均值为 3.86,第 24 题("我对学生表现出我对他们的问题或观点感兴趣")的均值为 3.94。

4.5.2.3 组织面授课堂因子的描述性分析

第三个因子"组织面授课堂"占总方差的 14.343%。如第 2 章所述,关于全科的有效教学和外语有效教学标准的研究基本都是基于面对面课堂教学的,而混合式教学是面对面课堂和在线的结合,对教师有效教学行为的评价标准自然不同于单纯面对面课堂模式。混合式教学中的课堂面授需要突出重点难点,更具针对性;课堂活动强调内化、应用和互动性,促进主动建构;在线、面授内容相互关联、融合。

统计结果显示,在这一因子上的均值比较平均,都在 3.2～3.6 之间。第 28、29 题指向在线学习和课堂面授的融合,两者内容互相关联($M=3.67$),教师根据在线学习的情况调整课堂面授的进度($M=3.25$)。只有 7.5% 的教师选择从不或很少使在线学习内容与课堂面授内容相关联。从访谈也了解到,不管实施哪种模式的混合,使用哪种类型的在线平台,"两张皮"的现象,即在线学习内容与课堂面授内容完全不相关,较少存在。是否会根据在线学习情况调整面授课堂这一行为与教师的学习行为分析息息相关,只有实施了学习行为分析,才能有针对性地调整面授内容。在线与面授的融合还体现在面授课上教师督促($M=3.64$)、激励($M=3.49$)学生进行在线学习,以及对在线学习情况进行评价和反馈($M=3.38$)。

面授课上提供汇报、展示机会($M=3.4$),对其进行评价($M=3.63$),能为学生创设语言应用的机会,强化互动,激发学生的学习主动性。从访谈看,课堂汇报、展示活动有的是提前安排,如学期初就拟定好汇报主题,或根据面授内容提前布置汇报内容,有的则是当堂布置任务,当堂进行汇报。有个人汇报、小组汇报等不同的形式。另外,旨在创设语言应用机会的课堂活动多种多样,不一而足。

关于教师的讲授,从访谈可知,教师教学信念逐渐发生转变,倾向于认可以学生为中心的教学方式,也认识到知识学习只是语言教学的一部分。反映到教学行为上,即教师逐渐摈弃面面俱到的讲授,只着重讲授重点难点。

各题项的描述性统计情况如表 4-14 所示。

表 4 - 14　组织面授课堂情况表

题项	28. 课堂面授时的内容与在线自主学习的内容是有联系的						
选项	从不	很少	有时	经常	总是	*M*	*SD*
百分比	1.12	6.47	33.26	41.07	18.08	3.67	.88
题项	29. 我按照学生自主学习情况适当调整面授课教学进度						
选项	从不	很少	有时	经常	总是	*M*	*SD*
百分比	2.46	13.84	40.4	35.71	7.59	3.25	.88
题项	30. 我在面授课上及时督促学生完成在线自主学习任务						
选项	从不	很少	有时	经常	总是	*M*	*SD*
百分比	1.12	9.38	29.69	41.96	17.86	3.64	.93
题项	31. 我会对学生按时完成自主学习任务的行为予以表扬或某种奖励						
选项	从不	很少	有时	经常	总是	*M*	*SD*
百分比	2.23	10.49	33.26	39.29	14.73	3.49	.95
题项	32. 面授课堂上我对学生在平台上的学习情况进行反馈和评价						
选项	从不	很少	有时	经常	总是	*M*	*SD*
百分比	1.79	12.95	37.28	35.94	12.05	3.38	.93
题项	33. 面授课上我会给学生汇报、展示的机会						
选项	从不	很少	有时	经常	总是	*M*	*SD*
百分比	2.46	12.05	35.49	38.39	11.61	3.4	.94
题项	34. 面授课上我会及时评价学生的汇报、展示						
选项	从不	很少	有时	经常	总是	*M*	*SD*
百分比	1.79	8.48	29.24	44.87	15.63	3.63	.92

4.5.2.4　多元化评价因子的描述性分析

第四个因子"多元化评价"占总方差的 8.975%。

混合式教学应大力采用形成性评价，构建以形成性评价为主、兼顾终结性评价、多元主体参与的评价体系，发挥教学评价的鉴定功能和激励功能。形成性评价的形式多种多样，不宜使用量表进行测量。本问卷在第二部分（大学英语课程混合式教学基本情况）设置题项（即第 7 题），调查教学评价的形式，在本量表中仅从评价主体角度进行考量。

各题项的描述性统计情况如表 4-15 所示：

表 4-15　多元化评价情况表

题项	35. 我让学生进行自我评价						
选项	从不	很少	有时	经常	总是	M	SD
百分比	6.7	20.98	39.06	25.22	8.04	2.98	1.04
题项	36. 我让学生开展同伴互评						
选项	从不	很少	有时	经常	总是	M	SD
百分比	9.38	21.21	38.84	23.21	7.37	2.9	1.06
题项	37. 我给学生提供清晰准确的同伴互评标准或案例						
选项	从不	很少	有时	经常	总是	M	SD
百分比	12.05	22.99	36.38	21.21	7.37	2.78	1.10

与前两个因子中题项的均值相比，本因子中 3 个题项的得分均偏低，均在 3 分之下，这一结果也与问卷第二部分第 7 题的统计结果一致，两者起到了互证的作用。第二部分选择题的测量与本部分量表题的测量均显示，混合式教学中没有普遍实现多元主体参与的评价模式。要求更进一步的第 37 题，得分最低。

这一现象的产生与教师的教学信念、教学习惯等不无关系。如：

T-SD-Z：一般就是我评价他们。自评、互评之类很少搞，总感觉不太好操作，不习惯于搞这些，也不觉得这些有那么大的必要性。

4.5.2.5　个性化教学因子的描述性分析

第五个因子"个性化教学"占总方差的 7.076%。

个性化教学不但是混合式教学的旨归之一，而且在实现个性化教学这一目标上，混合式教学具有传统教学无法比拟的优势。正如陈坚林(2015)在讨论大数据时所指出的："基于大数据的外语教学使个性化学习成为可能。"

各题项的描述性统计情况如表 4-16 所示：

表 4-16　个性化教学情况表

题项	3. 我给英语需求不同的学生提供不同的学习资源						
选项	从不	很少	有时	经常	总是	M	SD
百分比	6.25	25.67	38.62	22.54	6.92	2.9	.99

续　表

题项	6. 我会根据教学目标和学习进度,对英语水平不同的学生布置不同的自主学习任务						
选项	从不	很少	有时	经常	总是	*M*	*SD*
百分比	6.03	27.9	40.85	18.75	6.47	2.8	.94
题项	9. 我会根据在线平台上的自主学习情况对学生进行个别指导						
选项	从不	很少	有时	经常	总是	*M*	*SD*
百分比	5.36	28.57	43.75	18.53	3.79	2.77	.88

由统计结果可知,本因子三个题项的均值都在 3 分以下,属于得分偏低题项。三个题项中得分最高的题项是第 3 题(提供个性化学习资源),其次是第6 题(布置不同的自主任务)。比较起来,这两项对教师来说更易实现,甚至是必需的,这在访谈中得到了印证。有教师谈道:"这学期我教两个班,一个 A班,一个 B 班,两个班的教材互不相同,所以我给的东西肯定也是不一样的。要不然课没法上。"而对于第 9 题(提供个别指导)得分偏低的原因,一位教师的话具有一定的代表性:"一般不会主动去指导谁,除非学生来问。没这个精力,真没这个精力。"

从访谈可见,教师普遍能够做到基于班级的个性化教学,即面对英语基础、主动性等不同的班级,会采取不同的教学行为。但几乎不能做到对每个学生进行个性化教学,普遍原因在于班级人数太多,无法顾及每一个人。

个性化教学并不完全等同于对每个个体的单独教学,亦可以小组或者班级为单位来组织实施(Gibbons, 1970)。从访谈中也了解到,教师通常根据不同班级的特点提供学习资源、布置学习任务、组织课堂面授。如果班级人数过多,会致使无法达到个性化教学应有的效果。

4.5.3　各因子变量的合并

以上对各因子所包含的题项分别进行了描述性分析,接下来将每个因子的全部题项合并成一个新变量,以分析人口学变量、学校类型、学校层次在各因子上的差异。

笔者首先对每个因子进行内在信度检验。内在信度是指测量同一概念的不同项目之间的一致性,内在信度检验的方法有折半信度和 Cronbach Alpha 系数两种(秦晓晴,2009)。本书采用内在一致性信度系数中最常用的方法,即

Cronbach Alpha 系数。信度检验结果如表 4 - 17 所示。一般认为,可接受的 Cronbach Alpha 信度系数不应低于 0.70。大学英语混合式教学有效教学行为 5 个因子的 Cronbach Alpha 系数都在 0.70 以上,说明该量表中各因子具有较好的内在一致性。将每个因子的全部变量合并,供后续分析所用。

表 4 - 17　各因子 Cronbach Alpha 信度系数表

序号	因子名称	题项数	Alpha 系数
1	管理在线学习	9	.898
2	教师支持	10	.871
3	组织面授课堂	7	.872
4	多元化评价	3	.894
5	个性化教学	3	.733

把每个因子的全部变量合并后,各因子的描述统计分析情况如表 4 - 18 所示。

表 4 - 18　各因子描述性分析

序号	因子名称	M	SD
1	在线学习管理	2.97	.72
2	教师支持	3.83	.55
3	组织面授课堂	3.49	.69
4	多元化评价	2.89	.97
5	个性化教学	2.82	.76
	总有效教学行为	3.33	.54

5 个因子中,"教师支持"因子均值最高($M=3.83$)。如上文所分析,教师支持属于教师教学行为中的"传统派""经典派",任何情境下教师的教学都存在教师支持,最为教师熟悉,因此不难理解为什么其均值最高。组织面授课堂的均值为次高($M=3.49$)。但结合问卷第二部分第 6 题的结果,78% 为添加型混合式教学,即在线学习只是作为补充和辅助,面授不受其影响。可见,虽然大部分大学英语混合式教学能做到面授与在线部分内容相关,教师会在面授课上督促、评价在线学习,但依然难以完全实现课堂功能的转变。在线部分只是起到课后作业的网络化、学习资料的电子化,给教师和学生增加了便利的作用。

其余 3 个因子——"在线学习管理""多元化评价"和"个性化教学"最能体现

混合式教学的特色，得分最低，都在 3 分以下。

4.5.4　人口学变量与有效教学行为的关系

本部分以性别、年龄、职称、学位等人口学变量，以及混合式教学类型、"教师是否参加过相关培训"为自变量，以各有效教学行为因子为因变量，通过独立样本 t 检验或单因素方差分析验证不同教师在有效教学行为实施上的差别。

4.5.4.1　性别差异与有效教学行为的关系

本研究采用独立样本 t 检验[①]考察不同性别教师的有效教学行为是否具有显著性差异。结果显示，男教师和女教师在"在线学习管理""多元化评价""个性化教学"上存在显著性差异，在这几个因子上男教师显著高于女教师。在"教师支持"和"组织面授"课堂两个维度上，男教师和女教师不具有统计学意义上的显著性差异。混合式教学中的"在线学习管理""多元化评价""个性化教学"是信息技术参与度较高的行为，通常来说男教师在信息技术素养上更有优势，因此更倾向于实施这些行为（见表 4 - 19）。

表 4 - 19　基于性别的有效教学行为 t 检验

因子名称	男（$n = 68$）		女（$n = 311$）		MD	$t(377)$	$Sig.(2-tailed)$
	M	SD	M	SD			
在线学习管理	3.15	.66	2.93	.72	.22	2.262	**.024**
教师支持	3.78	.63	3.84	.54	−.06	−.806	.421
组织面授课堂	3.59	.70	3.48	.69	.12	1.244	.194
多元化评价	3.12	1.01	2.84	.95	.28	2.208	**.028**
个性化教学	3.00	.68	2.79	.77	.21	2.129	**.034**
总有效教学行为	3.43	.55	3.31	.54	.11	2.050	.112

4.5.4.2　年龄差异与有效教学行为的关系

本研究采用单因素方差分析[②]考察不同年龄段的教师的有效教学行为是否存在显著性差异。单因素方差分析结果显示，不同年龄段的教师在各因子上无显著性差异。从均值上看，4 个年龄段在每个因素的均值基本呈现由高到低依次递减的状况。以有效教学行为总均值为例，30 岁以下的教师得分最高，由低年龄段到高年龄段，得分依次递减（见表 4 - 20）。

---

① 独立样本 t 检验均已通过方差齐性检验，下同。

② 单因素方差分析（one-way ANOVA）均已通过方差齐性检验，下同。

表 4-20　基于年龄的有效教学行为单因素方差分析

因子名称	年龄	n	M	SD	One-way ANOVA	
					$F(3,375)$	$Sig.$
在线学习管理	30 岁以下	14	3.04	.67	1.58	.193
	31～40 岁	185	3.04	.70		
	41～50 岁	137	2.92	.76		
	51 岁以上	43	2.81	.65		
	总数	379	2.97	.72		
教师支持	30 岁以下	14	3.80	.56	1.28	.282
	31～40 岁	185	3.86	.58		
	41～50 岁	137	3.85	.54		
	51 岁以上	43	3.68	.48		
	总数	379	3.83	.55		
组织面授课堂	30 岁以下	14	3.69	.71	2.18	.090
	31～40 岁	185	3.55	.68		
	41～50 岁	137	3.47	.70		
	51 岁以上	43	3.28	.66		
	总数	379	3.50	.69		
多元化评价	30 岁以下	14	3.17	.90	.50	.682
	31～40 岁	185	2.90	.99		
	41～50 岁	137	2.88	.99		
	51 岁以上	43	2.81	.83		
	总数	379	2.89	.97		
个性化教学	30 岁以下	14	2.88	.78	.43	.729
	31～40 岁	185	2.85	.73		
	41～50 岁	137	2.82	.81		
	51 岁以上	43	2.71	.66		
	总数	379	2.82	.76		
总有效教学行为	30 岁以下	14	3.42	.59	1.76	.155
	31～40 岁	185	3.38	.53		
	41～50 岁	137	3.32	.56		
	51 岁以上	43	3.18	.46		
	总数	379	3.33	.54		

4.5.4.3　职称差异与有效教学行为的关系

本部分考察职称的不同是否会对大学英语混合式教学中教师有效教学行为的实施产生影响。单因素方差分析结果表明,不同职称的教师在各有效教学行为因子上无显著性差异(见表 4 - 21)。

表 4 - 21 基于职称的有效教学行为单因素方差分析

因子	职称	n	M	SD	One-way ANOVA	
					$F(3,375)$	$Sig.$
在线学习管理	教授	9	3.56	.58		
	副教授	116	2.97	.68		
	讲师	241	2.96	.73	2.30	.077
	助教	13	2.79	.83		
	总数	379	2.97	.72		
教师支持	教授	9	3.87	.52		
	副教授	116	3.82	.50		
	讲师	241	3.83	.59	.02	.995
	助教	13	3.82	.47		
	总数	379	3.83	.55		
组织面授课堂	教授	9	3.87	.62		
	副教授	116	3.50	.66		
	讲师	241	3.48	.70	.96	.412
	助教	13	3.46	.86		
	总数	379	3.49	.69		
多元化评价	教授	9	3.37	.68		
	副教授	116	3.01	.97		
	讲师	241	2.81	.97	2.03	.110
	助教	13	3.03	1.01		
	总数	379	2.89	.97		
个性化教学	教授	9	3.48	.65		
	副教授	116	2.85	.69		
	讲师	241	2.79	.77	2.60	.052
	助教	13	2.72	.98		
	总数	379	2.82	.76		
总有效教学行为	教授	9	3.70	.50		
	副教授	116	3.34	.50		
	讲师	241	3.31	.55	1.51	.211
	助教	13	3.28	.64		
	总数	379	3.33	.54		

4.5.4.4 受教育程度与有效教学行为的关系

本部分考察受教育程度是否会对大学英语教师在混合式教学中的有效教学行为产生差异性影响。样本中,"您的最高学位"一项,只有两人选择"其他",其他人均选择学士、硕士、博士三个选项,因此考虑删除这两人的数据再进行单因素方差分析。结果表明,在"在线学习管理""教师支持""个性化教学"以及"总的有效教学行为"上不存在显著性差异。在"组织面授课堂"和"多元化评价因子"上,具有博士和硕士学位的教师的得分均值显著高于只有学士学位的教师(见表4-22)。

表4-22 基于教育程度的有效教学行为单因素方差分析

因子	学位	n	M	SD	One-way ANOVA		
					$F(2,374)$	$Sig.$	Post Hoc(Tukey)
在线学习管理	博士	33	3.17	.65	1.829	.162	
	硕士	310	2.97	.72			
	学士	34	2.84	.76			
	总数	377	2.97	.72			
教师支持	博士	33	3.89	.47	.321	.725	
	硕士	310	3.83	.56			
	学士	34	3.78	.63			
	总数	377	3.83	.55			
组织面授课堂	博士	33	3.60	.55	5.729	**.004**	博士>学士 硕士>学士
	硕士	310	3.52	.68			
	学士	34	3.12	.80			
	总数	377	3.49	.69			
多元化评价	博士	33	3.25	.90	6.158	**.002**	博士>学士 硕士>学士
	硕士	310	2.90	.96			
	学士	34	2.44	.99			
	总数	377	2.89	.97			
个性化教学	博士	33	2.81	.70	.004	.996	
	硕士	310	2.82	.76			
	学士	34	2.83	.78			
	总数	377	2.82	.76			
总有效教学行为	博士	33	3.46	.43	2.796	.062	
	硕士	310	3.34	.54			
	学士	34	3.16	.62			
	总数	377	3.33	.54			

4.5.4.5 混合式教学类型与有效教学行为的关系

如 2.2.3.1 节所述,混合式教学一般可分为三类,分别为"添加型""混合型"和"翻转型"。笔者采用单因素方差分析考察混合式教学类型的不同对教师有效教学行为的影响是否具有显著性。结果如表 4-23 所示,在"教师支持"和"多元化评价"因子上,不同混合类型的教师有效教学行为不存在显著性差异,而在"在线学习管理""组织面授课堂""个性化教学""总的有效教学行为"上存在显著性差异。"混合型"中教师在这几个因子上的得分均值显著高于"添加型"。"添加型"中在线学习的存在仅发挥为学习提供便利、拓宽学习渠道的作用,面授课堂不受影响,不涉及教学理念、教学方式、师生角色等的转变。而"混合型"和"翻转型"则涉及这些的根本转变,这正是混合式教学的本质所在。本研究构建的有效教学行为是基于混合式教学的本质特点的,因此不难理解"混合型"中的教师得分均值为何显著高于"添加型"中的教师。"翻转型"为何没有"异军突起",并不比"混合型"均值更高?从访谈中了解到,没有做过相关研究的教师往往对"混合""翻转"的边界概念模糊,因此在回答问卷时,对该题的选择会模棱两可。今后的研究可增加更多的题项,进行聚类分析,提高类型划分的精确度。

表 4-23 基于混合类型的有效教学行为单因素方差分析

因子	混合类型	n	M	SD	One-way ANOVA		
					$F(2\,376)$	$Sig.$	Post Hoc(Tukey)
在线学习管理	添加型	296	2.90	.72	6.894	**.001**	混合型>添加型
	混合型	66	3.25	.62			
	翻转型	17	3.11	.79			
	总数	379	2.97	.72			
教师支持	添加型	296	3.82	.56	.509	.602	
	混合型	66	3.89	.49			
	翻转型	17	3.82	.65			
	总数	379	3.83	.55			
组织面授课堂	添加型	296	3.43	.71	6.369	**.002**	混合型>添加型
	混合型	66	3.74	.53			
	翻转型	17	3.66	.78			
	总数	379	3.49	.69			
多元化评价	添加型	296	2.84	.97	1.539	.216	
	混合型	66	3.04	.94			

因子	混合类型	n	M	SD	One-way ANOVA		
					$F(2\,376)$	$Sig.$	Post Hoc(Tukey)
	翻转型	17	3.10	.90			
	总数	379	2.89	.97			
个性化教学	添加型	296	2.77	.76	4.145	**.017**	混合型＞添加型
	混合型	66	3.05	.71			
	翻转型	17	2.98	.63			
	总数	379	2.82	.76			
总有效教学行为	添加型	296	3.29	.55	5.589	**.004**	混合型＞添加型
	混合型	66	3.52	.45			
	翻转型	17	3.44	.60			
	总数	379	3.33	.54			

4.5.4.6　培训经历与有效教学行为的关系

本研究采用独立样本 t 检验的方法考察教师是否接受过与混合式教学有关的培训对其有效教学行为实施的影响是否存在显著差异(见表 4-24)。结果显示,有无混合式教学的培训经历使得教师在每个有效教学行为因子上的得分均具有显著性差异,有培训经历的教师得分显著高于没有培训经历的教师。由此可见培训对教师发展的重要性。国际 21 世纪教育委员会(International Commission on Education for the 21st Century)向联合国教科文组织提交的报告——《学习:财富蕴藏其中》(*Learning: The treasure within*)中指出:"教师是一种'学习'的职业,在职业生涯的整个过程中都要有机会定期更新和补充他们的知识、技能。"

表 4-24　基于培训经历的有效教学行为独立样本 t 检验

因子	是($n=162$)		否($n=217$)		MD	$t(377)$	Sig. (2-tailed)
	M	SD	M	SD			
在线学习管理	3.22	.68	2.79	.69	.43	6.129	**.000**
教师支持	3.90	.56	3.78	.54	.12	2.056	**.040**
组织面授课堂	3.69	.62	3.35	.71	.34	4.813	**.000**
多元化评价	3.19	.92	2.66	.94	.53	5.493	**.000**
个性化教学	2.98	.74	2.70	.75	.28	3.605	**.000**
总有效教学行为	3.51	.52	3.20	.52	.31	5.724	**.000**

4.5.5　不同层次高校教师有效教学行为现状

为考察 985、211、普通本科三个层次高校教师在混合式教学中的有效教学
行为是否具有显著性差异，笔者进行了单因素方差分析。自变量为高校类型，因
变量为每个因子（见表 4-25）。

表 4-25　基于高校层次的有效教学行为单因素方差分析

因子	高校层次	n	M	SD	One-way ANOVA		
					$F(2\,376)$	$Sig.$	Post Hoc(Tukey)
在线学习管理	985	60	3.16	.70	4.635	**.010**	985＞211
	211	96	2.81	.69			
	普通本科	223	2.99	.72			
	总数	379	2.97	.72			
教师支持	985	60	3.95	.49	2.371	.095	
	211	96	3.75	.57			
	普通本科	223	3.83	.56			
	总数	379	3.83	.55			
组织面授课堂	985	60	3.62	.65	7.515	**.001**	985＞211
	211	96	3.26	.71			普通＞211
	普通本科	223	3.56	.67			
	总数	379	3.49	.69			
多元化评价	985	60	3.04	.92	4.595	**.011**	985＞211
	211	96	2.64	1.00			普通＞211
	普通本科	223	2.96	.95			
	总数	379	2.89	.97			
个性化教学	985	60	2.82	.77	3.593	**.028**	普通＞211
	211	96	2.65	.74			
	普通本科	223	2.90	.75			
	总数	379	2.82	.76			
总有效教学行为	985	60	3.47	.51	6.606	**.002**	985＞211
	211	96	3.17	.53			普通＞211
	普通本科	223	3.37	.54			
	总数	379	3.33	.54			

如表 4-25 所示，在教师支持因子上，三个层次的高校不具有显著性差异，
在其他 4 个因子上均存在显著性差异。在在线学习管理行为上，985 高校教师

的分数均值显著高于 211 高校教师。在组织面授课堂、多元化评价行为上,985
高校教师和普通本科院校教师得分显著高于 211 高校教师。在个性化教学行为
上,普通本科院校教师分值显著高于 211 高校教师。在有效教学行为总分上,
985 高校教师和普通本科院校教师得分显著高于 211 高校教师。图 4-11 能够
更直观地看出三个层次高校的教师在每个因子上的分数比较。

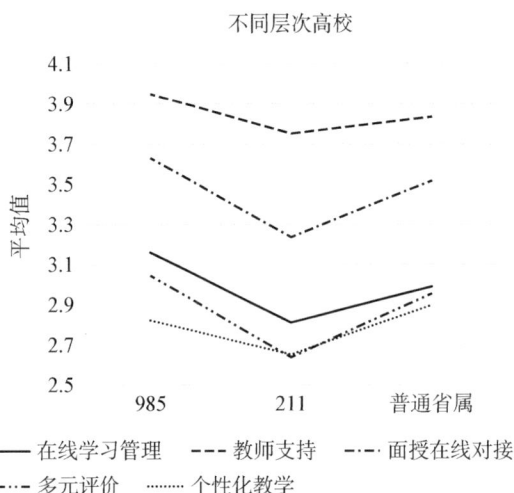

图 4-11　不同层次高校的大学英语教师有效教学行为比较

下一章将探究不同层次高校大学英语教师有效教学行为存在显著性差异的
原因。

4.5.6　不同类型高校教师有效教学行为现状

本研究选取 35 所高校调查其大学英语教师在混合式教学中实施有效教学
行为的情况。在本研究中将这些院校划为综合类、理工类、师范类、特色院校类
4 种类型。如表 4-26 所示,不同类型高校的大学英语教师在混合式教学中有
效教学行为的实施不存在显著性差异。

表 4-26　基于高校类型的有效教学行为单因素方差分析

因子	高校类型	n	M	SD	One-way ANOVA	
					$F(3,375)$	$Sig.$
在线学习	综合类	199	2.97	.749		
管理	理工类	83	2.99	.735		

续　表

因子	高校类型	n	M	SD	One-way ANOVA	
					$F(3,375)$	$Sig.$
	师范类	58	3.06	.619		
	特色类	39	2.84	.631	.732	.533
	总数	379	2.97	.716		
教师支持	综合类	199	3.82	.566		
	理工类	83	3.84	.568		
	师范类	58	3.87	.487	.149	.930
	特色类	39	3.81	.569		
	总数	379	3.83	.554		
组织面授课堂	综合类	199	3.48	.717		
	理工类	83	3.43	.721		
	师范类	58	3.67	.612	1.547	.202
	特色类	39	3.44	.576		
	总数	379	3.49	.691		
多元化评价	综合类	199	2.87	.980		
	理工类	83	2.87	1.008		
	师范类	58	3.04	.918	.610	.609
	特色类	39	2.80	.891		
	总数	379	2.89	.967		
个性化教学	综合类	199	2.80	.756		
	理工类	83	2.81	.815		
	师范类	58	2.98	.714	1.064	.364
	特色类	39	2.73	.675		
	总数	379	2.82	.756		
总有效教学行为	综合类	199	3.32	.557		
	理工类	83	3.32	.571		
	师范类	58	3.44	.478	.984	.400
	特色类	39	3.26	.469		
	总数	379	3.33	.540		

4.6　本章小结

本章通过分析 35 所高校实施混合式教学的大学英语教师的 379 份有效问

卷及对部分教师、学生的访谈,探究目前大学英语混合式教学的基本情况以及教师有效教学行为的现状。基本情况方面主要调查了实施混合式教学的大学英语课程类型、在线平台的类型、在线学习的地方与方式、在线与面授的功能分配情况、混合式教学的类型、教学评价的形式、教师接受混合式教学培训的情况。通过探索性因子分析和理论分析,确定了构成大学英语混合式教学中教师有效教学行为的 5 个因子,分别是在线学习管理、教师支持、组织面授课堂、多元化评价、个性化教学。其中,教师支持、组织面授课堂分数均值最高,其他 3 个因子得分较低。在总体有效教学行为实施上,人口学特征,如性别、年龄、职称、受教育程度不具有显著性影响差异。混合式教学的类型、教师有无相关培训经历使有效行为的实施存在显著性差异。最后本章分析了高校层次和类型的不同对教师实施有效教学行为是否有影响,结果表明,不同层次高校的教师存在显著性差异,不同类型高校的教师不存在显著性差异。

为进一步探究大学英语教师在混合式教学中实施有效教学行为受到哪些因素影响,下一章将主要从教师自身因素和外部因素两方面来分析有效教学行为的影响因素。

第 5 章　结果与讨论：影响因素

5.1　引言

　　本章旨在回答本研究的第三个研究问题：大学英语混合式教学中教师的有效教学行为实施受到哪些因素影响？前文基于文献和先导访谈的结果，已经形成了影响因素分析框架。混合式教学中教师实施体现混合式教学有效性的行为的情况受到教师自身因素和外部因素的影响。本章通过对问卷中的相关量化数据和访谈中的相关质性数据的分析，探究影响有效教学行为的因素。

5.2　分析框架

　　根据前文形成的影响因素分析框架，影响大学英语教师在混合式教学中有效教学行为实施的教师自身因素主要包括教学信念、教学能力、教学动机三个方面。外部因素主要包括学生因素、平台因素和环境因素。具体框架如图 5 - 1 所示。

5.3　影响因素分析

5.3.1　外部因素

5.3.1.1　平台因素

如前文所述，根据文献及先导访谈，本书把影响有效教学行为的平台因素确

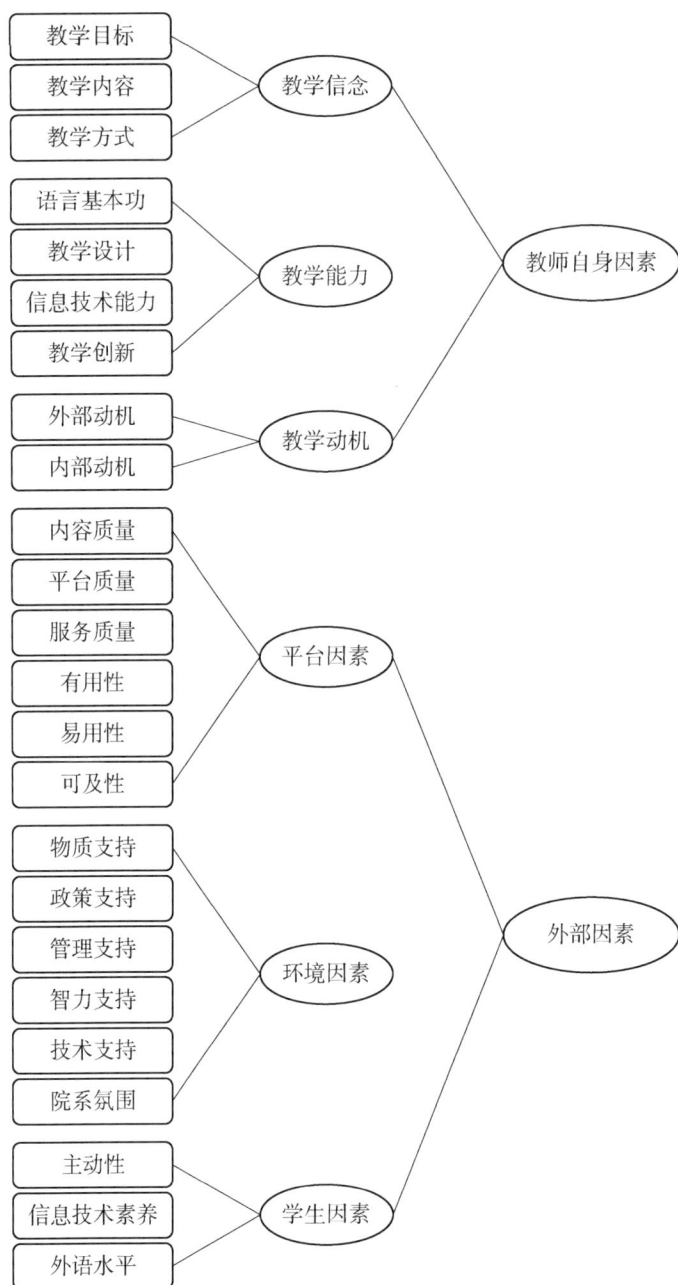

图 5-1 影响因素分析框架

　　定为在线学习内容的质量、在线平台质量、平台服务质量、平台的有用性、平台易用性、平台可及性 6 个方面。各题项的描述性统计情况如表 5-1 所示。

表 5-1　平台因素情况表

题项	12. 本课程所使用的在线平台资源丰富						
选项	非常不同意	不同意	不确定	同意	非常同意	M	SD
百分比	1.56	14.06	38.39	37.5	8.48	3.28	.87
题项	13. 本课程所使用的在线平台上的资源质量不够好						
选项	非常不同意	不同意	不确定	同意	非常同意	M	SD
百分比	0.67	12.95	40.4	41.96	4.02	2.73	.76
题项	14. 本课程所使用的在线平台功能强大						
选项	非常不同意	不同意	不确定	同意	非常同意	M	SD
百分比	1.56	13.39	47.1	30.58	7.37	3.2	.83
题项	15. 本课程所使用的在线平台导航合理, 使用方便						
选项	非常不同意	不同意	不确定	同意	非常同意	M	SD
百分比	1.34	9.82	44.87	36.83	7.14	3.3	.80
题项	16. 本课程所使用的在线平台系统稳定可靠						
选项	非常不同意	不同意	不确定	同意	非常同意	M	SD
百分比	1.56	10.49	46.21	35.94	5.8	3.25	.79
题项	17. 我能够在平台上查看到学生的在线学习行为						
选项	非常不同意	不同意	不确定	同意	非常同意	M	SD
百分比	1.34	9.6	25.89	51.79	11.38	3.58	.88
题项	24. 学校网络环境不理想, 影响了学生在线平台的学习						
选项	非常不同意	不同意	不确定	同意	非常同意	M	SD
百分比	2.46	10.71	32.37	41.74	12.72	2.53	.96
题项	25. 学校提供的或学生自己的硬件设备(电脑、手机等)不完备,影响了学生在线平台的学习						
选项	非常不同意	不同意	不确定	同意	非常同意	M	SD
百分比	2.01	8.26	34.38	44.2	11.16	2.5	.89

　　与平台有关的题项均值较集中,在 3.2～3.6 之间(第 13、24、25 题为反向题,分值已反转),说明在参与问卷调查的大学英语教师看来,平台各方面的质量和性能仍需加强。以下对平台因素当中的构念进行具体分析。

1) 内容质量

对混合式教学来说,供学生在线学习的学习资源主要有两个来源,一是在线平台本身提供的,二是教师提供的。学习资源的优化及学生基于学习资源的有效自主学习,是混合式教学实现其有效性的先决条件。

本研究问卷第二部分"混合式教学基本情况"调查了所研高校大学英语混合式教学中所使用的平台类型。由统计结果可知,60%实施混合式教学的大学英语课程使用与教材配套的平台。

某外语出版机构对其研发的与教材配套的在线学习平台作了如下介绍:"配套网络课程及移动学习资源包将背单词、练语音、听音频、看视频、写作文、做练习等学习内容有机整合,结合课本内容与课外补充,帮助学生自学自测,方便教师监督管理。"由此可见,这类平台功能强大,与教材内容无缝对接,便于学生对教材内容的自主学习。

占第二位的是即时通讯工具类,如 QQ 群或微信群。45.9%的教师与学生建立了 QQ 群或微信群。这类平台除了充当在线互动平台之外,也被作为学习资源共享平台。

T-DND-L:我会时不时往 QQ 群里传一些课外资源,比如说给他们一些微信号啊,一些像 TED 的演讲资料啊,然后学生有时也会 share 一点东西上来。

T-DND-N:有的时候比如说我听到一个好的演讲,觉得能够给他们一点启发的,我就传上去。有的时候我们课上讨论一个话题,我就会留意一些相关资料,发现了我就传给他们。学生有的时候读过一篇文章,就也传上来,蛮好的。

占第三位的是在线作业或测试平台,其中专门的作业平台以作文批改平台为主。对于国内高校常用的几个在线作文批改平台,从访谈看,较普遍的观点是这些网站起到了一定的辅助批改的作用,但批改质量有待提升。

T-SHS-Y:我让学生把作文传上去,它可以帮忙滤掉最基础的一些语法错误,我们有些学生的作文真的差,他连月亮都能拼错,写成 mooz。但它的语料库还是比较 low 的,我感觉基本全是学生传上去的作文。有一次它上面说:"这个词用得很好,这个词出现在 300 多篇文章里。"我就去找,发现那些文章基本上都是学生上传的。

除此之外,所研高校使用的平台多为自建或者购买自专门的平台研发厂商。这样类型的在线平台一般是开放性的,教师可以根据需求增加内容。

T‑YNC‑L：平台的内容跟课本一模一样，有一些听力的、单词的练习，除此之外还有一些链接，比如链接到 *China Daily* 等媒体的有关传统节日的内容。还有阅读、视频、新闻之类的。我们可以任意追加内容。

2）平台质量

平台质量部分主要考察平台的稳定可靠程度。从访谈中发现，有些院校的平台的确存在稳定性差的问题，影响了师生的使用。

T‑ZHY‑H：因为这个网络有时有问题，有时可能做了一半，网络就出现问题了，再进去呢，之前做的全没了。

T‑DND‑N：我们用的这个在线测试的平台自己本身有很多 bug。现在它更新了，换代了，新问题又出现了。经常学生做一半就什么都没有了，学生就会很沮丧。平台开发商帮助还是很及时的，但它初始错误多呀，一天到晚去打补丁都来不及。

3）服务质量

服务质量指平台提供技术支持、进行故障处理的质量。从所有访谈看，各种类型的平台——出版社的、科技公司的、学校平台等，都有专门的技术人员能够提供及时、有效的技术支持和故障处理服务。下面一位教师反映了普遍状态。

T‑SLG‑H：有个技术支持 QQ 群，所有老师都在里面，平台的工作人员也都在里面，他们的帮助还是很及时的。

4）有用性

平台的有用性主要侧重平台的功能性。混合式教学中的在线平台是发布资源、互动交流、在线学习、课堂管理等活动的网络空间。基于所研院校的情况，平台的在线学习功能主要集中于以下几个方面。

（1）作为课堂内容的辅助与补充。

T‑DND‑W：像练习，我们上课一般讲得很少，基本上不会讲答案，学生自己做，然后到那个平台上面去对答案。另外，比如学生想把课文再听听，他就可以到那上面去，因为我上课一般不会处理这些。而且有些文章的中文译文，我上课也不可能每句话都解释，平台上也都有，如果学生自己看不懂的话，他就可以去看看。有时上课我没来得及讲，但是我觉得还是比较重要的，我就让他们自己看一下、学一下。

T‑HGD‑C：我会把每个单元的课件发给他们。课件里面有非常详细的内容，课堂上没有时间全过一遍，过一遍也很枯燥，所以课堂只讲非常重要的词汇、句型。

（2）进行模拟测试练习。

T－DND－W：因为我们平时都不怎么给学生做练习嘛，比如说四、六级考试的阅读，我们上课不太可能花时间做这个东西。这个就是课外给学生提供一个模拟的机会。注册以后，那个系统有很多卷子，你可以去做的。我们老师是每个学期发布 10 套卷，这 10 套是必须要做的，每个星期发一套，你做完以后系统会自动统计你做没做，你的分数是多少，你错在哪些地方，主要就还是为了帮学生去完成四、六级。

（3）作业批改（主要是作文批改）。

T－ZHY－H：基本的语言错误它都能给你看出来……它可以反复提交。

许多平台设有互动版块，从访谈看，互动功能应用并不多。由于社交软件功能性、便利性更强，师生更倾向于使用社交软件平台进行互动。

T－YNC－L：在我们那个平台上互动很少。基本现在都是用即时通讯设备。有什么问题他们就直接 QQ。在平台上就是他们做，我检查进度。现在分电脑版、手机版，我可以随时检测。平台主要是监管吧，互动不多。

5）易用性

平台易用性主要针对平台的结构与导航方面，根据问卷统计数据，只有 10% 的教师对平台的易用性持完全否定的态度。

路兴等（2011）对功能复杂程度与使用频度相关性的研究发现，复杂程度越低的功能，教师的使用频率越高。因此简化平台使用的复杂度，并且为教师提供具有针对性的培训与帮助，可以提高教师的使用频率。平台的可及性指登陆平台所需的硬件（电脑、手机）和互联网的可及性。

平台的可及性受到硬件的限制，功能良好的硬件能够保证师生正常使用平台，否则会带来极大的不便。根据问卷统计数据，高达半数以上的教师认为学校网络环境不理想，或者硬件设备不完备，影响了学生的在线学习。

T－DND－N：我们学校规定大一的学生不能把自己的笔记本电脑带到学校，怕电脑玩多了影响学生的学习，然后学生就得到图书馆或者到我们的学习中心来上那个平台。学习中心的设备都已经十几年了，很陈旧，所以有时做着做着就中途死机了。

平台只有网页版，不支持手机客户端的使用，也是限制平台可及性的一个重要原因。

T‑DND‑N: 它没有开发成为移动终端,还是电脑访问的那种网站网页形式。

T‑YNF‑L: 这个平台我们用的时间很长了,它有个很大的题库,可以提供四、六级备考的东西。手机端上的内容少,比如一共有 8 个话题,手机端只有一两个话题。我们鼓励学生用 PC。现在出现的问题是很多学生没有电脑,完全就是依靠手机,我们就让学生去公共机房,或者什么地方其他地方去找电脑。

另外,学校网络的质量,以及平台对网络的要求也是制约平台是否利于开展混合式教学的重要方面。

T‑DND‑L: Internet 是上不去的,你一定要上学校的校园网,我们自己在家里也用不了。我们要想解决学生的一些问题,看他们的成绩,或者我想来监控他们有没有做练习,就必须到学校来。

5.3.1.2　环境因素

如前文所阐述,学校和院系层面上对教师实施混合式教学的支持主要包括物质支持、政策支持、管理支持、智力支持、技术支持、氛围的营造。各题项的描述性统计情况如表 5‑2 所示。

表 5‑2　环境因素情况表

题项	18. 我们学院(系)把教师打理在线平台的工作量计入教学课时						
选项	非常不同意	不同意	不确定	同意	非常同意	M	SD
百分比	18.75	26.56	24.11	23.66	6.92	2.58	1.20
题项	19. 我们学院(系)要求教师使用在线平台进行这门课程的教学						
选项	非常不同意	不同意	不确定	同意	非常同意	M	SD
百分比	9.6	26.56	25.22	32.37	6.25	2.87	1.11
题项	20. 我们学院(系)定期为教师提供教学理念方面的讲座或培训						
选项	非常不同意	不同意	不确定	同意	非常同意	M	SD
百分比	4.91	14.51	27.9	44.87	7.81	3.28	1.10
题项	21. 我们教研组教师分工协作,共享资源,以减轻备课负担						
选项	非常不同意	不同意	不确定	同意	非常同意	M	SD
百分比	4.69	12.28	23.21	48.88	10.94	3.42	1.02

题项	22. 我在教学中遇到技术方面的问题时,总能及时得到技术人员的帮助						
选项	非常不同意	不同意	不确定	同意	非常同意	*M*	*SD*
百分比	6.25	17.63	30.8	38.17	7.14	3.11	1.03
题项	23. 我校或院系会为教师提供常用技术和电子资源使用方面的培训						
选项	非常不同意	不同意	不确定	同意	非常同意	*M*	*SD*
百分比	5.36	18.75	29.46	39.96	6.47	3.13	1.02

1) 物质支持

物质支持指学校和院系为教师实施混合式教学提供必要的硬件和软件、资源方面的物质条件。从所研高校的情况看,自 21 世纪初教育部启动以实施"基于计算机＋课堂"的教学模式为核心的大学英语课程改革,各校纷纷建立起自主学习中心,引进供学生自主学习的在线平台,差别在于物质的持续投入度。这与学校的资金预算以及学校、院系管理层的理念有关。对于资金相对充足的重点院校,大学英语教学改革实施十几年来,在线平台的引进和使用处于持续更新换代中。如一名 985 高校的大学英语课程负责人所言:

> 最早的有个出版社的平台,可以练口语,系统给打分,我们把它作为期末考试的一部分,但是系统有 bug。很多学生提前准备好,到考试时把答案掏出来,这样就成朗读了,没有达到初衷,所以这个平台后来就弃用了。后来又陆陆续续上过几个平台,有从教材出版社买的、跟教材配套的;有从外面公司买的,就是什么资源都有的那种平台,但有个问题,就是资源是死的,不能更新换代,所以后来也就没人用了;还有那种专门进行在线测试的平台,系统能直接立刻给阅卷。现在我们在做 MOOC 课程了,有一两门已经上线中国大学 MOOC 网了。

而对有些普通本科院校,投入少得多,尤其是管理层的重心不放在大学英语教学上时,投入更是无法保证。一名某省普通本科院校的大学英语课程负责人谈道:"我们就买过一个网络的平台,是从一家公司买的,上面有很多资源,学生可以自学。老师也可以在上面发布试卷,学生在线做。但那个系统的资源不能更新,几年过后,好像就没有多少老师用了吧,我们也不做要求。再之后再没统一用过什么平台。完全凭着任课老师自己找资源,放在 QQ 群上,学生下载学习。"

2）政策支持

从所研院校了解到的情况看，政策方面对混合式教学的实施产生影响有两种方式。一种方式是制定政策要求教师实施混合式教学，如要求大学英语课程的成绩要包括在线学习的部分。根据问卷影响因素量表第 19 题的统计结果，38.6％的教师选择"我们学院（系）要求教师使用在线平台进行这门课程的教学"，被试教师中多数教师所在的机构对在线学习不做政策要求。另一种方式则是通过各种政策激励措施督促教师实施混合式教学。

> T－DBD－S：一二年级的课都是 2＋1，课堂＋网络课。网络课作为单独的一门课有最低学习时长，学生的行为平台上都有记录。对老师也算课时。

这样的政策支持能够更好地促使学生对在线自主学习有更多的投入，老师对在线学习管理有更多的投入。根据问卷影响因素量表第 18 题的数据，只有30％的教师回答"我们学院（系）把教师打理在线平台的工作量计入教学课时"。

3）管理、智力、技术支持

从访谈看，所研院校中并没有特意为混合式教学提供教学管理上的便利。

根据问卷影响因素量表第 7 题，只有 3.8％的教师认为自己不能"胜任本课程的教学所需要的各种网络多媒体信息技术能力"。另一方面，只有 23.8％的教师对于"我在教学中遇到技术方面的问题时，总能及时得到技术人员的帮助"（问卷影响因素量表第 22 题）持否定态度。根据访谈了解到的情况，随着市场竞争的加剧，在线平台方面出现技术问题，平台所属的出版社或科技公司能够提供较及时、有效的服务。对信息技术有更高要求的视频制作、微课、慕课录制等，院系往往会请专业技术人员协助。

从目前的情况看，教师有效教学行为的实施更多受到智力支持的有无及其质量的影响，即关于混合式教学理念、实施方面的培训。根据问卷数据，被试教师中 42.7％的教师"参加过翻转课堂、SPOC、混合式教学的培训"，而独立样本 t 检验的结果表明有培训经历的教师在有效教学行为的 5 个因子上的得分均显著高于没有培训经历的教师。访谈数据进一步验证和解释了这一结果。参加过混合式教学培训的教师更了解混合式教学的优势所在，更能理解混合式教学为什么会成为高等教育领域的主流教学形式，也更能够意识到在线平台不只是给教师的教学和学生的学习提供了便利。真正有效的混合式教学与传统教学相比，应该是教学理念、教学方式、教学结构的彻底改变。由此可见，学校或院系对教师进行混合式教学理念和教学设计的培训能够影响教师对于混合式教学的认知,从而正向影响教师有效教学行为的实施。

4) 院系氛围

如前所述,良好的学校/院系文化氛围能够有效地增强外语教师在思想和学术上的交流,影响同事间的教学观念,转变教学模式,促进外语课堂教学改革。访谈中了解到学校/院系对混合式教学进行宣传、提倡,组织混合式教学设计示范,同事间互相交流等活动,能够促进教师实施混合式教学的动机,以及对混合式教学的认知。路兴等(2011)的研究也表明领导支持、助教协助、同事示范等会显著影响教师对混合式教学有用性和易用性的感知,从而影响教师对混合式教学的接受程度。同事间的互相协助、分享也会正向影响教师对混合式教学易用性的感知。

> T-SHD-D:我们大外都是集体备课,所以老师之间还是 share 比较多的一些东西。一个备课小组是 3 个老师到 4 个老师,备一个单元,各自分工,有人找一些拓展知识,有人弄词汇。每两周我们碰头,来 share 一下,各个老师再根据自己的情况,把东西整理一下发给学生。这样就省了很大的力气。

5.3.1.3 学生因素

学生因素方面,本书主要聚焦学生的学习主动性、信息技术素养、学生的外语水平对大学英语教师有效教学行为的影响。各题项的描述性统计情况如表 5-3 所示。

表 5-3 学生因素情况表

题项	10. 我现在任课班级的多数学生对本课程学习积极性高						
选项	非常不同意	不同意	不确定	同意	非常同意	*M*	*SD*
百分比	0.89	7.14	31.25	50.89	9.82	3.57	.81
题项	11. 我现在任课班级的多数学生信息技术素养高,能胜任本课程所需						
选项	非常不同意	不同意	不确定	同意	非常同意	*M*	*SD*
百分比	0.89	6.92	34.38	45.98	11.83	3.55	.83

1) 学习主动性

广受诟病的低效教学的表现之一即学生被动学习,主动性、积极性差。混合式教学有助于调动学生的积极性。根据问卷结果(影响因素量表第 10 题),61.6%的教师认为"现在任课班级的多数学生对本课程学习积极性高"。访谈中一位教师的话具有代表性,解释了学生积极性提高的原因:"课堂效率更高了,老师可以拿出一些时间来拓展教学内容,学生参与更多了。相对来说,他们挺愿意自己参与进来。"

学生的积极性会影响教师的教学热情,从而影响教师教学行为的实施。总的来说,学生的积极性越高,教师越倾向于实施混合式教学中的有效教学行为。

> T‐DBD‐S:我发现学生的积极性跟专业有关,就我的经验,文科专业的更积极,女生多的班级更积极……他们积极不积极肯定会影响到我。积极的班,我平时在网上看到一些跟上课内容有关的视频之类的,就会发给他们。不积极的班级,一想到发也不会有人看,那就干脆不发了。还有在课堂上积极的班级我会组织更多的参与活动,不积极的班级的话,我就只好自己多讲。布置作业也是一样的,不积极的班级我就尽可能少布置作业,很少布置小组合作的作业。积极的班级我就会布置小组合作的作业,然后课堂上让他们上来展示。

2) 信息技术素养

问卷结果显示(影响因素量表第 11 题),只有 7.7% 的教师认为学生不能胜任大学英语课程对于信息技术素养的要求。访谈中受访教师也表达了相似的态度。"混合式教学对学生的技术能力的要求也就是一个一般的要求,他们胜任起来没有任何问题,这一代小孩往往对于信息的把握能力都是相当高的。"这也符合文献中对于在校大学生的判断:如今大学英语教师面对的学生都是 90 后和00 后,被称为"数字原住民"。他们是数字技术的一代,数字技术是他们生活的一部分。他们也是急切的一代,习惯了互联网速度,对信息的获取变得十分急切,从而养成了他们崇尚变化、讲究效率的习惯(陈坚林、贾振霞,2017)。也正是因为他们崇尚变化、讲究效率的特点,使得传统教学方式不能满足他们的需求,倒逼教师进行教学创新、教学改革。

3) 英语水平

学生英语水平的不同,会影响教师的混合式教学有效教学行为的实施。学生英语基础水平越高,教师越倾向于实施混合式教学中的有效教学行为。如某"985"高校的一位老师所叙述的情况,同时带两个英语基础不同的班级,虽然教材相同,但因学生英语基础的不同而使得课堂教学方式、课外自主学习内容等方面均有差异。

> T‐DND‐W:我带两个班,一个是大一新生,四级起点的,属于最好的,另一个班是大二的,二级起点。这两个班这学期用的教材是一样的,但

上法完全不一样。时间安排上就不一样,老生的话一个单元是两个星期,四次课结束;而新生的话一个单元两次课就结束了,时间是减半的。新生现在我们一个星期只上一次课,而老生一个星期要上两次;新生有 iTest(在线测试平台)辅助学习,老生就只有 QQ 上我传的每单元的 package(注:每一单元老师整理的供学生预习、自学的内容包)。老生还是以课本为主,甚至这个课文的整个架构啊内容啊、语言点都要跟他们涉及;新生就会比较 free style 一点了,就会给他们一些空间,比如说抛给他们问题,然后让他们自己去讨论。

所访教师基本都是以班级为单位,根据不同班级的英语水平,采取不同的教学实践。总的说来,面对水平越高的学生,教师往往越多进行讨论等互动活动,而对于英语水平较薄弱的学生,教师则倾向于选择更加传统的语言教学方式,讲授也更多。

T‐YNC‐L:有些学生要求高,那么你可以给他讲深。我有一个班是学设计的,学生连英语简单回答问题都做不到,那你肯定就要改变你的教学方式。这一点既是优势,对老师来说又是很大的挑战。我教 4 个班,要用 4 个不同的方式去适应他们。

因为学生水平不同,教师采用不同的教学行为,因此增大了工作量。个性化教学的实施需要教师更多的责任心。

T‐ZHY‐H:工作量非常大,如果你想好好上的话。当然你也可以备一样的课,对所有的学生,但我觉得这是非常不人性化的……备课我也是在学习,有那么多资源,我都是自己筛选,看哪一个班适合哪一种 level。比如高级班的我就让他们看 TED,上面有一个讲 12 生肖的。低级班的我就不能用这个,而且不能用没有字幕的给他讲,我就只有去找一个比如小朋友的绘本,像讲故事一样,先让他们了解,先有一个 brief introduction。

由此可见,学生英语水平越高,教师在面授课堂上进行知识讲授的时间就越少,组织以学生参与为主的课堂活动的时间就越多,活动内容越丰富。

5.3.2 教师自身因素

5.3.2.1 教学信念

如前所述,教学信念影响大学英语教师在混合式教学中有效教学行为的实施,主要包括教师对于大学英语课程的教学目标、教学内容、教学方式等的看法和态度。各题项的描述性统计情况如表 5‐4 所示。

表 5 - 4　教学信念情况表

题项	1. 教师应尽量多学习使用各种网络多媒体信息技术，来提高教学质量						
选项	非常不同意	不同意	不确定	同意	非常同意	*M*	*SD*
百分比	0.22	0.67	10.27	52.01	36.83	4.25	.67
题项	2. 大学英语课程的主要教学目标是培养学生的语言能力，而非语言知识						
选项	非常不同意	不同意	不确定	同意	非常同意	*M*	*SD*
百分比	2.01	9.82	12.95	49.33	25.89	3.84	1.01
题项	3. 大学英语教师应多采用交际、情景、任务或项目教学法等，以培养学生的英语交际能力						
选项	非常不同意	不同意	不确定	同意	非常同意	*M*	*SD*
百分比	0	1.12	6.92	54.91	37.05	4.3	.63
题项	4. 在线学习可以进行知识传授，面授课上有更多的时间进行讨论和答疑等，有更好的教学效果						
选项	非常不同意	不同意	不确定	同意	非常同意	*M*	*SD*
百分比	0	2.23	15.18	56.03	26.56	4.05	.71

《大学英语课程教学要求》(2007)提出"大学英语的教学目标是培养学生的英语综合应用能力"，《大学英语教学指南》(2020)指出"大学英语教学以英语的实际使用为导向，以培养学生的英语应用能力为重点"。

传统外语教学中占主导地位的教学方法是语法翻译法和听说法，语法规则的讲解和操练是传统外语教学的主要内容。外语课堂低效教学的表现之一也正是以语言知识的传授与操练为主，并不能有效培养语言应用能力。语言学理论、学习理论的发展使我们明确语言能力的培养不是完全通过语言知识的讲解、练习和表达训练来完成的(束定芳，2017)，语言发展来自语言使用，语言使用能够促进语言习得(桂诗春，2015)，因此语言学习应该学用结合，学中用，用中学(王初明，2009)。

75.2%的教师选择"同意"或者"非常同意"大学英语课程的教学目标是培养学生的语言能力，而不是语言知识。访谈数据也显示，受访教师谈到所授课程的教学目标，多强调语言技能、学习策略、文化意识、交际能力等培养，认为语言知识是为以上的培养目标服务的。这与郑新民、蒋群英(2005)的研究发现一致：我国高校英语教师的教学信念已经从传统取向逐渐过渡到进取取向，即认同语言教学不仅仅要传授语言知识，还要注意培养学生的文化意识、交际能力等。

而对于如何实现语言能力培养的目标,92%的教师认同"大学英语教师应多采用交际、情景、任务或项目教学法等,以培养学生的英语交际能力"(问卷影响因素量表第3题,$M=4.3$)。88.8%的教师认同信息技术促学的价值,认为"教师应尽量多学习使用各种网络多媒体信息技术,来提高教学质量"(问卷影响因素量表第1题,$M=4.25$)。对于混合式教学,82.6%的教师同意在线学习、课堂面授承担不同的教学功能,有更好的教学效果(问卷影响因素量表第4题,$M=4.05$)。

Richards(2008)认为自上而下的教学改革不能确保课堂实施课程马上就产生实质性的变革。关键要看作为教学实践者、决策者的教师的行为。访谈数据也显示教师是比外在因素,如平台、环境,更主要、更直接的教学改革的带动者。而教师实施教学改革行为与其教学信念关系密切。

5.3.2.2 教学能力

如前文所阐述,本书认为大学英语教师的以下教学能力影响其在混合式教学中有效教学行为的实施:一是教学创新,在信息化环境中,教学创新尤为重要;二是英语语言能力,这是由外语课程的特殊性决定的;三是教学设计与组织能力,指对教学环境、教学资源、教学活动的设计与组织,以及使在线和面授两种模式有机融合的能力;四是信息化教学能力,指教师运用信息技术进行技术促学的能力。各题项的描述性统计情况如表5-5所示。

表5-5 教学能力情况表

题项	6. 在面授课上组织讨论等课堂活动,需要即兴发挥,对我的语言能力是个挑战						
选项	非常不同意	不同意	不确定	同意	非常同意	*M*	*SD*
百分比	1.12	8.04	14.29	55.8	20.76	2.16	.89
题项	7. 我能够胜任本课程的教学所需要的各种网络多媒体信息技术能力						
选项	非常不同意	不同意	不确定	同意	非常同意	*M*	*SD*
百分比	0.67	3.13	33.93	47.32	14.96	3.69	.78
题项	8. 我常尝试新的教学方法						
选项	非常不同意	不同意	不确定	同意	非常同意	*M*	*SD*
百分比	0.22	1.56	11.61	62.28	24.33	4.1	.66

续　表

题项	9. 我清楚哪些内容该借助在线平台完成,哪些内容该在面授课解决						
选项	非常不同意	不同意	不确定	同意	非常同意	*M*	*SD*
百分比	0.67	2.01	27.23	55.13	14.96	3.79	.73

对于"在面授课上组织讨论等课堂活动,需要即兴发挥,对我的语言能力是个挑战"题项,高达 76.6% 的教师选择"同意"或者"非常同意"(此题为反向题,分值已反转)。束定芳(2017)结合外教社杯高等学校英语教学比赛的情况,总结"语言能力强的选手往往自信心强,课堂掌控能力也强,而且与学生的互动比较热烈,其课堂教学的氛围和效果相对更好",而"语言基本功不强,对课堂的掌控能力以及与学生的交流就大打折扣"。可见,不论教学方式如何改变,英语教师都应该不断提升自己的语言能力,这一点是对语言教师不变的要求。

62.3% 的教师回答"能够胜任本课程的教学所需的各种网络多媒体信息技术能力"。访谈中也发现受访教师对于自己应对所授课程目前所需的信息技术能力持有信心。

T-HGD-C:我不觉得这门课目前需要比较高的信息技术能力,包括基于平台还有 QQ 的这种在线交流。目前的情况下我觉得还是能够适应这门课的教学的,可能将来会有更多的挑战。

T-YNC-L:其实不用很高超的信息技术水平,只要你的浏览器等没问题。如果你想加深层的东西,可能要摸索它的功能。但基本但凡会电脑的、会智能手机的都不难。

问卷影响因素量表第 1 题("教师应尽量多学习使用各种网络多媒体信息技术,来提高教学质量"),88.8% 的教师持"同意"或"非常同意"的态度。可见,受信息技术快速普及、发展,以及过去十余年的大学英语教学改革的影响,教师对于信息技术促学具有较高的认同度,实际的信息技术素养也得到了提升。廖宏建、张倩苇(2017)通过对高校教师的访谈也得出结论:随着信息技术的发展,教师的信息素养关键不在于能否使用信息技术,重要的是何时应用技术的意识以及如何应用技术的灵活决策等。因此在混合式教学中使在线和面授两种模式有机融合,充分发挥两种模式的优势,以取得最佳的教学效果,这样的教学设计能力尤为重要。70% 的教师认为自己清楚"哪些内容该借助在线平台完成,哪些内容该在面授课解决"。但仅做到这一点,还不足以充分发挥混合式教学的有效性,教师需要不断进行教学创新、教学反思。例如,Nissen 与 Tea (2012)对混合式教学模式进行了质性研究,发现教师在混合式教学实践中往往不清楚自己在线上学习环节应当承担何种职责,发挥何种教师角色。因此,面对混合式教学新模式,任课教师需要通过不断摸索、实践、学习,提升自己的混合式教学能力。问卷显示,86.61%的教师表示"常尝试采用新的教学方法",这是令人欣慰的。

5.3.2.3 教学动机

本部分讨论教学动机对于教师实施有效教学行为的影响。

受访教师表示,在大学英语教学中实施混合式教学是大势所趋,信息技术手段的确使得互动更加便利,学习资源更加丰富,学习不受时间和空间的限制。出于对工作的责任感,除课堂面授之外,教师愿意使用在线平台促进学生的学习。对访谈数据进行编码时,涉及教学动机部分出现频次最多的词即对工作、对学生的"责任感""责任心"。也有受访教师表示,对于应用信息技术手段,实施混合式教学模式,"我觉得感兴趣""我觉得这种方式教学效果更好一些,学生变得主动了,不像以前上课就是老师讲,学生记或者听""学生很愿意参与,很积极,我觉得有成就感"。问卷中影响因素部分第 5 题的数据结果显示,82.6%的教师认同"混合式教学模式下的面授课堂组织形式多样,使我更能发挥教学潜能"(见表 5‐6)。

表 5‐6 教学动机情况表

题项	5. 混合式教学模式下的面授课堂组织形式多样,使我更能发挥教学潜能						
选项	非常不同意	不同意	不确定	同意	非常同意	M	SD
百分比	0	0.67	16.74	55.36	27.23	4.08	.67

另一方面,教师实施混合式教学也有其外在原因。部门的教学要求是一方面原因,"我们学院这门课就是这么要求的,学生在平台上的作业算作期末成绩的一部分,成绩表上要显示这部分的成绩的";另一方面,学生的认可和尊重、学生的教学评价也驱使教师探索使用信息技术优化教学效果。

同时,从访谈也发现造成教师实施混合式教学动力不足的因素——实施混合式教学,教师需要兼顾在线平台和面授课堂两种模式,工作量较大,如果院系对于混合式教学缺乏一定的激励机制,会致使教师教学动力不足。有教师表示,"本身教学对于职称评定之类就没什么作用,我们学院对教学工作量在这块也没什么体现，所以也就不想投入太多的热情和精力""没觉得学院对这种模式有多重视，没有宣传，也没有培训"。学生的表现也会影响教师的教学动机。"学生学习表现不够好，或者对这门课比较冷漠，很影响我的积极性"。

综合以上的结果和分析可知，大学英语教师实施混合式教学的动机源于内在动机和外在动机。内在动机主要表现为教师对教学工作的兴趣以及成就感等。外在动机表现为院校环境、学生等对教师的激励作用。这与以往的研究发现（衷克定等，1999；汤闻励，2011）一致，即内在动机、外在动机紧密相连，外在动机可以转化为内在动机，如教师对教学工作的热爱、对教学的成就感与学生和院校的认可相联系。教师认识到信息技术的优势，主动采用信息化教学手段，这正是外在动机内化的过程。

5.4　不同层次高校教师影响因素的差异

为考察不同层次高校教师在实施混合式教学有效教学行为上是否有显著性差异，本书进行了单因素方差分析（详见 4.5.5 节）。结果比较见表 5-7。

表 5-7　基于高校层次的有效教学行为差异性比较

因子	差异比较
在线管理	985>211
教师支持	无
组织面授课堂	985>211，普通>211
多元化评价	985>211，普通>211
个性化教学	普通>211
总有效教学行为	985>211，普通>211

笔者对三个层次的高校在每个影响因素题项上分别进行单因素方差分析（表 5-8），以尝试解释有效教学行为的差异性。与平台因素有关题项的分析结果显示，在"我能够在平台上查看到学生的在线学习行为"这个题项上，985 高校教师得分显著高于 211 高校以及普通本科院校。

表5-8 三个层次的高校平台因素单因素方差分析

题项	高校层次	n	M	SD	One-way ANOVA		
					$F_{(2\,376)}$	$Sig.$	Post Hoc (Tukey)
12. 本课程所使用的在线平台资源丰富	985	60	3.5	.93	2.467	.086	
	211	96	3.2	.78			
	普通	223	3.26	.88			
	总数	379	3.28	.87			
13. 本课程所使用的在线平台上的资源质量一般	985	60	2.9	.84	1.968	.141	
	211	96	2.74	.76			
	普通	223	2.68	.74			
	总数	379	2.73	.76			
14. 本课程所使用的在线平台功能强大	985	60	3.43	.83	2.917	.055	
	211	96	3.17	.78			
	普通	223	3.15	.84			
	总数	379	3.2	.83			
15. 本课程所使用的在线平台导航合理,使用方便	985	60	3.47	.77	2.252	.107	
	211	96	3.19	.73			
	普通	223	3.3	.84			
	总数	379	3.3	.80			
16. 本课程所使用的在线平台系统稳定可靠	985	60	3.35	.80	2.035	.132	
	211	96	3.11	.77			
	普通	223	3.28	.80			
	总数	379	3.25	.79			
17. 我能够在平台上查看到学生的在线学习行为	985	60	3.88	.67	4.953	**.008**	985>211 985>普通
	211	96	3.44	.93			
	普通	223	3.56	.90			
	总数	379	3.58	.88			
24. 学校网络环境不理想,影响了学生在线平台的学习	985	60	2.47	.91	.428	.652	
	211	96	2.6	.97			
	普通	223	2.52	.97			
	总数	379	2.53	.96			
25. 学校提供的或学生自己的硬件设备(电脑手机等)不完备,影响了学生在线平台的学习	985	60	2.4	.91	.494	.610	
	211	96	2.5	.88			
	普通	223	2.53	.89			
	总数	379	2.5	.89			

与环境因素有关题项的分析(表 5 - 9)显示,在"我们学院(系)定期为教师提供教学理念方面的讲座或培训"这个题项上,985 高校教师得分显著高于 211 高校。在"我校或院系会为教师提供常用技术和电子资源使用方面的培训"这个题项上,985 高校教师得分显著高于 211 高校和普通本科院校。说明 985 高校教师有更多接受教学理念、信息技术方面培训的机会。

表 5 - 9　三个层次的高校环境因素单因素方差分析

题项	高校层次	n	M	SD	One-way ANOVA		
					$F(2\ 376)$	$Sig.$	Post Hoc (Tukey)
18. 我们学院(系)把教师打理在线平台的工作量计入教学课时	985	60	2.78	1.25	1.069	.344	
	211	96	2.53	1.16			
	普通	223	2.54	1.21			
	总数	379	2.58	1.20			
19. 我们学院(系)要求教师使用在线平台进行这门课程的教学	985	60	3.07	1.18	1.142	.320	
	211	96	2.85	1.11			
	普通	223	2.83	1.09			
	总数	379	2.87	1.11			
20. 我们学院(系)定期为教师提供教学理念方面的讲座或培训	985	60	3.65	.90	7.436	**.001**	985>211
	211	96	3.02	1.06			
	普通	223	3.3	.99			
	总数	379	3.28	1.01			
21. 我们教研组教师分工协作,共享资源,以减轻备课负担	985	60	3.53	.93	1.372	.255	
	211	96	3.28	1.04			
	普通	223	3.45	1.03			
	总数	379	3.42	1.02			
22. 我在教学中遇到技术方面的问题时,总能及时得到技术人员的帮助	985	60	3.23	.89	.883	.414	
	211	96	3.01	1.04			
	普通	223	3.12	1.06			
	总数	379	3.11	1.03			
23. 我校或院系会为教师提供常用技术和电子资源使用方面的培训	985	60	3.57	.85	7.360	**.001**	985>211 985>普通
	211	96	2.96	1.06			
	普通	223	3.09	1.01			
	总数	379	3.13	1.02			

与学生有关的题项的分析(见表 5‑10)显示,在"我现在任课班级的多数学生信息技术素养高,能胜任本课程所需"这个题项上,985 高校教师得分显著高于 211 高校和普通本科院校。根据我国高校招生的实际情况也可知 985 高校的确具有生源优势。

表 5‑10　三个层次的高校学生因素单因素方差分析

题项	高校层次	n	M	SD	One-way ANOVA		
					$F(2\,376)$	$Sig.$	Post Hoc (Tukey)
10. 我现在任课班级的多数学生对本课程学习积极性高	985	60	3.7	.72	1.059	.348	
	211	96	3.57	.78			
	普通	223	3.53	.84			
	总数	379	3.57	.81			
11. 我现在任课班级的多数学生信息技术素养高,能胜任本课程所需	985	60	3.88	.64	6.003	**.003**	985>211 985>普通
	211	96	3.48	.79			
	普通	223	3.48	.87			
	总数	379	3.55	.83			

与教师信念、教学动机有关题项的分析(见表 5‑11)显示,在"教师应尽量多学习使用各种网络多媒体信息技术,来提高教学质量"这一题项上,普通本科院校教师得分显著高于"211"高校。

表 5‑11　三个层次的高校教学信念单因素方差分析

题项	高校层次	n	M	SD	One-way ANOVA		
					$F(2\,376)$	$Sig.$	Post Hoc (Tukey)
1. 教师应尽量多学习使用各种网络多媒体信息技术,来提高教学质量	985	60	4.23	.62	3.468	**.032**	普通>211
	211	96	4.1	.70			
	普通	223	4.32	.67			
	总数	379	4.25	.67			
2. 大学英语课程的主要教学目标是培养学生的语言能力,而非语言知识	985	60	3.72	1.09	.558	.573	
	211	96	3.85	.96			
	普通	223	3.87	1.00			
	总数	379	3.84	1.01			

续　表

题项	高校层次	n	M	SD	One-way ANOVA		
					$F(2\,376)$	$Sig.$	Post Hoc (Tukey)
3. 大学英语教师应多采用交际、情景、任务或项目教学法等，以培养学生的英语交际能力	985	60	4.32	.50	.776	.461	
	211	96	4.23	.66			
	普通	223	4.32	.65			
	总数	379	4.3	.63			
4. 在线学习可以进行知识传授，面授课上有更多的时间进行讨论和答疑等，有助于实现更好的教学效果	985	60	4.1	.71	.204	.816	
	211	96	4.06	.63			
	普通	223	4.04	.75			
	总数	379	4.05	.71			
5. 混合式教学模式下的面授课堂组织形式多样，使我更能发挥教学潜能	985	60	4.1	.63	.030	.970	
	211	96	4.07	.64			
	普通	223	4.09	.70			
	总数	379	4.08	.67			

与教学能力有关题项的分析（见表 5‐12）显示，在"我能够胜任本课程的教学所需的各种网络多媒体信息技术能力"这一题项上，985 高校教师得分显著高于 211 高校。在"我清楚哪些内容该借助在线平台完成，哪些内容该在面授课解决"这一题项上，985 高校教师得分显著高于 211 高校和普通本科院校。

表 5‐12　三个层次的高校教学能力单因素方差分析

题项	高校层次	n	M	SD	One-way ANOVA		
					$F(2\,376)$	$Sig.$	Post Hoc (Tukey)
6. 在面授课上组织讨论等课堂活动，需要即兴发挥，对我的语言能力是个挑战	985	60	2.3	1.06	.913	.402	
	211	96	2.14	.78			
	普通	223	2.13	.88			
	总数	379	2.16	.89			
7. 我能够胜任本课程的教学所需的各种网络多媒体信息技术能力	985	60	3.9	.66	4.494	**.012**	985＞211
	211	96	3.52	.75			
	普通	223	3.7	.81			
	总数	379	3.69	.78			

续 表

题项	高校层次	n	M	SD	One-way ANOVA		
					$F(2\,376)$	$Sig.$	Post Hoc (Tukey)
8. 我常改进我的教学方法，以使学生更加喜欢我的课	985	60	4.2	.55	.884	.414	
	211	96	4.06	.69			
	普通	223	4.09	.67			
	总数	379	4.1	.66			
9. 我清楚哪些内容该借助在线平台完成，哪些内容该在面授课解决	985	60	4	.61	3.717	**.025**	985＞211 985＞普通
	211	96	3.68	.67			
	普通	223	3.78	.77			
	总数	379	3.79	.73			

从以上单因素方差分析的结果可以看出，在每个因素的部分题项上，三个层次高校教师的得分存在显著性差异，分数高低的排序与有效教学行为各因子得分的排序一致，因此可以从一定程度上解释三个层次高校教师教学行为上的差异情况。

除了在问卷数据中发现的解释之外，访谈中也获得一些解释。有效教学行为单因素方差结果显示985高校"一枝独秀"。可能的原因在于985高校往往资金方面更有保障，因此在教学改革的物质投入更多；教师发展开展得也更丰富，教师有更多的在职培训机会。根据调查，普通本科院校往往是院系层面推动进行改革，而985院校主要是学校在推进混合式教学。一位985院校的大学英语负责人如是说："我们学校这两年大规模搞在线课程，学校各种措施鼓励、督促，资金上、培训上都很到位。"

有效教学行为问卷结果显示，普通本科院校教师得分也较高。如在个性化教学因子上，普通本科院校教师的得分最高，原因之一在于普通高校的生源英语基础差异性较大，使教师必须"因材施教"。访谈中了解到许多普通本科院校有"生源危机"等压力，因此学校、院系管理层对教学质量关注度高，各教学部门会积极探索提高教学质量的途径。

T‑YNC‑L：我们学院还蛮重视大学英语教学的，毕竟涉及全校的学生。感觉我工作这10年来，我们的大学英语一直在改革。现在我们比较推的就是建设在线课程，线上线下结合起来教学。比如我现在上的这门课，就是我们一个教授带着几个老师，一人编一章，跟朗文英语合作，建了一个平台。

5.5　本章小结

大学英语混合式教学中教师的有效教学行为主要受到教师自身因素和外部因素的影响。教师自身因素主要指教师的教学信念、教学能力、教学动机,外部因素主要指在线平台的情况、学校/院系环境因素以及学生因素。依据分析框架,对问卷中影响因素部分的题项进行描述性统计分析,使用访谈获取的质性数据进行交叉验证以及进一步的解释。对 985、211、普通本科院校三个层次高校教师在问卷影响因素题项上的得分进行了单因素方差分析,结果显示在部分促进有效教学行为实施的影响因素题项上 985 高校教师得分最高,普通院校其次,且具有显著性差异。这在一定程度上解释了 985 高校大学英语教师在混合式教学有效教学行为因子上"一枝独秀"、普通院校教师得分也较高的原因。另外通过访谈数据进一步验证、解释了形成差异的原因。

第6章 个案研究

6.1 引言

第4章和第5章通过对问卷数据和访谈数据的分析,描述了所研学校大学英语混合式教学的基本情况以及教师实施有效教学行为的现状,并探究了影响有效教学行为实施的教师自身因素和外部因素。本章选取4所学校,每所学校各选取一位教师,通过深度访谈以及各种文本、网络资料的收集,力图探究更细化层面的有效教学行为、影响因素及其影响机制。4位个案教师的情况详见3.4.2节研究对象部分。

6.2 D老师分析

D老师是一位37岁的女教师,硕士毕业,现为副教授,从事大学英语教学12年,所在的学校为某直辖市市属公办本科普通高校,以商科特色为主。该校的大学英语课程开设时间是大一、大二的4个学期,分成"大学英语读写""大学英语听力"和"大学英语口语"3门来进行;学校实施分级教学,称作A班、B班。大一两个学期的"大学英语读写"为通用英语(EGP),一个学期学完一本教材,A班自第2册EGP教材开始,B班自第1册EGP教材开始。大二两学期的课程包含两部分,即A班在第三学期学习EGP(第4册教材)和专门用途英语(ESP,具体是商务英语),B班在第三学期学习EGP(第3册教材)和商务英语;A班在第四学期学习商务英语和行业英语(EOP),B班学习EGP(第4册教材)和行业英语(EOP)(见图6-1)。一个学期中的两部分内容时间均分,即一学期通常为16个教学周,两部分内容各上8周。

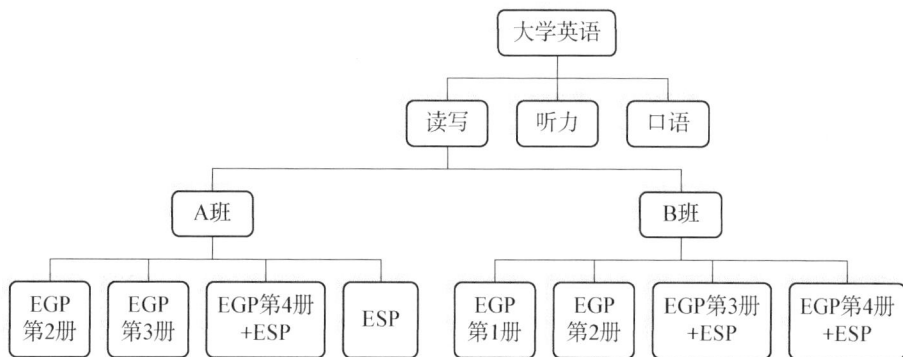

图 6-1　D 老师所在高校大学英语课程体系

受访时 D 老师主要承担的课程是第四学期 B 班的课程,有两个班。该学期的大学英语课程为一周四课时。两课时为读写课,两课时为口语/听力课(口语和听力隔周交替上课)。前面提到的 EGP、EOP 以及商务英语课在读写课上完成。对第四学期来说,后 8 周的读写课为行业英语课,所使用的教材为校本教材,由任课教师团队自编。校本教材有 12 个单元,主题包括连锁经营、市场营销、国际贸易、物流、电子商务等。该校经长时间酝酿,在笔者对 D 教师进行数据收集时第一次实施 SPOC 教学模式,并且成功申报了所在市的"重点本科课程建设"。针对教材中的每一个单元,该课程团队分别录制了授课视频,要求学生课下观看视频,然后再进行课堂面授。以下将根据本研究已形成的框架,分析该教师实施混合式教学有效教学行为的情况,以及教学行为各影响因素的作用机制。

6.2.1　有效教学行为实施情况

本节根据有效教学行为的 5 个因子,对 D 老师的教学行为进行分析。

6.2.1.1　在线学习管理

在线学习管理包括学习任务管理和在线互动管理。D 老师的学习任务管理行为分析如下。

- 在线学习任务布置

该课程使用了某教育科技公司的在线学习平台,课程团队的教师以校本教材的教学单元为单位,在开课之前录制了教学视频,上传到在线平台上,要求学生课下观看教学视频。D 老师介绍:"让他去看这个视频,看完视频之后再去结合课本,自己去阅读,以阅读为主,然后再思考课后习题。老师会布置一到两个

topic，一般会有一周的时间让他们去准备、搜集资料。"

• 学习分析

当被问到"布置学生看视频的任务，老师是否监督？"时，D 老师这样回答："这个可能也是需要改进的一个环节吧，因为有些不自觉的学生，他不看，你也没法一定说要他去看。他不看也就不看了。"

目前该课程只是使用在线平台放置视频资源，还没有能够实现追踪每一个学生的在线行为痕迹的功能。D 老师自己也意识到对平台功能的利用还是比较单一的，没有实现在线学习行为分析。"这毕竟是自己设计的一个平台，相对来讲还是比较简单的，现在我们逐步在引入更多的功能，准备铺开，具体怎么做现在还没有说法。"

另外，教师对学习行为分析重要性的认识不足，也是学习行为追踪和分析缺乏的原因。

• 对在线学习情况提供反馈和指导

由于没有学生在线行为痕迹的数据，所以 D 老师没有根据学生的在线学习行为情况提供反馈和指导。除了观看微课视频的任务，D 老师还会布置与视频内容或主题相关的、需要在面授课堂上进行展示汇报的任务。D 老师会进行及时的指导和反馈，她表示：

> 学生要做小组任务，他们做好 PPT 之后，我会看，然后提出修改意见，哪块内容要多讲一点，哪块内容在这里不需要，不是说他做完就 OK 了。然后会把修改意见反馈给学生。

D 老师的在线互动管理行为分析如下。

• 营造互动氛围

D 老师以授课班级为单位建立了微信群。一个班是 45 人，另一个班为 48 人。关于在微信群里的互动内容，D 老师反映：

> 微信群互动不是很多。顶多有时候上传一些教学资料，交流一些教学情况。如果学生有问题的话，他们更愿意课后找我，或者私信给我。

混合式教学的一个优势就是拓展学习的时间和空间，由于时间所限，面授课堂上没有得以充分讨论的问题，可以延伸到在线互动平台进行，但现实中的情况是"目前好像没有过这种 hot discussion"。

• 互动分析

在线互动主要用来交流关于课程的安排等事宜，并没有针对教学内容的讨论等，因此 D 老师并没有对学生在微信群里的发言做过分析。

6.2.1.2 教师支持

教师支持包括自主支持、认知支持和情感支持。**自主支持**包括以下两方面：

（1）提供资源。如前文所述，该课程团队成员录制了真人版的教学视频，上传到在线教学平台上供学生观看。除此之外，在建立的班级微信群里，D 老师还经常分享"一些较好的链接之类"，有时是与正在进行的教学单元主题相关的，有时是 D 老师随时发现较好的资源，随时上传到微信群里。

（2）解决学习困难。D 老师所在的学校设有"答疑时间"，每位任课教师每周都给所有授课班级安排固定的时间进行答疑，任何学生都可在相应的时间段去教师的办公室进行咨询。正如 D 老师所言："我们有答疑时间，谁有问题都可以来找我。另外针对要在课堂上做汇报的同学，我要求他们提前把 PPT 和演讲稿发给我，我会有针对性地给他们提些建议。"

认知支持主要指教师对于学生认知的促进。访谈中 D 老师提到了教师的作用："老师也不是说就没事干了，视频上没有提到的，需要拓展的，还是会补充一点。还是要讲一讲难点啊，大概的框架呀，理一理。"D 老师还谈到其所授课程第一次实施 SPOC 模式后，非常明显地感受到了变化。

> 我们发现有了这个 SPOC 之后，很多课堂时间就可以节省出来，要求学生在课前预习，课堂的时间以课堂讨论、学生做 presentation 为主。以前老师主讲，学生听，听完之后做练习，整个课堂氛围比较沉闷。现在的模式，课堂效率更高了，老师可以拿出一些时间来拓展教学内容，另外一个就是学生参与更多了。相对来说，他们挺愿意自己参与进来。

情感支持方面，访谈中，D 老师提到"学生要做小组任务，做好之后，老师要查看，然后提出修改意见，不是说他做完就 OK 了。然后会把修改意见反馈给学生。讲的时候呢，老师要认真听，听完还得点评，这一块还是比较耗神的"。由此可以看出 D 老师对学生的关注。这些反馈既有助于促进学生的认知，也是对于学生的情感投入和支持。

6.2.1.3 面授课堂的组织

D 老师所在的课程团队致力于实施线上微课＋线下面授结合的混合式教学，在每一教学单元进行之前要求学生在课下观看由课程团队成员录制的微课视频，然后在面授课上巩固、答疑，进行学生互动参与活动。因此，该课程做到了线上和线下两种模式的融合，避免了线上线下两张皮的现象。根据访谈，D 老师会针对视频内容进行提问，以检查学生对微课内容的掌握情况，也会及时督促学生进行在线学习。同时，面授课上 D 老师会让学生汇报展示自主学习的成果，以检查自主学习的成效,这样也能够起到督促的作用。

6.2.1.4 多元化评价

D老师在受访学期,其所授课程是"通用英语"和"行业英语"两门组成的大学英语读写课程,成绩由四部分组成(见表6-1)。

表6-1 D老师所授课程的教学评价形式

课程成绩来源	占比
平时成绩	20%
平时测验	20%
实验成绩(听力和口语)	20%
期末考试	40%

D老师介绍:

> 平时成绩占20%,两次平时测验的平均成绩占20%,实验成绩,也就是听力和口语占20%,期末考试成绩占40%。如果是外教上口语的班级,口语成绩由外教提供。中国老师上的班级就由中国老师根据平时的口头表达来给分。听力的话专门有一次测验。我们有一个教材配套的教学平台,里面有题库,听力就在题库里抽,学生在平台上完成。平时成绩就根据平时上课的表现、作业完成情况给分,我们还用批改网给学生布置四次作文,也是作为平时成绩的来源。当然这只是大概的一个印象,不可能非常精确地加进成绩里。批改网有一个很丰富的资料库,题库里面有四、六级作文,有翻译,什么都有,然后你可以选择性地上传题目,让学生在规定时间内完成。它有自动语法、拼写纠错功能,还会打分,但是这个分数未必非常合理,所以有时可以参考老师人工批改的分数。但是由于时间关系,老师一般不怎么亲自批改,只挑几篇改。学生提交之后,可以看到范文。

可以看出,其课程做到了评价形式的多元化。

当被问到"有没有让学生自评或者互评?"时,D老师回答:"课堂作业,有时也让他们回去写,写了老师改,改了后再讲评,或者写完学生互改什么的。就是多种形式结合。课堂上学生做presentation的同时让其他学生打分,相当于学生互评。"另外,在课堂上,学生做展示汇报,D老师会及时给予点评。

6.2.1.5 个性化教学

受访时D老师有两个教学班。其中一个班是试点自然班,45人,学生英语水平不一;另一个班是经过分级后的 B 班,尚没有通过大学英语四级考试。

平台上提供给学生的学习资源都是一样的,均为课程团队录制的微课教学视频。针对英语基础不同的班级,D 老师布置不同的任务。

> 小组任务的话,水平高一点的,布置的任务难度会大一点,涉及的内容多一点。未过四级的班级,内容会较为单一。比如说在讲 chain operation 这个单元时,未过四级的班级就要求他们自己去找一家连锁经营公司,简要介绍、分析一下成功的策略。程度好一点的,就要求他们对自己选的这家公司做 SWOT analysis,这样分析的深度会更进一步。

由于班级人数多的原因,D 老师的个性化教学只能顾及班级层面,无法关照到每一个人。D 老师还会对学生进行个别指导。"因为我们有答疑时间,对要做报告的同学,我会有针对性地给他们提些建议。"

6.2.2　各因素对 D 老师有效教学行为的影响

6.2.2.1　外部因素

根据本书影响因素部分的分析框架,外部因素主要包括平台因素、环境因素以及学生因素。

1) 平台因素

目前 D 老师所授的行业英语课程使用某教育科技公司的在线学习平台,该平台本身没有学习资源,而是支持使用者自主上传视频、音频、文本、图片等各种格式的资料,以及设立互动版块等。但由于 D 老师受访时是其课程启用该平台的第一个学期,平台上仅有该课程教学团队录制的教学视频,没有设置追踪学生在线学习行为的功能,因此教师没有学生的在线学习行为的数据,对学生在线学习的情况主要是通过课堂提问来予以检查和督促。这样一来,教师并不能了解每一个学生在线学习的情况以及对视频内容掌握的情况。

D 老师反映平台系统稳定,技术支持也很到位,授课教师在使用时遇到任何技术障碍,可以随时联系平台所属的公司,均能得到及时服务。老师和学生登录平台非常方便,只要有网络就可以任意登录。而且既有网页版,又有手机客户端。

总结起来,该个案所使用的平台本身功能强大、系统稳定可靠、服务及时、使用便捷,发挥了平台对教学实施的促进作用。

2) 环境因素

根据前文的梳理,学校或系院层面的物质支持、政策支持、管理支持、智力支持和技术支持能够促使教师有效教学行为的实施,发挥混合式教学的有效性。从对 D 老师的访谈可以获知,对于实施 SPOC 教学的课程,由于申请到了所在直辖市的"重点本科课程建设"项目,因此有一定的课程建设经费,用于视频录制等方面。但对于实施这门课程的任课教师,并没有政策方面的任何倾斜,没有物质奖励,也没有在评优、职称评定等方面的倾斜。教学管理方面也没有额外提供任何的便利,"不会因为你上哪个课程给你哪些便利"。在智力和技术支持方面,"学院还是很鼓励我们出去学习的。如果你想去参加这方面的培训,愿去就去,经费方面学院还是很支持的。"D 老师参加过三五个由平台研发公司发起的培训。从分析可见,D 老师所在的学院支持教师外出参加关于混合式教学的培训,这对于教师更新教学观念、增强实施混合式教学的动机、进行混合式教学设计起了促进作用。另外,学院会请平台研发公司的工作人员到校进行技术指导,给予技术支持,增强了教师使用在线平台等信息化教学手段的信心。

3) 学生因素

学生的积极性和主动性会影响到教师的教学。实施 SPOC 模式后,D 老师对面授课堂的感受是"他们还是愿意表现自己的"。如此一来,增强了老师的积极性。而学生的学习积极性会受到其学习动机的影响。"有些时候学生会比较功利性地对待这门课,比如他已经考过四、六级了,就没有了进一步学习英语的动机,就会消极地对待行业英语这门课,觉得以后职业有可能不需要。学生的这种情绪也会影响到我的教学热情。"

D 老师反映,在线部分,只需要学生登录网站观看视频,而且平台系统稳定,"学生完全没有问题",而在面授课堂上,学生需要使用多媒体进行汇报展示,D 老师认为"(PPT)他们做得都可好看了"。对本个案来说,学生的信息技术素养能够胜任学习的需要。

英语基础的差异也会影响教师的教学行为。会影响到自主学习任务的布置,"如果要安排小组任务的话,相对于水平高一点的学生布置的任务难度会深一点,涉及的内容会多一点。对未过四级的班级,内容会单一一些"。另外,课堂面授部分的内容也会受学生英语基础的不同的影响,"有些跟不上进度,只能讲慢一点,多讲讲;以及少让学生做 presentation"。

6.2.2.2 教师自身因素

根据本书的分析框架,教师自身因素主要包括"教学信念""教学能力"以及"教学动机"。

1) 教学信念

教学信念部分主要指教师对大学英语课程的教学目标、教学内容、教学方式的看法和态度。

D老师认为："首先还是要提高他们的基本功，听说读写，然后我觉得还是要开阔视野，优化思维模式，看到不同的文化，学习人家好的东西，当然也不要丢失自己的一些文化特色，知己知彼吧。"秉持着这样的目标，D老师注重"结合教学单元融入一些文化的因素，特别是一些商务文化……会通过案例分析，介绍商务礼仪、文化差异之类，比如在时间管理、经营模式上中西方的差异"。

另外，D老师认为"培养学生合作的精神，这个也很关键"，因此D老师布置的任务中包括许多小组合作活动。

D老师认为实施混合式教学，把知识传授部分放到课下，让学生自主学习，这样课堂上的许多时间就解放出来。另一方面，D老师认为"老师也不是说就没事干了，还是要讲一讲难点啊，大概的框架呀，理一理"。这样的理念使得D老师注重在课堂上对视频内容进行巩固、内化和拓展，而不是把两种模式割裂开来，保证了两种模式的融合。

2) 教学能力

混合式教学包括线上学习和线下课堂面授两种模式，充分实现了混合式教学的有效性，需要充分发挥两种模式各自的优势，以及让两种模式较好地融合，以达到最佳的教学效果。因此，如何进行混合教学设计是保证有效性的重要一环。从对D老师的调查研究可以发现由于前期酝酿多时，准备充分，通过培训对混合式教学的理念和操作不断提升和完善，其课程已经形成了较为结构化的操作，并取得了较好的教学效果。

> 一般一个单元的教学，先是布置预习的作业以及课上讨论的问题，然后让学生先去看微课。课堂上先是考察学生是否对单元内容进行过预习，对内容比较熟悉了，然后就可以进行相应的讨论。有些时候呢，就是布置小组任务以后，在课堂上选取几组进行汇报。

从访谈中可知，D老师作为80后的青年教师，信息技术素养较高，认为使用信息技术是非常必要以及自然的事情。这有助于其积极使用各种信息技术手段用于教学。

3) 教学动机

D老师是这门课程的负责人，这门课程是第一次实施"线上＋线下"的方式，因此D老师具有较高的教学热情。从访谈中也可以看出，D老师不断地在思考如何改进这门课程的操作，提升效果：

> 在之后的教学中，我们还要去补充教学资源，因为行业英语更新换代很快，我们用的这个教材是自己老师编的，有些内容已经过时了。已经布置下去了，每个单元的内容都要补充和更新。我也在考虑我们的这个微课平台的利用率，是不是每位同学都能好好地利用这个平台的资源，这是有待加强的地方。

同时，D老师也反映"学生对这种教学还是比较认可的，自然就会有一种成就感"。另外，D老师提到"对老师这个职业还是有一种情怀的"，说明身份认同感也会影响老师的教学动机。

6.3　S老师分析

S老师是一位38岁的女教师，硕士毕业，现任讲师，从事大学英语教学12年。S老师所在的学校是一所综合性985高校。该校是教育部大学英语教学改革示范点之一。该校的大学英语课程开设周期为四个学期，第一学期统一进行"通用英语1"；自第二学期实施分级教学，根据第一学期学生的大学英语四级考试成绩将全校学生分为基础级、提高级、发展级3类。3类班级在后三个学期开设的课程各不相同，具体见图6-2。

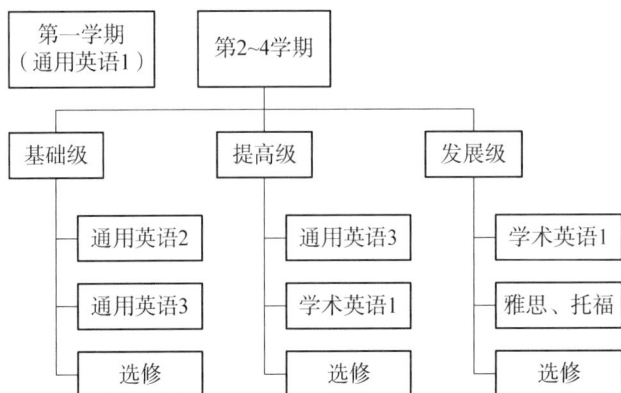

图6-2　S老师所在高校大学英语课程体系

受访时S老师主要承担的课程是大二提高班的"媒体阅读"（选修课）和大一

提高班的"通用英语 3"。根据 S 老师的描述,两门课程的在线平台均为每个班建立的 QQ 群。

6.3.1 有效教学行为实施情况

6.3.1.1 在线管理

S 老师的学习任务管理分析如下。

1)学习任务布置

对"媒体阅读"课,老师会给学生提供电子版的学习资料发送到 QQ 群,让学生在课前学习。

S 老师介绍:

> 每一个单元我都会打包给他们发一个大材料。里面包括我们课堂上要讲的内容以及课下学生要自己去听、自己去看的。我还会给他们发一些链接,比如 VOA、*China Daily*。

"通用英语 3"这门课布置课下小组讨论,课上做 presentation。

2)学习分析

S 老师所授的两门课程中在线平台均为 QQ 群。S 老师在 QQ 群里发布自主学习资源,学生自行下载学习。因此不能通过平台追踪学生的学习行为。两种课型都是通过课堂提问的形式检查学生课前自主学习的情况。

3)对在线学习情况提供反馈和指导

S 老师在课堂提问中了解自主学习情况,发现学习困难当堂解决:

> 课堂上我不会做硬性的规定,但是我会提出一些相关的主题,比如我让学生去看中美贸易战,那个时候正好是"六一"前后,美国很依赖中国的玩具出口。我给他们布置了两篇文章让他们回去读,还可以听,因为有音频。读完和听完了之后,有一些小问题。在课堂上我会就此进行口语练习,让大家说一说,做做对话,如果他没读的话,他说的肯定是跟那两篇文章无关的。

S 老师的在线互动管理行为分析如下。

1)营造互动氛围

S 老师所授的两门大学英语课程中,用于互动交流的平台是 S 老师根据上课班级建立的 QQ 群,主要进行教学事宜的交流。S 老师介绍:"很少讨论。他们有的时候就讨论'我们的作业老师怎么说的'这样的问题。"

2)互动分析

S 老师建立的 QQ 群主要交流课程安排等事宜,并没有针对教学内容的讨论,因此S老师并没有对学生在QQ群里的发言做过分析。

6.3.1.2 教师支持

1) 提供资源

"媒体阅读"这门课提供的资源即发送到QQ群里的每个单元的资料包。

"通用英语3"这门课不会定期提供在线资源,"因为这个完全是跟着教材走,所以不会给学生发课件包,因为教材他们手里都有"。

2) 指导学习方法

根据S老师的叙述,她"并不会特意讲学习方法。学生问得也比较少。多数的同学还是在问过六级的问题"。

6.3.1.3 面授课堂的组织

对于"媒体阅读"这门课,S老师每一单元会在课堂面授之前在线发布该单元的资料包,资料包里包括课堂教学内容的预习资料以及拓展资料。面授课堂上,S老师会通过提问的方式检查学生预习情况。由此可以看出,在线学习内容与课堂面授内容是密切相关的,教师的课堂提问对学生的在线自主学习起到了督促检查的作用。

6.3.1.4 多元化评价

S老师所授的两门课程的课程评价情况如表6-2、表6-3所示:

表6-2 S老师所授"媒体阅读"的教学评价形式

课程成绩来源	占比
新闻评论(书面)	40%
平时作业、课堂表现、出勤	40%
口语测试(口头新闻评论)	20%

表6-3 S老师所授"通用英语3"的教学评价形式

课程成绩来源	占比
期末考试	70%
平时表现(包括课堂表现、作业、课堂汇报、四次随堂测验)	30%

从表中可以看出,S老师所授课程实施了终结性评价和形成性评价相结合的方式。但从访谈中了解到,对于不同主体的评价形式,如同伴互评等,较少实施。

6.3.1.5 个性化教学

S 老师积极关注不同班级学生的特点，如英语水平、学习主动性等。"'985'的学生，英语水平还是不错的。积极性嘛分专业，有些专业的英语基础特别好，还特别活跃，但有一部分学生相对来说要沉闷一些，基础也要差一些。"

S 老师会根据学生的情况调整教学活动的安排。

> 比如这次我带的 2017 级的，他们是材料专业的学生，他们的入学分数比其他的稍稍低一些，基础薄弱一点。课堂上他们也比较沉闷，比如我发起一个活动，号召几次都没有人有反应，我就会给他们布置简单一点的口语练习。比如我会先给他们展示一段录音或者视频，展示完了之后让他们模仿着说……对于基础好的，他们相对来说特别活跃，在跟他们进行口语对话的时候，我不需要先给他们抛出一个 model dialogue，上来就出一个主题，他们马上就可以很热烈地去讨论。

6.3.2 各因素对 S 老师有效教学行为的影响

6.3.2.1 外部因素

1）平台因素

根据 S 老师的描述，"基础班和提高班都没有线上平台，只有发展班有。我们和美国的一个大学合作进行了一个学术英语写作的项目，学生需要到线上去看美国教授录的课，然后需要在线上完成这些老师留的作业。之后由发展班的老师带着大家一起讨论线上学习的问题。学生最后需要完成一个 paper，老师也提醒这个 paper 每一部分需要注意什么。每节课同学都要写一小段，同学之间进行互评。"

S 老师介绍，她所在的学院还有"BD 平台"："是一个软件公司研发的。现在我们有些老师还在用，但我们没有硬性的规定说大家都要用。就是在上面给学生上传一些材料，然后留作业，让学生在上面做，我们在上面批作业。还让学生录视频，传给我，我都上传到平台上，让大家互相打分。"

S 老师认为"布置这些在线的任务的话，学生们会觉得压力很大"，因此所授课程的在线平台只有其根据授课班级建立的 QQ 群。这个 QQ 群充当了发布资源、进行互动交流的功能。

2）环境因素

S 老师所在的高校是教育部大学英语教学改革示范点，在大学英语教学改革上的投入正在持续进行中。现阶段该校正在积极建设 MOOC 课程。S 老师介绍："(录课)都是由学校教务处统一给我们安排,然后我们只要有老师去就行了,后期制作什么的都会给我们提供。"

校内经常组织关于混合式教学的培训。"我们陆陆续续地进行了几次。我们是出去的也有,校内也有,计算机中心给我们进行翻转课堂的培训,我们已经进行了好几期了。"

3) 学生因素

985 高校学生的英语水平较高。因此,能够较顺利地实施混合式教学,把混合式教学的优势发挥出来。

S 老师的课程只需要学生下载共享在 QQ 群里的资料包,进行学习。为进行课堂汇报,学生需要查找网络资料。根据 S 老师的描述,学生的信息技术素养能够胜任学习的需要。

6.3.2.2 教师自身因素

S 老师认为大学英语课程应该强调语言技能的培养,这样的信念引导着其教学实践。"语言知识这块我只是一带而过,反正我觉得给他们讲语言方面的知识点,时间上有点不值,我会告诉他们在来上课之前,你自己要把语言方面的问题都解决了,在课堂上主要就是一些技能的训练,包括听、说、阅读、写作,我主要是进行这方面。"

S 老师认为除了语言能力培养,大学英语课程还兼有思维能力培养的目标,尤其是"媒体阅读"这门课。

> 这门我主要强调思辨能力。有一个活动我印象挺深刻的。当时我们看的是一段美国女孩选美的视频,这里边讲述的主要是两个女孩从很小就开始参加选美,现在两个人都十九岁了,其中一个女孩仍然在参加选美活动,另外一个女孩就考大学了,不去参加这个了。整个视频就是讲述这两个女孩从小到大的成长经历。我让学生看完这一段,就我提出的几个问题来讨论一下。首先,根据看的这段视频,用自己的语言描述一下美国的选美活动,描述完之后,进一步描述这两个女孩从小的经历是什么。之后我就提出来你们认为选美活动对两个女孩的成长有什么样的影响,最后一个,你们认为选美活动对女孩的影响是好还是不好,如果是你们,你们会不会参加。这个活动大家特别感兴趣,大家讨论得非常热烈,最后要是不掐断,时间就不够了。

从访谈中可以看出,S 老师认识到了混合式教学的实质和必要性,因此也会产生对实施混合式教学的内在动机。"英语,无论是技能的提高,还是信息量的获得,光靠课堂根本就完不成,应该让学生以各种方式,通过各种手段去练习他的英语技能。"

6.4 W老师分析

W老师是一位36岁的男教师,硕士毕业,现为讲师,从事大学英语教学11年,所在的学校是一所211院校,以理工科为主。目前该校大学英语课程在前两个学年主要是通用英语,分为"大学英语综合教程"和"大学英语听说"两种课型。实行分级教学,根据入学成绩分为一级班(普通班)和二级班(快班)。周课时为3课时,2节"大学英语综合教程",隔周2节"大学英语听说"。受访时,W老师承担5个班级的"大学英语综合教程",每班40到45人不等,均为一级班。W老师所授课程使用与教材配套的、某出版社研发的在线平台。该平台是伴随新教材一起引入的,受访时是W老师所在学校启用该平台的第二年。

6.4.1 有效教学行为实施情况

6.4.1.1 在线管理

1) 在线学习任务布置

W老师所授课程使用的在线平台提供与教材配套的数字资源。每一单元的内容如图6-2所示(已隐去个人信息部分,下同)。

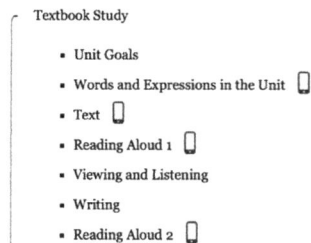

系列教材:综合教程2网络课程和移动学习资源系同名纸质教材的配套数字资源,分别部署于
程中心"网站和"随行课堂"App,内容互为补充,供用户在计算机和手机上进行自学自测,整体结构如下(有手机图标的板块表示在随行课堂App中配备了移动学习资源):

- Textbook Study
  - Unit Goals
  - Words and Expressions in the Unit 📱
  - Text 📱
  - Reading Aloud 1 📱
  - Viewing and Listening
  - Writing
  - Reading Aloud 2 📱

图6-2 W老师所用在线平台内容介绍截图

每个单元在面授课堂上讲之前，W 老师会给学生布置线上预习的任务，如词汇等语言点，以及了解文章的框架。平台提供了词汇的简单讲解以及发音。课文学习部分有课文录音，课文翻译以及词组、习语等语言点的讲解。每个单元结束后 W 老师还会布置平台上的一些相应的作业，如简单测试、作文等。

2）学习分析

因为在线平台提供了较完善的在线学习分析功能，因此根据 W 老师的说法，可以比较轻松地进行学习分析。"在在线平台上，我给他们建立了班级，所以还是可以比较好地监督和检查他们的在线时间以及他们在线学习的情况的。"

教师端可以看到每个学生的学习时长和每一项学习内容的完成情况，如正确率、得分。

平台还有关于学生学习时长、每一部分在线任务得分等的统计，如图 6-3 所示。

图 6-3 平台学习分析情况举例截图

W 老师会把在线学习的成绩算作学生课程成绩的一部分。"学生的在线学习时间对他的课程成绩是有影响的。因为我会最后统计他的在线学习的时间，放在他的平时成绩这一块，作为我考虑的一个因素。"

3）对在线学习情况提供反馈和指导

在课堂面授之前，W 老师通常会查看学生的在线学习情况，总结学生的薄弱之处，在面授课堂上进行着重讲解和强调。

4）营造互动氛围

在线学习平台有互动交流版块，W 老师也给每个班级建立了 QQ 群，根据

W 老师的描述,有问题的学生一般会用 QQ 问他,在平台互动版块里留言的是少数。另外,在线互动交流主要起到答疑的作用,针对教学内容进行深入讨论的情况很少。

5) 互动分析

正因为在线互动主要用于答疑,所以教师很少对互动情况进行分析。

6.4.1.2 教师支持

1) 提供资源

除了平台上的资源,W 老师还经常给学生推荐一些额外的资源。"上课的时候会给他们推荐一些网站,推荐一些线上资源,以及推荐一些书。"

2) 指导学习方法

W 老师比较注重学习方法、学习策略的指导。

> 教材之外我会每个单元给他们补充关于英语学习策略的内容。比如,上个学期是学生进校的第一个学期,单词对他们来说是一个薄弱点,那一整个学期我介绍,以及提醒他们如何利用好的学习策略去帮助自己记单词,比如跟他们讲一些词根词缀法、联想法、音译法之类的。这个学期我就侧重跟学生讲关于句法方面的一些学习策略,并且给他们做一些相应的补充练习。下个学期我们就会过渡到作文的写作策略。

3) 解决学习困难

根据 W 老师的叙述,"学生有问题跟我反映的话,基本上都是通过线上交流,会在 QQ 上面跟我询问。"除此之外,在线平台也提供互动交流版块,也是答疑的场所之一。

6.4.1.3 面授课堂的组织

由于 W 老师所授课程使用的在线平台是纸质教材的配套数字资源,而 W 老师课堂面授的内容也是依托纸质教材的,因此,学生在线学习的内容和课堂面授的内容具有一致性。面授前的在线自主学习是面授内容的预习,面授后的在线作业是对面授内容的巩固。对 W 老师来说,在线平台起到的作用主要是辅助的作用,教学流程并没有改变。

6.4.1.4 多元化评价

W 老师所授课程的教学评价由 5 部分组成(见表 6-4),实施了终结性评价与形成性评价相结合的评价方式。

表 6-4 W 老师所授课程的教学评价形式

课程成绩来源	占比
期末考试	50%
口语考试	20%
平时表现、出勤	10%
作业	10%
期中考试	10%

另外,W 老师还实施不同主体的评价方式,如同伴互评。"我会让学生有一些互评的工作。每次做 team work 的话,我会给学生表现的机会。在表现的时候,我会给每个学生发一张评估的 paper,让他们针对同学们的表现做一些评价及打分。"

6.4.1.5 个性化教学

受访时,W 老师承担 5 个同一年级同一级别班级的同一课程,他提道:"这5 个班的级别是一样的,所以基本上是相同的,没有太大的区别"。同时 W 老师认为:"我觉得虽然算得上是小班教学,但是人数还是有点偏多。这样的话不是特别适合给每个学生提供展现的机会。"可见,班级人数等现实条件会影响教师照顾到每一个学生。

6.4.2 各因素对 W 老师有效教学行为的影响

6.4.2.1 外部因素

1) 平台因素

根据 W 老师的反馈,平台内容制作精良,界面友好,导航清晰,系统稳定,最主要的是能提供较完善的学习分析功能,为其教学提供了很大的便利。

2) 环境因素

W 老师所在的高校大学英语教学改革在 2007 年被列为全国 65 所大学英语教改示范点项目之一,加之作为"211"院校,资金支持相对有保障,因此院系对大学英语教学的物质投入是较有保障的。自大学英语教学改革以来,积极建设自主学习中心、引进各类在线学习平台。政策上,"平台的使用与否是老师的自主选择,学院不做统一要求。"在访谈中 W 老师数次提到"现在学时缩短了""现在大学英语的课时太少了"。院方若能趁这一节点对教师进行混合式教学培训,以及采取或要求或激励的措施,有助于教师探索延伸课堂、提高课堂教学效果的途径。但实际情况是,"学院举办的讲座针对外语教学的并不多,针对文学、语言学、翻译的讲座比较多"。

3) 学生因素

W 老师的感知是:"我的学生的积极性还可以。"另外,在 W 老师看来,所授课程"对学生的技术能力要求也就是一般的要求,他们胜任起来没有任何问题,这一代小孩对于信息技术的把握都是相当好的"。

6.4.2.2 教师自身因素

如前文所分析,W 老师比较注重学习方法、学习策略的指导。"教材之外我会每个单元给他们补充关于英语学习策略的内容。"W 老师对于语言学习所持的观点是:"我觉得语言学习和其他有些专业的学习不一样,因为我们都是通过一篇篇文章进行学习。那么对学生来说,多记一个单词少记一个单词,多读一篇文章少读一篇文章并没有那么重要。我觉得学习策略对他们的影响以及帮助对英语学习更为重要。"正是这样的教学信念引导着 W 老师在课堂教学中进行学习方法和学习策略的专题小讲座。

W 老师认为大学英语课堂还应该注重思维能力的培养,因此,"每个单元我都会就相应的主题,基本上都会有一个 reflection,也就是一个升华。我希望可以培养学生的一些思维方面的能力,尤其是我会通过不断的提问,以及希望他们之间进行讨论,提升他们的思辨能力。"

"那个在线平台,我只是把它作为一个辅助教学的工具,并不是一个主要的内容。在平台上,一个是预习的工作,因为它对每个单元主课文的语言点以及翻译解剖得非常透彻,也有相应的一些听力、朗读的东西,我觉得这个可以在很大程度上减轻老师在课堂上对于语言点的讲授。"对于混合式教学的理解引导着 W 老师对在线和面授两种模式的内容和功能进行分配。而对于在线学习平台能够"减轻老师课堂上对于语言点的讲授"这一感知促使 W 老师产生使用在线学习平台的动机。

6.5 G 老师分析

G 老师是一位 43 岁的女教师,博士毕业,副教授,从事大学英语课程教学 15 年,所在学校为省属普通本科高校,以工科为主要特色。该校的大学英语课程开设时间为大一、大二的四个学期,均为通用英语。大一两个学期周课时为

3 小节,大二两个学期周课时为 2 小节。受访时 G 老师承担大一新生 3 个班的"大学英语",每个班 45～50 名学生。据 G 老师介绍,其校教务处每学期都会组织混合式教学项目申报,即在自己所授课程中实施混合式教学模式的教师可以申报"混合式教学实施校级项目",获得立项的视为该教师主持的教研项目,在年度业绩考核中予以承认。但 G 老师认为:"现在这个时代,不管是不是刻意实施混合式教学,不可能不用在线的任何手段,没必要专门申请项目。"根据 G 老师的介绍,她所用的在线平台有以下几个。①QQ 群,用于发布通知以及提交作业。②某在线作文批改平台,专门用于提交作文。③与教材配套的、某出版社研发的在线平台。

G 老师实施混合式教学有效教学行为的情况、这些行为的影响因素,以及作用机制分析如下。

6.5.1 有效教学行为实施情况

6.5.1.1 在线管理

1) 学习任务布置

教材出版社的在线学习平台(以下称"教材平台")提供与教材配套的数字资源。课前,G 老师布置学生完成预习任务,包括听力练习、听课文朗读、借助解析预习课文。课后练习与纸质教材完全是同步的,G 老师会布置学生在教材平台上输入答案,完成课后词汇填空、完形填空等练习。因为平台可以提供答题情况分析,教师可以看到学生每道题的答题情况。出错率高的,G 老师会在下一次面授课上专门讲解。

2) 学习分析

在教材平台的教师终端,可以看到详细的学习数据,包括学生学习每个模块的时长、练习的答题情况。G 老师每节课前会通过教师终端了解学生的学习情况。

在线作文批改平台也能够提供详尽的学生写作数据,包括系统给作文总的评分、评分排名、系统对于作文的文字版评价、作文的单词数量统计、作文修改次数等信息。

QQ 群有作业提交功能。除作文外的其他类型的作业,G 老师要求学生提交到 QQ 群。"我特别喜欢 QQ 的这个功能,一学期下来,哪天布置的作业,统计得一目了然。而且看得到已提交的学生名单和未提交的学生名单,对于尚未提交的,还有提醒功能,我一点击,未交作业的学生就会收到提醒。还蛮管用的,每次都是我点了提醒之后,很快就能收到不少同学的提交。"

3) 对在线学习情况提供反馈和指导

三个平台的情况,G 老师课前会一一打开查看。

对于教材平台,G 老师关注学生对课文进行精读的时长。出错率高的题,G 老师会一一记下,在面授课上着重讲解。

在作文批改平台上,教师可以修改系统对作文的点评。

　　平台的自动评价一般来说还是准的,所以我一般不会再修改或追加文字评论。只是个别时候,看到自动评价不太准确,或者某一方面的问题自动评价没提到,我会修改或追加一些文字评价。到下一次的面授课堂上,我会点评整个论文情况:表扬比较突出的作文,分析存在的典型问题,有时还会把模范作文和问题比较典型的作文截图下来,发到 QQ 群里,跟学生一起分析好作文好在哪里,有问题的问题出在哪里。这个作文平台好像没有能够让同学们互相看到彼此作文的功能,所以我每次得在一个 APP 上截图下来,再分享到另一个 APP 里让学生共享查看。

对于 QQ 群里的作业,"首先系统提供能打级别分,A＋、A、B、C 四个级别,这是每次作业我都会打的。还可以填写书面评语,这个我写得不多,没个时间和精力。作业的情况我在面授课堂上会总结、点评。"

4) 营造互动氛围

G 老师使用的三个平台,只有 QQ 群有互动功能,尤其是生生互动功能。她介绍:"互动很少的,基本就是我在群里发通知,学生顶多回一个'收到'。学生之间很少在里面探讨问题。"

5) 互动分析

G 老师介绍:"因为愿意在群里发言的少之又少,所以每一个发言我都很珍惜。我记得很清楚发言的是谁,在课程评价上也会给予加分。"

6.5.1.2　教师支持

1) 提供资源

教材平台提供课文的汉语译文、重点词汇的讲解和例句,以及词汇和课文的朗读。G 老师认为"这是一个很好的工具,在页面上,是一段英语原文,一段汉语译文,我觉得这个布局很实用,我要求学生先看一遍英语原文,再看一遍汉语译文,看看自己的理解是否有偏差……还有朗读这一块,平台的这个功能也蛮好,我要求学生词汇朗读和课文朗读都多听"。

G 老师把其他的补充资源通过 QQ 群分享给学生。"每个单元我会把课文详解 PPT 分享到群里,还会分享跟每单元话题相关的视频、文本等等。有的时候内容是在面授课上即时分享到群里的,让学生用自己的手机看,而不是统一投屏,因为这样学生可以根据自己的节奏来看。"

2) 指导学习方法

G 老师介绍:"这是我非常看重的内容。因为一周凭着两个学时或四个学时就达到学习目标是不现实的,授之以鱼不如授之以渔,所以给学生讲学习方法是很重要的。而且我发现很多同学对学英语其实非常不得法,所以我在每一学期的第一次面授课会花大块的时间讲学习方法。在平时的课上也会时不时强调学习方法。"

6.5.1.3　面授课堂的组织

G 老师的面授课堂基本有以下几个模块。

(1) 点评作业。"作业如果是作文的话,点评会久一点,其他类型的作业就是订正一下,比如词汇练习等等。"

(2) 检查预习情况。"会通过提问检查对课文的预习情况,包括课文的大意、重点的句子和词汇,还会检查是否看了我发的补充材料。"

(3) 单元话题内容输入与讨论。"会对每一单元的话题做不同类型的导入,有时是视频观看,有时是文本资料阅读,有时是头脑风暴,有时是分组讨论,或者短剧表演,我常换形式,希望给学生新鲜的体验。"

(4) 课文重点难点分析。"这个每个单元都会有的,毕竟现在的教学还是基于课文的,我更侧重分析课文语言好在哪里,句式上、用词上、描写手法上,学生可以学到的地方在哪里。在讲解的过程中还会时不时穿插讲学习方法。"

(5) 写作讲解。"这是我对大学英语这门课特别强调的。中国学生总的来说读和听远远强于说和写。'说'这项技能我一直觉得在面授课堂上搞效率较低,因为参与的总是少数同学。能把'写'切切实实地提高也是很好的。再说我们的教材提供了非常好的写作范本,为什么不学起来,用起来呢。所以每个单元我都会讲解跟单元课文一致的体裁作业的写法,并且每单元都布置作文写作。"

6.5.1.4　多元化评价

G 老师的课程评价情况如表 6-5 所示。

表6-5　J老师所授课程的教学评价形式

课程成绩来源	占比
期末考试	50%
自主学习	20%
平时表现	10%
作业	10%
期中考试	10%

从表上可看出，G老师的课程实施了较多元的评价方式，有终结性评价，比如期中、期末的试卷测试，也有基于平时作业、课堂表现等的形成性评价形式。根据G老师的说法："我其实这几年琢磨评价这个事比较多，也是因为听过几场这方面的讲座。尝试搞过作文学生互评，学生还蛮积极的，但目前还没有常态话，只是偶尔为之。"

6.5.1.5　个性化教学

G老师关注到不同班级学生的特点。"每个班特点还挺鲜明的。有的班级学习气氛特别好，大家上课听课都很认真，也积极，有的班级会沉闷一些，甚至一些同学上课也不太听，叫起来回答问题，根本连问题是什么都不知道。"

G老师对同样一个单元的内容，在不同的班级实施的教学活动有不小的差别。比如话题讨论环节，在有的班级G老师的提问更多是封闭式的问题，而在另一平行班级则是开放式的问题。又如课文讲解，有的班级提问较多，有的班级讲解较多。

根据对G老师的访谈："这都是实践和实验后的产物。学生的学习基础、学习动力差别很大，所以不同班级的内容和形式不太一样。对同一个班的，感觉照顾不到那么多的多样性。顶多较难的问题多提问英语能力较强的，布置可选择的作业，大家可以根据自己的实际情况选择做哪一个。"

6.5.2　各因素对G老师有效教学行为的影响

6.5.2.1　外部因素

1) 平台因素

如前文所述，G老师在"大学英语"课程中主要使用三个平台：QQ群，用于发布通知、上传学习资料、提交非作文型作业、讨论互动；在线作文批改平台，专门用于作文的提交和反馈；与教材配套的平台。"QQ群功能非常强大，近年来又新增的作业版块尤其好,学生提交非常方便,教师批阅也非常方便,而且可永久保存,能按日期分类进行查看。在线作文批改平台,一来实现了无纸化提交,二来可以永久保存。这个平台还能给学生的作文进行初步的批阅,浅显的拼写错误、语法错误、句法错误等都能给学生指正出来,减轻了老师做这些事情的负担。教材平台功能非常强大,已经成了一个特别综合的平台,但我感觉我好像利用得不算太充分。"学生在访谈中也普遍反映各个平台操作很方便,学习资源丰富。

总结起来,G老师使用的几个在线平台操作便捷、功能较强大,减轻了教师的工作负荷,发挥了对教学实施的促进作用。G教师所称的没有充分利用平台功能,属于其他因素对教师实施的影响,后续将对此进行分析。

2)环境因素

该校对于实施混合式教学并没有物质支持。其他支持方面,该校每年设立专门的校级项目用于鼓励混合式教学的实施,还定期举办关于混合式教学的培训或讲座。

根据访谈和实地调查获知,目前国内几家出版社对教师发展的支持力度较大,经常举办各种各样的论坛与培训,尤其是在线讲座非常丰富,有领域专家的指导讲座,有不同类型院校一线教师的经验分享,也有教材的在线资源使用培训。

G老师所在的学院并没有实施额外的关于教学改革的支持。她介绍:"虽然经常在线上观看其他学校的教学改革,也经常参加学校的培训,但身边并没有这样的氛围,院里没有督促、鼓励,也没有集体探讨的氛围,所以我自己其实不算太有动力进行教学改革的探索。"由此可见,环境因素对教师的教学行为有显著影响,且不同层级的环境对教师教学行为的影响有所不同。学院、学校、校外,三个级别的环境对教师教学行为的影响力依次递减,即二级学院对教师的教学行为有最直接、最重要的影响,学校次之,校外环境影响最弱。

3)学生因素

学生态度、动力及语言基础等各方面的情况会影响教师的教学。G老师介绍:"学生信息技术能力好,而且对在线的东西有种天然的兴趣。比如一开始使用在线写作平台,我还担心学生会不适应直接在手机上输入写作文,没想到对学生来讲根本不成问题。有时布置制作短视频这种作业,效果出奇地好。这也增加了我多去探索新方法的意愿和动力。"

语言基础的差异影响教师的教学行为。"不同专业、班级,学生语言基础不一样,甚至同一班级里面大家的基础也不一样。给学生发布学习资料时我会上传多样的内容,告知学生必须完成的和建议完成的。面授课堂上,不同基础的班级,虽然都是平行班,我的教学内容也有差别。基础好的我就拓展得多,基础一般的我就多讲基础。"

学生积极的态度及较强的学习动力给予教师正向的教学影响,使教师互动意愿增强,教学积极性高。相反地,学生积极性低也会给教师带来影响:对有些教师形成消极影响,让教师产生教学倦怠;对有些教师,则是激发出实施教学改革的动力。这两种矛盾的倾向在 G 老师身上同时体现出来了。"大一学生还比较积极,大二学生积极性就差多了。有时我也就倦怠了,学生不想做,说明不需要嘛,随他去吧。有时也想着怎么改变一下,让学生们更积极一点,比如比较学术、枯燥的资料我就选择不用,专挑幽默的,有笑点的,以及跟学生的生活比较接近的。有的时候会有效果,有的时候也无济于事,所以我在想其实并非教学模式上的问题,也跟教学内容、教学目标,以及对这门课的社会认可度都有关系。"

6.5.2.2 教师自身因素

根据本书的分析框架,教师自身因素包括教师的教学信念、教学能力和教学动机。

1) 教学信念

根据前文所述,教学信念主要指教师对课程的教学目标、教学内容、教学方式的看法和态度。

对于教学目标,G 老师表现出犹疑和困惑。"通过平时听讲座,感觉大学英语这门课可以设定很多的目标,比如特别适合进行课程思政,比如应该培养学生的思辨能力,比如这门课一直就被称为工具性与人文性兼具,我确实也觉得通过这门课,可以给学生一些关于文化的通识教育。虽然我们学校设定大学英语课还是通用英语课,但我总觉得在大学阶段应该通过这门课让学生了解一下学术论文的一般规范。而学生最关注的是在大学里需要考四、六级,还要考研,也有越来越多的同学需要考雅思或托福,所以学生最关注的是课程对应试有没有提升,尤其是对于我们这种普通二本学校的学生来说。这样下来,教学目标有点多。"

教学目标决定教学内容的选择。"因为想要实现的很多,所以我的教学内容侧重点好像不固定,或说不稳定。虽然还是基于课本每一单元的课文讲课,我的侧重点会变。比如有的阶段听关于学术英语的讲座比较受启发,那么我就会讲一些学术论文的规范。有的阶段就会着重文章的赏析。有的阶段就会锻炼学生的思辨。是否应该花较多的时间练基础,就是词汇语法这些,我有点困惑。看现在的关于教学的视频,好像都比较摈弃传统的翻译法,但感觉不讲这些,学生的收获有点空。"

关于教学方式,G 老师充分肯定了技术对于大学英语教学的作用。"技术确实是带来很大便利的,比如帮助保存作业,无纸化作业方便多了,找起来一目了然。学习资源也非常丰富,学任何话题,都能找到很好很多的视频资源,让学生有非常直观的体验。作文自动批改也很棒,完全靠老师手工批试卷很耗时,机器能即时批改基础的语法句法错误,省了老师很多的时间和精力。"另一方面,G 老师也表现出了对于技术应用的焦虑与迷茫。"技术产品太多了。过上一阵就会出热门的技术手段,我有点怵,从了解到熟练应用有过程的。而且我们现在好像非常强调教学的创新,好像用的技术手段越新越好,有种压迫感,总觉得自己不够前沿。"

2) 教学能力

从对 G 老师的调查研究发现 G 老师承担大学英语课程的教学达 15 年,了解我国对于大学英语课程的教学改革,也亲历了所在学校大学英语课程的沿革,担任过不同专业学生这门课的教学。在这 15 年间,G 老师还攻读了英语专业的博士,一直在尝试应用信息技术增加课程的趣味性、生动性。也曾数次参加各级各类教学比赛,并且获奖。

3) 教学动机

G 老师自认为对教学缺乏动力。通过分析,发现原因有以下几点。首先,与对教师的评价体制有关。"在高校,教学对于晋升作用不大。当然如果能在省级教学比赛中获奖就另当别论了。但获教学奖的概率比搞科研出成果还要低,所以我宁愿多在科研上下点功夫。"其次,与学校、院系氛围有关。"之前的学校领导很看重大学英语,不给大学英语减课时,而且在学校的规划中经常强调大学英语的重要性。跟英语专业相比,二级学院领导也更重视大学英语专业出成绩,领导带着大学英语老师搞教学改革,也确实出了不少成果,那时我搞教学改革的热情也很高。后来学校、学院对大学英语没有那么重视了,我也就跟着懈怠了。"再次,与学生态度有关。"学生积极性不高,了解过学生,对英语最主要就是想过级,他们认为网上的指导过级的视频看看,刷刷题,比上英语课效果更直接。学生的这种状态很影响我的教学热情,很多时候我也就是因为职业道德而教学,而不是用热情在教学。"

6.6 个案研究发现总结

本书根据文献和先导访谈得出的大学英语混合式教学中教师有效教学行为的影响因素框架表明,平台因素、环境因素、学生因素都与高校的情况息息相关,因此本研究从985、211、普通本科三类院校中选择了四位教师作为个案研究对象。从对四位个案教师的分析,有以下研究发现:

(1)"两张皮"现象是混合式教学常受诟病的问题,即在线学习和课堂面授缺乏联系,没有融合。从四位教师的实施行为看,做到了在线学习和课堂面授内容上的相互关联,功能上的相互配合。

(2)四位教师在自己的教学实践中感知到了混合式教学的优势,如减轻了教师的课堂讲授,课堂时间被节省出来,便于组织语言应用活动,学生的课堂参与度与积极性都有提高;也感知了实施混合式教学的必要性,因为课时有限,紧靠课堂,教学目标难以完成。

(3)四位教师及其学生均倾向于使用即时通讯工具进行互动交流,即使课程的在线学习平台设有互动版块。在线互动空间拓宽了学生获得教师支持的渠道。但在在线空间中的互动交流仅限于师生之间的答疑解惑,缺少深入的讨论,没有形成在线的"语言社区"。

(4)四位教师采取了形成性评价与终结性评价相结合的形式多元的教学评价,但涉及不同主体的评价形式较少采用,如学生自评、同伴互评等。

(5)对学生在线学习情况的学习分析不够充分,因此也较少进行针对性的指导。由此看出,教师倾向于把在线学习部分当作面授课堂的辅助,一切为课堂面授服务,没有充分转变观念。

(6)学校、院系的政策导向等,即本书所称的环境因素对教师的教学行为有较大影响。学校、院系对大学英语的重视会促使其及时引进功能、质量、服务较好的平台,较多地为教师提供教学培训的机会,以及营造大学英语教学改革的氛围。这些因素不仅能直接影响教师的教学行为,而且可以通过作用于教师的教学信念、教学能力和教学动机影响教师的教学行为。如四位老师中,D老师、S老师和G老师接受过混合式教学的培训,其对混合式教学的理解更加深刻,她们认识到线上线下结合的方式不仅是为教与学提供便利,而且涉及课堂教学功能的变化、教学理念的转变。教师对于混合式教学的信念不但会直接影响教学行为,而且会影响教师实施混合式教学的动机,从而间接影响教学行为。学校、院系的政策措施和氛围也是教师实施混合式教学的外部动机的主要来源。

(7) 四位教师均认为大学英语课程有多元的教学目标。"工具性",即侧重培养听、说、读、写、译的语言技能是最基本的目标,但不止于此,还包括通过本课程培养合作精神、自主学习能力、思辨能力,进行课程思政,提升跨文化交际能力等。这样的信念指导着教师在教学中实施有利于达到这些教学目标的行为。

6.7　本章小结

本章通过个案研究,考察了大学英语教师在混合式教学中有效教学行为的实施情况、影响这些行为的影响因素情况,以及影响因素的作用机制,总结了四位个案教师在实施混合式教学有效教学行为上的特点,以及影响因素呈现出的特点。这些特点进一步验证和解释了问卷的量化数据结果,与对其他教师访谈的质性数据结果基本一致。同时,分析了影响因素如何对教学行为发挥作用。

第7章 研究总结

本章是本书的最后一章,将对本书进行总结,简明呈现主要发现,分析本研究的贡献、创新点和局限性,并对本研究有望引发的后续研究进行展望。

7.1 结论

作为对单一课堂教学模式、单一在线学习模式缺陷的回应,近年来混合式教学在全世界范围迅速发展起来,尤其是高等教育领域。混合式教学把信息技术、互联网资源和教育紧密结合。但技术、资源不会自动发生作用,教师是制约教学质量的关键一环。本书旨在构建大学英语混合式教学中的教师有效教学行为指标框架,用以考察部分高校其实施现状,然后挖掘影响这些行为的主要因素及因素之间的互动关系,从而为提升混合式教学质量提出建议。

以下是对三个研究问题的具体回答:

研究问题一:大学英语混合式教学的基本情况是怎样的?

本书主要调查实施混合式教学的大学英语课程类型、在线平台的类型、在线学习的地方与方式、在线与面授的功能分配情况、混合式教学的类型、教学评价的形式、教师接受混合式教学培训的情况。大学英语课程中,混合式教学主要应用于通用英语课型。被试教师平均使用两个以上的在线平台,种类不一,使用最多的前三类分别是教材所属出版社的、与教材配套的平台;即时通讯工具类,如QQ群或微信群;在线作业或测试类。多数学生使用自己的电子设备进行在线自主学习。在线学习的内容具有"多任务"的特点,排在前两位的是进行听力练习和写作练习。所有的大学英语课程的混合式教学都是以课堂面授为主导和引领的。多数教师把在线学习仅作为补充和辅助,课堂面授不受影响。教师采用形成性评价和终结性评价相结合的评价形式,排在前三位的分别是课堂参与、书面作业和期末考试,较少使用学生自评和同伴互评。半数以上的大学英语教师接受过混合式教学的相关培训。

研究问题二:大学英语教师在混合式教学中实施有效教学行为的现状如何?

大学英语教师在混合式教学中的有效教学行为归结起来有5个因子,按照解释力的大小从高到低排序依次是:在线学习管理、教师支持、组织面授课堂、多元化评价和个性化教学。教师在教师支持行为上最到位,其次是组织面授课堂行为。而在线学习管理和个性化教学行为,实施较欠缺。在总体有效教学行为实施上,人口学特征,如性别、年龄、职称、受教育程度不具有显著性影响差异;"混合型"中的教师显著高于"补充型";有培训经历的教师显著高于没有培训经历的教师;985高校教师显著高于211高校教师,普通院校教师也显著高于211高校教师;不同类型高校的教师不存在显著性差异。

研究问题三:教师的这些行为受到哪些因素影响? 这些因素是如何发挥作用的?

影响大学英语教师在混合式教学中实施有效教学行为的因素可以归为教师自身因素和外部因素。教师自身因素主要包括教学信念、教学能力、教学动机3个方面。外部因素主要包括平台因素、环境因素和学生因素。

三项教师自身因素之间、三项外部因素之间,以及内因与外因之间互相影响,共同发挥作用影响大学英语教师在混合式教学中有效教学行为的实施。教师自身三因素之间,对混合式教学的信念既直接引导教学行为,又通过影响教师实施混合式教学的动机,间接影响教学行为。动机和信念也影响到教学能力的发展。外部因素之间,学校/院系对混合式教学的认识、重视程度影响对在线平台的引进、维护、服务等。内外部因素之间,外部因素不仅直接影响教师的教学行为,而且可以通过作用于教师的教学信念、教学能力、教学动机从而影响教师的教学行为(见图7-1)。

7.2 启示与建议

本研究对35所高校的大学英语混合式教学进行了调查,尽管样本覆盖范围有限,但还是能在一定程度上反映混合式教学及其影响因素状况。结合研究发现,下文将对提高混合式教学有效性提出建议。

混合式教学把大学英语学习从课堂延伸至课外,使学生能够随时随地学习、互动交流。混合式教学能够利用丰富的在线资源,使学生从主要向教师学习转

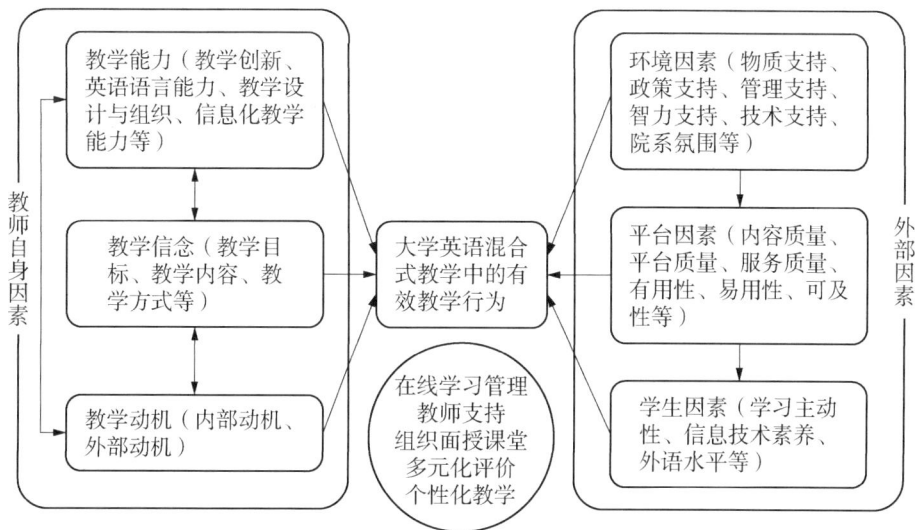

图 7 - 1　本研究的理论框架

化为利用资源学习。混合式教学有助于促进学生参与其中，主动学习。但良好效果的实现不是自然而然产生的，混合式教学有效性的发挥需要几方面的努力。何克抗(2011:1)提出:"教育信息化至少包含四个子系统，用通俗的话说，这四个子系统就是'路、车、货、驾驶员培训':路——实施教育信息化所必需的硬件基础设施;车——实施教育信息化所必需的软件平台(如各类信息发布平台、网上的互动教学平台、各种资源管理平台等);货——各级各类的教育资源和各级各类学校不同学科的教学资源(或学科专题网站);驾驶员培训——指各级各类学校教师的培训。"混合式教学作为信息化教学模式的一种，路、车、货、驾驶员的理念也完全适用。根据本书的研究发现，混合式教学有效教学行为的实施有赖于教师自身因素和外部因素两方面。外部因素主要包括平台因素、环境因素、学生因素。教师自身因素主要包括教师的教学信念、教学能力、教学动机。而平台因素又涉及在线学习内容的质量、在线平台质量、平台服务质量、平台的有用性及易用性、平台可及性 6 个方面，这实际涵盖了路、车、货、驾驶员理念中的路、车以及货。而环境因素以及教师自身因素的解决方案均与驾驶员培训，即教师的专业发展有关。因此以下主要从资源及平台建设、教师专业发展两方面阐述大学英语混合式教学有效性的提升路径。

7.2.1　资源建设

《大学英语教学指南(2020 版)》专设"教学资源"一章，足见教学资源对于大学英语教学质量的重要性。根据《大学英语教学指南（2020 版）》，各高校应围绕硬件环境、软件环境和课程资源等三大部分开展大学英语教学资源建设。

1）硬件环境

其中硬件方面包括三方面的内容。一是支持网络课程运行的校园宽带或无线网；二是自主学习中心（或称语言实验室）；三是制作和播出慕课、微课等所需的视频录播室、数码编辑室（贾国栋，2016）。网络环境是必备的，否则在线学习无从谈起。根据问卷数据，54％的教师认为校园网络环境不理想，影响学生的在线学习或者教师对学生的在线学习管理。访谈中有受访教师也提到类似的情况，因此各校应采取措施予以保证学校的网络环境。根据问卷对 35 所学校的大学英语教师的调查，只有 35％左右的教师回答学生会使用自主学习中心进行在线学习，移动学习的趋势使得自主学习中心的利用率降低，但已建设自主学习中心的高校可创新性地对其加以利用，或作为学生进行在线学习的可选途径。而对于制作慕课、微课的视频录播室等，《大学英语教学指南》也指出，各高校可"根据实际需要"量力而行。

2）软件环境

软件环境主要指在线学习平台，即作为课堂面授空间延伸的网络学习空间。根据本研究的调查问卷数据，60％的教师回答其所授课程使用与教材配套的、由教材所属出版社研发的在线学习平台。其他种类的平台有在线作业或测试平台、Moodle、MOOC 平台等。本研究发现，在线学习平台的内容质量、服务质量、有用性、易用性、平台可及性方面能够影响大学英语教师有效教学行为的实施。因此学校在引入或开发在线学习平台之前需要对其进行评估和科学设计，以保证在线学习平台能够发挥应有的效果。

3）在线课程资源

在线课程资源指课程教学大纲、教材以及与教材配套的网络教学系统。网络教学系统可理解为平台上的数字化教学资源。在线学习平台与数字化教学资源密不可分。

我国在线开放课程的建设与应用始于 2003 年的国家精品课程，经历了精品课程建设、精品开放课程建设与应用、在线开放课程全面建设应用与管理三个发展阶段，形成了视频公开课、MOOC、SPOC 等在线开放课程形式。视频公开课最卓著的成果当属 2011 年 11 月国家精品开放课程共享系统——"爱课程"网的开通。

2012 年慕课在全球得风靡，使它成为最为人们熟知、最受关注的在线开放课程。美国的 Udacity、Coursera、edx 成为规模最大、最有影响力的三大慕课平台。高内顶尖高校除在三大慕课平台上发布课程之外,也着手创建中文慕课平台。2013 年 10 月,清华大学发布"学堂在线",2014 年 5 月 8 日,中国大学 MOOC 平台上线(李秀丽,2017),目前国内由政府和高校主导的主要慕课平台除前两者之外,还有好大学在线、华文 MOOC 等。黄开胜、周新平(2017)对这四大慕课平台进行调查,发现外语类课程所占比例很小,均在 2%~6%。

如同在线学习平台,数字化资源的得来也有两条路——引进或开发。2015 年 4 月,教育部出台了《关于加强高等学校在线开放课程建设应用与管理的意见》,提出采取"高校主体、政府支持、社会参与"的方式建设优质的在线开放课程,鼓励高校基于各自的人才培养目标和需求,充分利用这些开放课程推行在线自主学习或在线学习与课堂教学相结合等多种教学模式。这也充分表明国家对优质资源共建共享的原则。

一门高质量的在线课程往往需要优秀教师、视频制作人员、信息技术人员组成团队,动用多方面设备、资源,历时相当长的时间,才能制作完成。崔璨等(2015)对 23 所建设慕课的高校进行调查,发现我国在慕课建设方面,经费投入每门课基本是在 5~20 万之间。目前,国内慕课大多来自国家和学校的经费投入。《大学英语教学指南(2020 版)》中将"引进"放在前面,也是希望优质资源共享,一方面利于保证质量,另一方面避免各校资源的重复性建设。

重点大学具有高水平学术研究积累、高水平师资队伍、较充足的资金保障以及较高的社会认同度等优势,应大力建设优质在线课程,这样既可以满足本校学生的学习需求,又能够为社会提供优质的教学资源,扩大自己的学术影响力。

普通高校除充分利用优质共享资源以避免数字鸿沟(digital gap)之外,应重视具有校本特色的课程资源的开发和建设,以满足本校学生的需求。2017 年 12 月,15 所外国语院校及全国各类大学外国语学院等自愿组成的非营利性全国性社会组织——中国高校外语慕课联盟(CMFS)在北京成立,并于 2018 年 3 月正式发布"中国高校外语慕课平台"(UMOOCS),聚焦外语 MOOC 课程的建设。

7.2.2　教师发展

教育改革最终指向教师发展(钟启泉,2007)。2010 年我国颁布的《国家中长期教育改革和发展规划纲要(2010—2020 年)》中也指出建设高素质专业化教师队伍是教育发展改革任务的保障。《国家教育事业发展"十三五"规划》第八部分"着力加强教师队伍建设"提到,"十三五"时期要"提升教师能力素质",重点提高高校教师的"教育教学能力"。

以教学信念为例,教师的教学信念与教学行为密切相关。如对混合式教学的认知如果停留在"在线学习部分能减轻老师在课堂上讲授知识点的负担(访谈 T - SD - S)",则在教学中倾向于把在线学习部分作为课堂面授的补充,因此课堂教学与传统讲授式无异,无力解决传统讲授式教学不利于培养语言应用能力和高阶思维能力的弊病。教师的教学信念不但直接指引着教学行为的实施,而且能够影响教师的教学效能感,激发教师的教学动机,从而间接影响教学行为的实施。教师信念的来源包括个人经验与社会建构两个方面(谢翌、马云鹏,2007),因此需要教师自身、学校/院系、相关行政主管部门或行业协会组织、社会宏观大环境等多方面共同努力,以促进教师专业发展。本研究的大学英语教师在混合式教学中有效教学行为的影响因素主要从教师自身及学校/院系层面进行分析,因此本部分也主要从教师自身和学校/院系角度探讨混合式教学有效性的提升策略。

7.2.2.1 教师视角

教师发展的最终内驱力来自教师自身。外部因素不会直接产生促进作用。基于教师视角,应从以下几个方面着力。

1) 深刻理解混合式教学理念,明确教师角色定位

大学英语教师需要在充分理解混合式教学的理念的基础上,明确教师的角色定位。大学英语混合式教学中教师的角色定位主要体现在以下几个方面:

(1) 教师是设计者。混合式教学表面的特征是在线学习和课堂面授两种形式的结合,其本质特征是教学范式、教学观念的改变。传统教学观念里,教师是知识权威,教师的使命就是有效地传递知识。信息技术使得教师不再是信息的唯一来源,网络能提供的知识、信息比教师更为全面,人的认知能力毕竟是有限的。在混合式教学环境中,教师最重要的任务不是传授灌输知识,而应该成为学习行为的设计者,要通过各种办法,调动学生的学习积极性,要使"课堂转型",即从"知识传递"转向"知识建构"(钟启泉,2018),使课堂成为师生深度互动、对话、探究的空间,促进学生高阶思维能力的发展。蒋学清、张玉荣(2015)把学生的学习比为旅行,作为设计者的教师需要在充分了解学情的基础上,帮助学生规划旅行的目的地(即设计教学目标),提供路线图(即设计教学任务),提供完成旅行的相关信息和资源(即设计学习资源)。

在混合式教学中,教师要创设在线学习和课堂教学相结合的混合学习环境,

充分体现混合学习泛在、灵活、个性化的特点,延伸课堂教学;提供个性化的学习资源;构建互动性、参与性的学习情境。混合式教学融合了在线学习和课堂面授两种模式,教师需要对课程结构、课程内容、资源分布与配置等进行全面的审视和设计。SPOC 概念的提出者——加州大学伯克利分校的 Fox(2014)对 SPOC 环境下的教学设计这样举例:那些看起来不能做成 MOOC 的学习行为,如讨论式学习、开放式项目设计等,我们就应该在 MOOC 中直接省略它们,并将它们继续沿用在课堂教学中。

(2)教师是组织者。传统课堂教学中,教师仅需要在课堂面授中组织教学活动,而混合式教学包括在线和面授两部分,教师还需在在线部分发挥组织者的作用。混合式教学使得师生、生生之间的互动交流得以延伸到面授课堂之外,但仅仅做到时间和空间的拓展还远远不够,还应实现有效地引导学生参与,使在线空间成为交流思想、深化理解、进行语言使用的"语言社区"。从包括三个个案教师在内的访谈看,受访教师均建立了供师生互动交流的线上平台,QQ 群或者微信群,但往往只是充当了答疑解惑的平台,极少有针对课堂内容的深入讨论。这与教师没有发挥互动组织者的状况不无关系。除此之外,在讨论出现偏离时教师还需予以提醒,出现错误则予以及时纠正。

(3)教师是激励者和情感支持者。在混合式教学中,除了需要激发学生在面授课堂中的学习动机外,还要采取多种方式激发学生的在线学习动机。教师需要用心去感知学生的内心需求,以平等的姿态与学生进行交流,通过鼓励、认同等方式帮助学生消除学习中出现的负面情绪。

(4)教师是学习分析者。大数据背景下,外语教学进入了数据化、个性化的学习时代(甘容辉、何高大,2016)。"通过学习过程的数据采集和学习分析,探讨最符合学习规律的学习方式,这将是基于大数据外语学习效果的最有效的保证手段。"(陈坚林,2015:7)依赖信息技术,我们可以获取学生在线学习过程中产生的大量数据,使用这些数据理解学习发生的过程,进而考虑改进学习环境,提供个性化指导,这即是学习分析的内容。但从问卷数据获知,能够做到经常甚至总是对学生的在线学习行为进行追踪的教师数量仅占 45%,有时进行追踪的占 33%,均值为 3.26。而作为更进一步的学习困难诊断,经常及总是实施的则数量更少,仅占 30%,均值为 2.97,说明教师较缺乏进行学习分析的意识和实践。因此,教师应深刻理解学习分析的意义,利用在线平台或专门的学习分析工具收集和分析学生的学习数据,为教学决策提供支持,实现教学设计和管理的精细化。

（5）教师是指导者和解惑者。基于对学生的学习行为分析，教师及时掌握了学生的学习基础和学习困惑，接下来需要及时给予反馈以及有针对性地指导学生。教师要从"讲台上的圣人"（sage on the stage）的位置上走下来，充分发挥"学生身边的向导"（guide by the side）的作用（Baker，2000）。

2）积极践行教学反思，实现教学行为的转化

教师对教学理念的认同仅仅是第一步，只有将教学理念自觉应用到教学实践中，体现在教学行为上，才能切实提高教学质量、改善教学效果。因此，大学英语教师除了要提升教学信念外，更重要的是实现教学行为的转化。而教师只有通过实践、反思、实践、再反思的循环，才能实现教学能力的发展（Wallace，1991）。教师要积极把混合式教学的理念转化为教学行为，并进行反思，在反思中进行信念与行为的调适，在教学实践中加以验证，如此不断循环，最终实现信念的升华及行为的完善。

2018 年 7 月 19 日至 22 日，TESOL（Teaching English to Speakers of Other Languages，对外英语教学）中国大会召开，其中设有"信息化外语教学"分论坛，复旦大学的郑咏滟教授汇报了她在学术英语写作课程中实施混合式教学的行动研究。根据她的陈述，在第一轮的在线讨论环节，老师抛出问题，无人回应。经过反思，在第二轮中，郑教授规定较长篇幅的在线回答计入成绩，同时设计了源于教学视频、适合讨论的开放式问题，取得了良好的效果，学生回复积极，并且言之有物，而且形成了深度辩论的场景。由此可见，教师的自我反思是提升经验的桥梁（崔允漷，2009），正如美国教育学家 Posner（1989）所提出的教师成长公式：经验＋反思＝成长。

3）不断学习，实现教学能力的自主发展

大学英语教师在混合式教学环境中的教学能力制约着混合式教学的效果和质量。教学能力的提升需要教师在深入理解混合式教学理念的基础上，不断进行反思性教学实践。除此之外，教师还需要不断学习，夯实知识基础，促成能力转化。正如国际 21 世纪教育委员会提交给联合国教科文组织的报告《学习：财富蕴藏其中》中所指出的：教师的职前培训对其整个教学生涯是不够用的，教师必须不断更新和改进自己的知识和技能。对于混合式教学环境中的大学英语教师来说，首先，要不断学习英语学科知识，尤其是根据自己所授课型，拓宽本课程知识的广度、深度和新度。对于语言学科的特殊要求，大学英语教师还需要保持或提升自己的英语语言能力。其次，外语教学有其自身的规律，大学英语教师需要关注外语教学理论的新发展，巩固外语教学知识和技能。再者，要不断学习，

提高自身的信息技术素养,教学设计和实施能力。最后,还要提高自身的批判性思维和创新性思维,以在教学实践中不断探索,实现教学创新。

7.2.2.2　学校/院系视角

本书发现环境因素是影响大学英语教师混合式教学实施的关键外因。学校/院系不但是开展混合式教学所需的硬软件资源的提供者,其培训服务、技术服务、激励机制、氛围构建等更是教师专业发展的重要影响因素。以下将探讨学校/院系应如何积极促成混合式教学环境下的教师发展。

1) 向教师提供多样化的培训服务

由本研究对于有效教学行为影响因素的解析可知,教师对于混合式教学的信念、混合教学能力、对混合式教学的动机是关键内因,而对大学英语教师进行混合式教学的培训是提升这些内因的重要途径。本研究的问卷数据显示,接受过混合式教学相关培训的大学英语教师在有效教学行为实施得分上显著高于未接受过培训者。访谈获取的质性数据也表明接受过混合式教学培训的教师对混合式教学的理念和本质有更深入的理解,实施混合式教学的内在动机更强,对混合式教学的设计和实施更有把握。

周红春(2010)指出对高校教师的教育技术能力的培训存在的主要问题是在培训目标、内容设置上注重技术层面的培训,忽视观念层面和理论层面的学习,忽视技术与教学整合方面的指导。混合式教学作为信息化教学方式的一种,在培训上也应做到理念、技术、设计齐头并进。对不同的混合式教学相关人员的培训可以各有侧重。对大学英语课程的管理者主要进行教学理念的培训,而对大学英语任课教师的培训要包括理念、技术、设计三方面。

在教学设计方面,培训内容应包括对混合式教学环境、学习资源、教学活动、评价方式的设计,以及在线学习和课堂面授两种模式的有机融合。另外,对于需要制作在线课程的教师还要进行专门的在线课程设计的培训。在线课程并非将教学从实体教室搬到网络上,这样的话,学生的体验可能还不如实体课堂教学。因此,在建设在线课程之前要对教师进行培训,对在线课程进行科学设计。由于教学工作极具个性化的特点,在应用资源时,教师对资源的需求往往并不面向课程整体,而是面向知识点这样的微观教学内容单位,将知识点整合进自己个性化的教学(王鹏等,2014),因此以知识点为核心的微课不失为在线课程的建设单位。

在信息技术方面,培训内容要包括在线学习平台的使用、在线资源的搜索和获取,以及在线课程的制作技术。对于在线课程的制作,条件具备的院校可聘请专业人员协助,以减轻大学英语任课教师的负担,保证在线课程的质量。

在培训方式上,可采取派出培训、校本培训、院系培训等。目前,各级教育主管部门、教师教育机构、出版社、教育产品研发企业等会组织形式多样的混合式教学培训活动,这一点从本研究的访谈中也得到印证。院系应多加关注此类信息,积极派出大学英语教师参加。学校、院系可以组织本校信息技术中心专业人员及在混合式教学实践中取得卓越效果的骨干教师对大学英语教师进行培训,或者邀请外校混合式教学研究者及实践佼佼者对本校的大学英语教师进行培训。可采取面授培训与在线培训相结合、自主学习与合作交流相结合、理论研修与教学实践相结合的方式,使教师边学习、边实践以获得有效提升。

2)创建混合式教学的文化氛围

学校或院系管理者应积极塑造混合式学习文化氛围的形成。如果学校、院系能够形成一种混合式教学的文化氛围,将极大地提高教师实施混合式教学的热情。首先,通过各种传播渠道加强混合式教学的宣传,通过会议宣讲、专家讲座等方式,让教师了解混合式教学的优势及开展混合式教学的必要性;其次,鼓励各大学英语课程的教学团队积极开展混合式教学的教研活动,交流经验和思想,增加教师之间合作的机会,创建共同学习、相互促进的氛围;再次,发挥骨干教师的作用,鼓励他们发挥带头作用,全校/院系上下形成一种积极接受和应用混合式教学的氛围。最后,根据课程的不同,组建教学团队,共享教学资源,分工合作,取长补短,以有助于课程建设的质量和效率。

3)构建激励机制

如前所述,教师的教学动机可分为内在动机和外在动机,应该构建内在激励与外在激励相结合的激励机制。通过系列培训,激活教师责任感,通过课堂教学改革让教师获得成就感,以激发教师的内在动机。同时,通过外在激励措施激发教师的外在动机,外在动机能够转化为内在动机。研究者在访谈中了解到外在激励措施的几种形式,如对每门实施混合式教学的课程一定的资金支持。一位受访教师,担任该学院一门大学英语课程的负责人,提到"我们学院想以这门课搞试点改革,启用 SPOC 混合教学模式,所以我们这个课程是有一些经费的,可以用于课程建设和教师培训等等,参与微课视频制作的这几位老师积极性还是蛮高的"。另一激励措施是把教师的在线平台管理工作计入教师的工作量。从所研学校的情况看,大多数学校只把面授课堂的时数计入教师的工作量,而教师管理在线学习平台所付出的时间和精力只是"良心活",并不计入工作量,一定程度上影响教师进行在线平台管理的积极性。而有些院校的政策则规定教师管理在线平台的工作是"有酬劳动",如一位受访教师所言:"我们学校一二年级的大学英语课都是 2+1 的模式,一周两节课堂,一节网络课。网络课作为单独的一门课,虽然老师和学生都不用去固定的教室,只要在网上操作就好,但这门课是给学生算成绩的,老师也算课时量的。学生也好,老师也好,你不可能不作为的。"这样的政策上的保证,使得学生和老师的在线平台行为有了外在的驱动力。还可以通过评奖、评比等活动,奖励先进,树立典型,调动广大教师参与培训和应用混合式教学的积极性。

结合研究发现,从资源建设和教师发展两个方面,对混合式教学有效性的提升提出了建议。信息化时代,教师不再是知识权威,学习由向教师学习为主转向向资源学习为主。作为信息化教学模式的一种,作为在线学习与面授课堂结合的学习,在线资源建设对混合式教学的重要性不言自明。笔者从硬件环境、软件环境、在线课程资源建设三方面提出了建议。教育改革最终指向教师发展(钟启泉,2007)。而教师发展是一项复杂、动态、持续的过程,需要各方的共同努力,教师所在的机构,即高校、院系,以及教师自身是作用最直接、关系最重大的两个层面,因此笔者从教师自身、高校/院系角度提出建议措施。

7.3 研究的创新点

本书的创新点主要体现在:

1)研究视角的创新

对大学英语混合式教学的研究多为对混合式教学实践模式的构建、案例分析以及对教学效果的考察,基于教师视角的研究较少。再者,现有关于有效教学的研究多为对单一课堂教学模式或单一在线模式的研究,缺少对混合式教学的研究。本研究借鉴有效教学的相关理论和研究成果,探讨大学英语混合式教学有效性的内涵,构建教师有效教学行为指标框架,对混合式教学研究和有效教学研究的视角有所扩充。

2)研究内容的创新

一方面,已有大学英语混合式教学研究多为单个案或多个案研究,即针对一所或几所高校展开研究。本研究的研究对象涉及 35 所高校,因此得以对我国大学英语混合式教学的概貌提供更多的数据支持。

另一方面,已有混合式教学的研究,对"学"的影响因素的研究多于对"教"的影响因素的研究。有关"教"的影响因素的研究主要聚焦单个变量对"教"的影响，如聚焦教学信念、教学能力等。本研究基本厘清了大学英语混合式教学中教师有效教学行为的综合影响因素，并基于教师视角，将其归纳为教师自身因素和外部因素，并探讨了各影响因素的作用机制。

3）研究方法的创新

混合式教学研究中，对"教"的研究多为思辨研究，如阐释教师的角色和作用，总结教学策略等。本书形成了大学英语混合式教学中的教师有效教学行为量表，并采用探索性因子分析，获得了实际数据驱动的推断统计结果，从而归纳出大学英语混合式教学中的教师有效教学行为构成维度。

本书根据研究问题的特点，采用了问卷调查法、访谈法、个案研究方法，并在问卷形成过程中采用了德尔菲专家调查法，较好地结合了质化研究和量化研究。对问卷的量化数据进行描述性统计分析、方差分析、因子分析，同时使用访谈获取的质性数据进行验证和解释；在个案研究中除深度访谈外，使用收集到的文本和网络资料加以支撑，均体现了三角互证的原则。

7.4 研究局限性与研究展望

由于笔者的能力和研究条件所限，本书尚存一些局限性，梳理如下，并同时对未来研究提出展望。

（1）研究对象上，虽然已尽可能地利用可及的资源，但研究样本也仅涉及 35 所高校，这影响了研究结论的一般性。未来的研究可采用多样化的抽样原则，扩大样本量。

（2）研究工具上，首先，本书所使用的调查问卷为自呈式问卷，通过教师的自我报告来测量教学行为存在风险和局限性。出于心理防卫机制，被试有倾向于拔高自我的风险，可能会出现教师自评的有效教学行为的实施高于实际的现象。其次，由于问卷涉及的构念较多，虽已尽最大可能保证其效度，但能力所限，难免有疏漏，对研究结果会造成一定影响。再次，本书采用了问卷、访谈、文本和网络资料为数据收集工具，虽然尽可能做到量化数据和质性数据的互证，但若辅以课堂观察等，研究结果将更具说服力。

未来的研究可采用更多样化的研究工具观测教师的教学行为，增加学生对于教师教学行为的评估。

（3）研究内容上，虽然教师研究的一个最终目的在于促进学习者学习（Borg 2006），但本研究并没有涉及学习者的学习效果。未来的研究可将学习效果纳入研究框架，研究价值将更大。另外，影响教师教学行为的因素繁多，作用机制复杂，本书仅聚焦了教师自身的三个因素和外部三个因素。未来可开展对于影响因素的系统研究。

附录 1：非英语专业大学英语课程混合式教学情况调查问卷

尊敬的老师：

您好，很荣幸邀请您参与此次问卷调查，所收集的数据仅用于研究。答案没有对错之分，请根据您的真实情况填写问卷。您的参与和如实作答对研究十分重要，衷心感谢您的合作！

注：本问卷中大学英语混合式教学指的是面向非英语专业本科生开设的大学英语任意课程中实施的<u>面对面课堂＋在线平台学习</u>的教学方式。

本问卷的填写者应为使用在线平台的大学英语本科课程的授课教师。

一、个人信息

1	您的性别：	A. 男　B. 女
2	您所处的年龄段：	A. 30 岁及以下　B. 31～40 岁　C. 41～50 岁　D. 51 岁以上
3	您的高校教龄为：	A. 1～5 年　B. 6～10 年　C. 11～15 年　D. 16～20 年　E. 21～25 年　F. 26～30 年　G. 30 年以上
4	您目前的职称是：	A. 教授　B. 副教授　C. 讲师　D. 助教
5	您的最高学位是：	A. 博士　B. 硕士　C. 学士　D. 其他
6	您任教的高校属于：	A. 985 高校　B. 211 高校　C. 普通本科院校
7	您任教的高校类型是：	A. 综合类　B. 理工类　C. 师范类　D. 财经类　E. 外语类　F. 医药类　G. 海洋类　H. 政法类　I. 其他类。具体是_____

二、混合式教学的基本情况

1	您使用混合式教学的课程是？［多选题］	A. 通用英语课，如听、说、读、写、译 B. 英语通识课，如文化类、文学类等 C. 学术英语课，如学术阅读、学术写作等 D. 专门用途英语课，如金融英语、医学英语等 E. 其他情况。请予以简单描述_____

续　表

2	2. 您所授的这门课程使用的在线平台是?（在线平台指发布与放置学习资源、学生进行自主学习、师生进行互动交流的在线空间）[多选题]	A. 教材所属出版社的、与教材配套的平台 B. 其他科技公司的平台（如蓝鸽、雅信达等） C. 在学校在线学习平台（如 Moodle、LMS 等）上建的 D. MOOC 平台　E. 微信公众号　F. 手机 App G. QQ 群、微信群　H. 课程管理类平台（如雨课堂等） I. 在线作业或测试平台（如 iTest、批改网） J. 其他情况。请予以简单描述_____
3	您的学生进行在线学习的地点是?[多选题]	A. 固定时间、按班级、集中在学校的自主学习中心进行学习 B. 学生自行安排随时可使用学校的自主学习中心进行学习 C. 学生使用自己的设备进行学习
4	学生的在线学习任务有哪些?[多选题]	□进行听力练习　□进行口语练习　□进行阅读练习 □进行写作练习 □进行翻译练习　□进行词汇、语法练习　□预习教材内容 □学习与教材主题相关的拓展内容 □其他情况。请予以简单描述_____
5	一学期平均下来,您所授的这门课的课堂面授时间频度是?[单选题]	A. 一周两课时　B. 一周三课时 C. 一周四课时　D. 一周六课时 E. 其他情况。请予以简单描述_____
6	您所授的这门课对学生最低在线学习时间的要求是?[单选题]	A. 一周一课时　B. 一周两课时　C. 一周三课时 D. 一周四课时　E. 不规定最少时长,按任务来考核 F. 没有任务和时间的要求,学生自愿学习　G. 其他情况。请予以简单描述_____
7	您所授的这门课程课堂面授和在线学习是如何分配的?[单选题]	A. 在线学习平台上的内容只是作为学生学习的补充,课堂面授不受其影响　B. 在线学习平台承担了课堂面授的部分内容（如部分知识讲授内容让学生课下自学） C. 面授课堂不进行知识讲授,只是答疑、汇报展示、组织语言应用活动
8	本课程记入期末考核成绩的教学评价形式有哪些?[多选题]	□书面作业　□课堂参与　□在线自主学习　□学生自评　□学生互评　□期中考试　□期末考试　□其他形式。请予以简单描述_____
9	您是否参加过翻转课堂、SPOC、混合式教学的培训?[单选题]	A. 是 B. 否

三、量表题

答题说明:请根据您的真实情况做选择。

1=从不	2=很少	3=有时	4=经常	5=总是

序号	题项	从不	很少	有时	经常	总是
01	我会根据教学目标和学习进度,给学生提供自主学习资源	1	2	3	4	5
02	我不提供指定的自主学习资源,要求学生自行搜索解决	1	2	3	4	5
03	我给英语需求不同的学生提供不同的学习资源	1	2	3	4	5
04	我鼓励学生共享自己发现的、平台上没有的学习资源	1	2	3	4	5
05	我会根据教学目标和学习进度,给学生布置自主学习任务	1	2	3	4	5
06	我会根据教学目标和学习进度,对英语水平不同的学生布置不同的自主学习任务	1	2	3	4	5
07	我会通过在线学习平台及时跟踪学生自主学习情况	1	2	3	4	5
08	我会使用在线学习平台上的数据发现学生自主学习中的困难	1	2	3	4	5
09	我会根据在线平台上的自主学习情况对学生进行个别指导	1	2	3	4	5
10	我会对学生的在线学习提出明确的产出性目标	1	2	3	4	5
11	我积极组织引导学生进行网上讨论	1	2	3	4	5
12	我鼓励学生在网上表达观点	1	2	3	4	5
13	我从不参与学生的在线讨论	1	2	3	4	5
14	我会对学生的发言人数、发言量、发言时间、讨论情况进行记录和分析	1	2	3	4	5
15	我对学生的在线讨论情况进行评价反馈	1	2	3	4	5
16	面授课上我对学生课下自主学习的内容进行强化巩固训练	1	2	3	4	5
17	面授课堂中我会组织学生围绕自主学习遇到的问题进行讨论并解答	1	2	3	4	5
18	我面授课的主要内容是知识讲授	1	2	3	4	5
19	在面授课上我总是设法利用多媒体资源营造语言学习环境	1	2	3	4	5

续　表

序号	题项	从不	很少	有时	经常	总是
20	我面授课堂上的主要内容是讨论、辩论、汇报展示、小组活动等	1	2	3	4	5
21	面授课上，进行讨论等课堂互动活动时，我会对学生的观点及表现进行点评	1	2	3	4	5
22	我及时回答学生的在线提问	1	2	3	4	5
23	面授课堂中，我参与学生的互动和讨论，分享我的观点，注重情感交流	1	2	3	4	5
24	我对学生表现出我对他们的问题或观点感兴趣	1	2	3	4	5
25	我指导学生利用信息技术开展自主、探究、合作的学习活动	1	2	3	4	5
26	学生英语学习上遇到困难，我会尽可能提供帮助	1	2	3	4	5
27	我会与学生交流英语学习方法	1	2	3	4	5
28	课堂面授时的内容与在线自主学习的内容是有联系的	1	2	3	4	5
29	我按照学生自主学习情况适当调整面授课教学进度	1	2	3	4	5
30	我在面授课上及时督促学生完成在线自主学习任务	1	2	3	4	5
31	我会对学生按时完成自主学习任务的行为予以表扬或某种奖励	1	2	3	4	5
32	面授课堂上我对学生在平台上的学习情况进行反馈和评价	1	2	3	4	5
33	面授课上我会给学生汇报、展示的机会	1	2	3	4	5
34	面授课上我会及时评价学生的汇报、展示	1	2	3	4	5
35	我让学生进行自我评价	1	2	3	4	5
36	我让学生开展同伴互评	1	2	3	4	5
37	我给学生提供清晰准确的同伴互评标准或案例	1	2	3	4	5

四、量表题

答题说明：请根据您的真实情况做选择。

1＝非常不同意	2＝不同意	3＝不确定	4＝同意	5＝非常同意

序号	观点陈述	非常不同意	不太同意	不确定	基本同意	非常同意
1	教师应尽量多学习使用各种网络多媒体信息技术,来提高教学质量	1	2	3	4	5
2	大学英语课程的主要教学目标是培养学生的语言能力,而非语言知识	1	2	3	4	5
3	大学英语教师应多采用交际、情景、任务或项目教学法等,以培养学生的英语交际能力	1	2	3	4	5
4	在线学习可以进行知识传授,面授课上有更多的时间进行讨论和答疑等,有更好的教学效果	1	2	3	4	5
5	混合式教学中的面授课堂组织形式多样,使我更能发挥教学潜能	1	2	3	4	5
6	在面授课上组织讨论等课堂活动,需要即兴发挥,对我的语言能力是个挑战	1	2	3	4	5
7	我能够胜任本课程的教学所需要的各种网络多媒体信息技术能力	1	2	3	4	5
8	我常尝试新的教学方法	1	2	3	4	5
9	我清楚哪些内容该借助在线平台完成,哪些内容该在面授课解决	1	2	3	4	5
10	我现在任课班级的多数学生对本课程学习积极性高	1	2	3	4	5
11	我现在任课班级的多数学生信息技术素养高,能胜任本课程所需	1	2	3	4	5
12	本课程所使用的在线平台资源丰富	1	2	3	4	5
13	本课程所使用的在线平台上的资源质量不够好	1	2	3	4	5
14	本课程所使用的在线平台功能强大	1	2	3	4	5
15	本课程所使用的在线平台导航合理,使用方便	1	2	3	4	5
16	本课程所使用的在线平台系统稳定可靠	1	2	3	4	5
17	我能够在平台上查看到学生的在线学习行为	1	2	3	4	5
18	我们学院(系)把教师打理在线平台的工作量计入教学课时	1	2	3	4	5

续　表

序号	观点陈述	非常不同意	不太同意	不确定	基本同意	非常同意
19	我们学院(系)要求教师使用在线平台进行这门课程的教学	1	2	3	4	5
20	我们学院(系)定期为教师提供教学理念方面的讲座或培训	1	2	3	4	5
21	我们教研组教师分工协作,共享资源,以减轻备课负担	1	2	3	4	5
22	我在教学中遇到技术方面的问题时,总能及时得到技术人员的帮助	1	2	3	4	5
23	我校或院系会为教师提供常用技术和电子资源使用方面的培训	1	2	3	4	5
24	学校网络环境不理想,影响了学生在线平台的学习	1	2	3	4	5
25	学校提供的或学生自己的硬件设备(电脑、手机等)不完备,影响了学生在线平台的学习	1	2	3	4	5

再次感谢您的支持! 如果您有任何疑问、建议,或者您有相似的研究兴趣,欢迎发邮件到 ***@ *** 与我联系。

如您愿意接受进一步的访谈,请您留下您的联系方式,十分感谢!

附录 2：访谈转写节选

【话轮 16】

I：您这门课除了课堂面授之外，还给学生提供了哪些在线学习的平台？

W：批改网，还有像 iTest。iTest 是课外做的。然后像我们用的那个《新标准》，它有个学习中心网站，上面都有学习资源，比如说这本书的答案、听力都挂在网上的，学生可以自己去做。包括以前用的《体验英语》，听说教材都是有网络教程的。我们有个机房，大概有几百台电脑，学生课外可以免费去用。

【话轮 17】

I：您现在这门课是用的《新标准》？

W：《新标准》，配套的也有课外的那个平台，有一个比如学生的练习，我们上课一般讲得很少，学生自己做，可以去那个上面对答案，再比如说他想把课文再听听什么的，就可以到那上面去，因为我上课一般不会再处理。

【话轮 18】

I：学生们都去学习中心网站学习？

W：手机上也可以。但是到机房，他可能会方便一点，因为它那个屏幕比较大，也比较舒服。学习中心每天是都开的，学生可以去，肯定是有去的，但人数不清楚。总之就是两种渠道都能学。

【话轮 19】

I：对他们在这个平台上学习提了什么要求吗？要完成什么，或者达到什么目标？

W：这个不像是作业一样。就是课外额外的，就是你自己想去再进一步的巩固啊什么的，你就可以到那边去。

【话轮 20】

I：平台跟课本完全是配套的，一一对应的？

W：像教参那种感觉。还有一些比如说课外的习题，学生自己做。然后我们平时测验的时候有时候会考一些，就是带着检查一下，就考一些这方面内容。

附录 3：单因素方差分析样表

多重比较

因变数		(I)高校层次	(J)高校层次	平均差异 (I−J)	标准错误	显著性	95%信赖区间	
							下限	上限
在线学习管理	Bonferroni 法	985	211	.347 92*	.116 66	.009	.067 4	.628 5
			普通省属	.168 73	.103 09	.308	−.079 2	.416 6
		211	985	−.347 92*	.116 66	.009	−.628 5	−.067 4
			普通省属	−.179 19	.086 53	.117	−.387 3	.028 9
		普通省属	985	−.168 73	.103 09	.308	−.416 6	.079 2
			211	.179 19	.086 53	.117	−.028 9	.387 3
	Games-Howell 检定	985	211	.347 92*	.114 31	.008	.076 8	.619 0
			普通省属	.168 73	.101 83	.227	−.073 7	.411 1
		211	985	−.347 92*	.114 31	.008	−.619 0	−.076 8
			普通省属	−.179 19	.085 62	.094	−.381 5	.023 1
		普通省属	985	−.168 73	.101 83	.227	−.411 1	.073 7
			211	.179 19	.085 62	.094	−.023 1	.381 5
教师支持	Bonferroni 法	985	211	.197 29	.090 77	.091	−.021 0	.415 6
			普通省属	.113 80	.080 21	.470	−.079 1	.306 7
		211	985	−.197 29	.090 77	.091	−.415 6	.021 0
			普通省属	−.083 49	.067 33	.647	−.245 4	.078 4
		普通省属	985	−.113 80	.080 21	.470	−.306 7	.079 1
			211	.083 49	.067 33	.647	−.078 4	.245 4
	Games-Howell 检定	985	211	.197 29	.085 89	.060	−.006 2	.400 8
			普通省属	.113 80	.073 78	.275	−.061 6	.289 2

续　表

因变数		(I)高校层次	(J)高校层次	平均差异(I−J)	标准错误	显著性	95%信赖区间 下限	95%信赖区间 上限
教师支持	Games-Howell检定	211	985	−.197 29	.085 89	.060	−.400 8	.006 2
		211	普通省属	−.083 49	.068 89	.448	−.246 3	.079 3
		普通省属	985	−.113 80	.073 78	.275	−.289 2	.061 6
		普通省属	211	.083 49	.068 89	.448	−.079 3	.246 3
组织面授课堂	Bonferroni法	985	211	.392 19*	.112 20	.002	.122 4	.662 0
		985	普通省属	.111 79	.099 15	.781	−.126 6	.350 2
		211	985	−.392 19*	.112 20	.002	−.662 0	−.122 4
		211	普通省属	−.280 40*	.083 22	.002	−.480 5	−.080 3
		普通省属	985	−.111 79	.099 15	.781	−.350 2	.126 6
		普通省属	211	.280 40*	.083 22	.002	.080 3	.480 5
	Games-Howell检定	985	211	.392 19*	.111 26	.002	.128 5	.655 8
		985	普通省属	.111 79	.094 66	.467	−.113 5	.337 1
		211	985	−.392 19*	.111 26	.002	−.655 8	−.128 5
		211	普通省属	−.280 40*	.086 49	.004	−.484 9	−.075 9
		普通省属	985	−.111 79	.094 66	.467	−.337 1	.113 5
		普通省属	211	.280 40*	.086 49	.004	.075 9	.484 9
多元评价	Bonferroni法	985	211	.405 56*	.157 62	.031	.026 5	.784 6
		985	普通省属	.089 29	.139 29	1.000	−.245 7	.424 2
		211	985	−.405 56*	.157 62	.031	−.784 6	−.026 5
		211	普通省属	−.316 27*	.116 91	.021	−.597 4	−.035 1
		普通省属	985	−.089 29	.139 29	1.000	−.424 2	.245 7
		普通省属	211	.316 27*	.116 91	.021	.035 1	.597 4
	Games-Howell检定	985	211	.405 56*	.156 39	.028	.034 9	.776 2
		985	普通省属	.089 29	.134 17	.784	−.230 1	.408 7
		211	985	−.405 56*	.156 39	.028	−.776 2	−.034 9
		211	普通省属	−.316 27*	.120 54	.026	−.601 2	−.031 3
		普通省属	985	−.089 29	.134 17	.784	−.408 7	.230 1
		普通省属	211	.316 27*	.120 54	.026	.031 3	.601 2

续　表

因变数		(I)高校层次	(J)高校层次	平均差异(I-J)	标准错误	显著性	95%信赖区间	
							下限	上限
个性化教学	Bonferroni 法	985	211	.169 44	.123 51	.513	−.127 6	.466 5
			普通省属	−.076 13	.109 15	1.000	−.338 6	.186 3
		211	985	−.169 44	.123 51	.513	−.466 5	.127 6
			普通省属	−.245 58*	.091 61	.023	−.465 9	−.025 3
		普通省属	985	.076 13	.109 15	1.000	−.186 3	.338 6
			211	.245 58*	.091 61	.023	.025 3	.465 9
	Games-Howell 检定	985	211	.169 44	.124 53	.365	−.126 0	.464 9
			普通省属	−.076 13	.110 82	.772	−.340 1	.187 9
		211	985	−.169 44	.124 53	.365	−.464 9	.126 0
			普通省属	−.245 58*	.090 94	.021	−.460 5	−.030 7
		普通省属	985	.076 13	.110 82	.772	−.187 9	.340 1
			211	.245 58*	.090 94	.021	.030 7	.460 5

*. 平均值差异在 0.05 层级显著。

附录 4：第三次因子分析结果

KMO 和巴特利特检验

KMO 取样适切性量数。		.925
巴特利特球形度检验	近似卡方	6 817.107
	自由度	496
	显著性	.000

总方差解释

成分	初始特征值			提取载荷平方和			旋转载荷平方和		
	总计	方差百分比	累积%	总计	方差百分比	累积%	总计	方差百分比	累积%
1	11.335	35.422	35.422	11.335	35.422	35.422	5.010	15.657	15.657
2	3.404	10.638	46.060	3.404	10.638	46.060	4.768	14.899	30.556
3	1.804	5.636	51.696	1.804	5.636	51.696	4.230	13.219	43.775
4	1.438	4.494	56.190	1.438	4.494	56.190	2.807	8.773	52.548
5	1.166	3.643	59.833	1.166	3.643	59.833	2.331	7.285	59.833

提取方法：主成分分析法。

旋转后的成分矩阵

	成分				
	1	2	3	4	5
C15 反馈在线讨论情况	.759				
C11 组织网上讨论	.756				
C14 记录分析在线发言情况	.712				

续　表

	成分				
	1	2	3	4	5
C12 鼓励网上发表官观点	.710				
C16 面授上强化训练	.627		.402		
C8 发现困难	.615		.436		
C17 面授上解答自主困难	.575		.308		
C10 提出自主目标	.546		.413		
C5 布置任务	.365		.324		.345
C21 面授上点评学生表现		.770			
C23 面授上情感交流		.765			
C24 对学生感兴趣		.759			
C26 遇困难提供帮助		.708			
C27 交流学习方法		.643			
C20 面授主要是做活动		.640			
C19 面授上使用多媒体		.638			
C22 回答在线提问		.505	.362		
C25 指导信息技术学习		.469	.320		
C1 提供资源	.309	.390			
C32 反馈在线学习情况	.312		.721		
C30 督促在线学习		.343	.654		
C31 表扬在线学习	.303		.654		
C28 面授自主内容相连		.307	.640		
C33 展示自主成果	.392		.560	.317	
C29 调整面授进度			.537	.314	
C34 评价汇报		.365	.492	.315	
C36 互评				.864	
C37 提供互评标准				.834	

	成分				
	1	2	3	4	5
C35 自评				.802	
C3 提供不同资源					.783
C6 布置不同任务					.719
C9 个别指导	.439		.368		.474

参 考 文 献

[1] ADAMS J, HANESIAK R M, OWSTON R et al. Blended learning for soft skills development [M]. New York: Institute for Research on Learning Technologies, York University, 2009.

[2] AECT. The meanings of educational technology [M]. AECT Definition and Terminology Committee document ♯MM4.0,2004. [EB/OL]. (2004 - 10 - 01)[2024 - 05 - 23]. https://www. tlu. ee/~kpata/haridustehnoloogiaTLU/defineeducationaltechnology. pdf.

[3] ALAMMARY A, SHEARD J, CARBONE A. Blended learning in higher education: Three different design approaches [J]. Australasian Journal of Educational Technology, 2014,30(4):440 - 454.

[4] ALLEN I E, SEAMAN J. Sizing the opportunity: The quality and extent of online education in the United States, 2002 and 2003 [R]. Needham, MA: The Sloan Consortium, 2003. [EB/OL]. (2003 - 01 - 01)[2024 - 05 - 23]. http://www. sloan-c. org/resources/sizing_opportunity. pdf.

[5] BAEPLER P, WALKER J D, DRIESSEN M. It's not about seat time: Blending, flipping, and efficiency in active learning classrooms [J]. Computers & Education, 2014, 78:227 - 236.

[6] BAKER J W. The classroom flip: Using web course management tools to become the guide by the side [C]//CHAMBERS J A. Selected papers from the 11th International conference on College Teaching and Learning. Florida US: Florida Community College at Jacksonville, 2000:9 - 17.

[7] BANDURA A. Social foundations of thought and action: A social cognitive theory [M]. Englewood Cliffs, NJ: Prentice Hall, 1986.

[8] BARLOW T. Web 2. 0: Creating a classroom without walls [J]. Teaching Science, 2008,54(1):46 - 48.

[9] BERNARD R M, BOROKHOVSKI E, SCHMID R F, TAMIM R M, ABRAMI P C. A meta-analysis of blended learning and technology use in higher education: From the general to the applied [J]. Journal of Computing in Higher Education, 2014,26(4).

[10] BIJEIKIEN V, RAŠINSKIEN S, ZUTKIEN L D. Teachers' attitudes towards the use of blended learning in General English classroom [J]. Kalbų Studijos, 2011,18:122 - 127.

[11] BLACK P, WILLIAM D. Assessment and classroom learning [J]. Assessment in Education: Principles, Policy & Practice, 1998,5(1).

[12] BLIUC A M, GOODYEAR P, ELLIS R A. Research focus and methodological choices

in studies into students' experiences of blended learning in higher education [J]. The Internet and Higher Education, 2007,10:231 - 244.

[13] BLOOM B S. Learning for mastery [G]. Evaluation Comment, 1968,(2).

[14] BLOOM B S. The search for methods of group instruction as effective as one-to-one tutoring [J]. Educational Leadership, 1984,41(8):4 - 17.

[15] BLOOM B S, ed. Taxonomy of educational objectives: The classification of educational Goals, Handbook 1: Cognitive domain [M]. New York: Longmans Green & Co., 1956.

[16] BOEX L F J. Attributes of effective economics instructors: An analysis of student evaluations [J]. Journal of Economic Education, 2000,31(3):211 - 227.

[17] BORG S. Teacher cognition and language education [M]. London: Continuum, 2006.

[18] BORG S. Teacher cognition in language teaching: A review of research on what language teachers think, know, believe, and do [J]. Language Teaching, 2003, 36 (2): 81 - 109.

[19] BORICH G D. Effective teaching methods [M]. 4th ed. Englewood Cliffs, NJ: Prentice-Hall, Inc., 2000:8 - 26.

[20] BRASKAMP L A, ORY J C. Assessing faculty work: Enhancing individual and instructional performance [M]. San Francisco, CA: Jossey-Bass, 1994.

[21] BRIGHTMAN H J, ELLIOT M L, BHADA Y. Increasing the effectiveness of student evaluations of instructor data through a factor score comparative report [J]. Decision Sciences, 1993,24(1):192 - 199.

[22] BROWN C A, COONEY T J. Research on teacher education: A philosophical orientation [J]. Journal of Research and Development in Education, 1982,15(4):13 - 18.

[23] BROWN J D. Using surveys in language programs [M]. Cambridge: Cambridge University Press, 2001.

[24] ÇAM S S, ORUÇ E Ü. Learning responsibility and balance of power [J]. International Journal of Instruction, 2014,7(1):5 - 16.

[25] CARNELL E. Conceptions of effective teaching in higher education: Extending the boundaries [J]. Teaching in Higher Education, 2007,12(1):25 - 40.

[26] CHENOWETH N A, USHIDA E, MURDAY K. Student learning in hybrid French and Spanish courses: An overview of language online [J]. CALICO Journal, 2006,24(1): 115 - 146.

[27] CHEUNG W S, HEW K F. Design and evaluation of two blended learning approaches: Lessons learned [J]. Australasian Journal of Educational Technology, 2011, 27 (8): 1319 - 1337.

[28] CHOU S W, LIU C H. Learning effectiveness in a Web-based virtual learning environment: A learner control perspective [J]. Journal of Computer Assisted Learning, 2005,21(1):65 - 76.

[29] CLARK D. Blended learning: An epic white paper [R]. 2003. [EB/OL]. [2024 - 05 - 23]. http://www.oktopusz.hu/domain9/files/modules/module15/261489EC2324A25.pdf.

[30] CORNELIUS W J. Learner-centered teacher-student relationships are effective: A meta-analysis [J]. Review of Educational Research, 2017,77(1):113 - 143.

[31] CRESWELL J W. Qualitative inquiry & research design: Choosing among five approaches

［M］. 2nd ed. California: Sage Publications, Inc. , 2007.

［32］ CRESWELL J W. Educational research: Planning, conducting, and evaluating quantitative and qualitative research ［M］. 3rd ed. Upper Saddle River, NJ: Pearson/Merrill Prentice Hall, 2008.

［33］ DAVIS F D. Perceived usefulness, perceived ease of use, and user acceptance of information technology ［J］. MIS Quarterly, 1989,13(3):319 – 340.

［34］ DeLONE W H, McLEAN E R. The DeLone and McLean Model of Information Systems Success: A ten-year update ［J］. Journal of Management Information Systems, 2003,19(4):9 – 30.

［35］ DEMETRIADIS S, POMBORTSIS A. E-lectures for flexible learning: A study on their learning efficiency ［J］. Educational Technology & Society, 2007,10:147 – 157.

［36］ DEVLIN M, SAMARAWICKREMA G. The criteria of effective teaching in a changing higher education context ［J］. Higher Education Research and Development, 2010, 29(2):111 – 124.

［37］ DIEP A N, ZHU C, STRUYVEN K, BLIECK Y. Who or what contributes to student satisfaction in different blended learning modalities?［J］. British Journal of Educational Technology, 2017,48(2):473 – 489.

［38］ DORNYEI Z, USHIODA E. Teaching and researching motivation ［M］. 2nd ed. Harlow: Allyn & Bacon, 2011.

［39］ DRISCOLL M. Blended learning: Let's get beyond the hype ［J］. E-Learning, 2002,3(3).

［40］ DUDENEY G, HOCKLY N. How to teach English with technology ［M］. Essex: Pearson Education Ltd. , 2007.

［41］ DUNNE R, WRAGG T. Effective teaching ［M］. New York: Routledge, 2005.

［42］ DZIUBAN C, HARTMAN J, JUGE F, et al. Blended learning enters the mainstream ［C］//BONK C J, GRAHAM C R. The handbook of blended learning: Global perspectives, local designs. San Francisco, CA: Pfeiffer, 2006:195 – 208.

［43］ EDGINGTON A, HOLBROOK J. Blended learning approach to teaching basic pharmacokinetics and the significance of face-to-face interaction ［J］. American Journal of Pharmaceutical Education, 2010,74(5).

［44］ ETOM S B, WEN H J, ASHILL N. The determinants of students' perceived learning outcomes and satisfaction in university online education: An empirical investigation ［J］. Decision Sciences Journal of Innovative Education, 2006,4(2):215 – 235.

［45］ FATHI J, MASOUD R. Examining the impact of flipped classroom on writing complexity, accuracy, and fluency: A case of EFL students ［J］. Computer Assisted Language Learning, 2022,(7):1668 – 1706.

［46］ FOX A. From MOOCs to SPOCs: curricular technology transfer for the 21st century ［J］. Ubiquity, 2014,6:1 – 13. ［EB/OL］. (2014 – 01 – 01)［2024 – 05 – 23］. http://ubiquity. acm. org/article. cfm?id=2618397.

［47］ GARRISON D R, KANUKA H. Blended learning: Uncovering its transformative potential in higher education ［J］. Internet and Higher Education, 2004,7:95 – 105.

［48］ GIBBONS M. What is individualized instruction?［J］. Interchange, 1970,(2):28 – 46.

[49] GRAHAM C R. Blended learning system: Definition, current trends, future directions [C]//BONK C J, GRAHAM C R. The handbook of blended learning: Global perspectives, local designs. San Francisco, CA: Pfeiffer, 2006:3-21.

[50] GRAHAM C R, WOODFIELD W, HARRISON J B. A framework for institutional adoption and implementation of blended learning in higher education [J]. The Internet and Higher Education, 2013,18:4-14.

[51] GRGUROVIĆ M. Technology-enhanced blended language learning in an ESL class: A description of a model and an application of the Diffusion of Innovations theory [D]. Iowa: Iowa State University, 2010.

[52] HARA N, KLING R. Students' distress with a web-based distance education course: An ethnographic study of participants' experiences [J]. Information, Communication and Society, 2000(3):557-579.

[53] HARRIS A. Effective teaching: A review of the literature [J]. School Leadership & Management, 1998,18(2):169-183.

[54] HATIVA N, BARAK R, SIMHI E. Exemplary university teachers: Knowledge and beliefs regarding effective teaching dimensions and strategies [J]. Journal of Higher Education, 2001,72(6):699-729.

[55] HENRY R. The individualization of instruction in ESL [J]. TESOL Quarterly, 1975 (1):31-40.

[56] HOLLEY D, OLIVER M. Student engagement and blended learning: Portraits of risk [J]. Computers & Education, 2010,54:693-700.

[57] INTERNATIONAL COMMISSION ON EDUCATION FOR THE 21ST CENTURY. Learning: The treasure within [M]. Paris: UNESCO Publishing, 1996.

[58] KEMBER D, McNAUGHT C. Enhancing university teaching [M]. London and New York: Routledge, 2007.

[59] KINSHUK D, YANG A. Web-based asynchronous synchronous environment for online learning [J]. USDLA Journal, 2003,17(2):5-17.

[60] LAGE M J, PLATT G J, TREGLIA M. Inverting the classroom: A gateway to creating an inclusive learning environment [J]. Journal of Economic Education, 2000,31(1):30-43.

[61] LAI M, LAM K M, LIM C P. Design principles for the blend in blended learning: a collective case study [J]. Teaching in Higher Education, 2016,21(6):716-729.

[62] LEUNG C, MOHAN B. Teacher formative assessment and talk in classroom context: Assessment as discourse and assessment of discourse [J]. Language Testing, 2004,(3):335-339.

[63] LONG C S, IBRAHIM Z, KOWANG T O. An analysis on the relationship between lecturers' competencies and students' satisfaction [J]. International Education Studies, 2014,7(1):37-46.

[64] LOWMAN J. Characteristics of exemplary teachers [J]. New Directions for Teaching and Learning, 1996,65:33-40.

[65] LU O H T, HUANG A Y Q, LIN A J Q, OGATA H, YANG S J H. Applying

Learning Analytics for the early prediction of students' academic performance in blended learning [J]. Educational Technology & Society, 2018, 21(2): 220 – 232.

[66] LYNCH R, DEMBO M. The relationship between self-regulation and online learning in a blended learning context [J]. International Review of Research in Open and Distance Learning, 2004, 5(2).

[67] MARSH H W, SHEARD J, CARBONE A. Blended learning in higher education: Three different design approaches [J]. Australasian Journal of Educational Technology, 2014, 30(4): 440 – 454.

[68] MAXWELL J A. Qualitative research design: An interactive approach [M]. California: Sage Publications, Inc., 2013.

[69] MEANS B, TOYAMA Y, MURPHY R F, BAKI M. The effectiveness of online and blended learning: A meta-analysis of the empirical literature [J]. Teachers College Record, 2013, 115(3).

[70] MERRIAM S B. Qualitative research and case study applications in education [M]. The Jossey-Bass Education Series, 1998, 40(4): 436 – 439.

[71] MIRZAEI A, H S RAD, R EBRAHIM. Integrating ARCS motivational model and flipped teaching in L2 classrooms: A case of EFL expository writing [J]. Computer Assisted Language Learning, 2022, (34): 707 – 729.

[72] MURRY J W, HAMMONS J O. Delphi: A versatile methodology for conducting qualitative research [J]. Review of Higher Education, 1995, 18(4): 423 – 436.

[73] NEUMEIER P. A closer look at blended learning parameters for designing a blended learning environment for language teaching and learning [J]. ReCALL, 2005, 17(2): 163 – 178.

[74] NISSEN E & TEA E. Going blended: New challenges for second generation L2 tutors [J]. Computer Assisted Language Learning, 2012, (2): 145 – 163.

[75] NIEDZIELSKI H. Rationalizing individualized instruction [J]. The Modern Language Journal, 1975, (7): 361 – 366.

[76] NUNAN D. Practical English Language Teaching [M]. Beijing: Higher Education Press, 2004.

[77] O'CONNOR J, GEIGER M. Challenges facing primary school educators of English as Second (or Other) Language learners in the Western Cape [J]. South African Journal of Education, 2009, 29(2): 253 – 269.

[78] OKOLI C, PAWLOWSKI S D. The Delphi method as a research tool: An example, design considerations and applications [J]. Information & Management, 2004, 42(1): 15 – 29.

[79] OPPENHEIM A N. Questionnaire design, interviewing, and attitude measurement [M]. New York: Printer Publisher, 1992.

[80] OSGUTHORPE R T, GRAHAM C R. Blending learning environments: Definitions and Directions [J]. The Quarterly Review of Distance Education, 2003, 4(1): 227 – 233.

[81] OZKAN S, KOSELER R. Multi-dimensional students' evaluation of e-learning systems in the higher education context: An empirical investigation [J]. Computers & Education,

2009,53(4):1285 – 1296.

[82] PATRICK J, SMART R. An empirical evaluation of teacher effectiveness: The emergence of three critical factors [J]. Assessment & Evaluation in Higher Education, 1998,23(2):165 – 178.

[83] PELTIER J W, DRAGO W, SCHIBROWSKY J A. Virtual communities and the assessment of online marketing education [J]. Journal of Marketing Education, 2003,25 (3):260 – 276.

[84] PETERSON P L, CLARK C M. Teachers' report of their cognitive process during teaching [J]. American Educational Research Journal, 1978,15(4):555 – 556.

[85] PIAGET J. Main trends in psychology [M]. London: George Allen & Unwin, 1973.

[86] PICCIANO A G. Blending with purpose: The multimodal model [J]. Journal of asynchronous learning networks, 2009,13(1):7 – 18.

[87] PICCOLI G, AHMAD R, IVES B. Web-based virtual learning environments: A research framework and a preliminary assessment of effectiveness in basic IT skills training [J]. MIS Quarterly, 2001,25(4):401 – 426.

[88] RAMSDEN P. A performance indicator of teaching quality in higher education: The course experience questionnaire [J]. Studies in Higher Education, 1991,16:129 – 150.

[89] RAMSDEN P, PROSSER M, TRIGWELL K, MARTIN E. University teachers' experiences of academic leadership and their approaches to teaching [J]. Learning and Instruction, 2007,17(2):140 – 155.

[90] RICHARDS J C. Curriculum development in language teaching [M]. Beijing: Foreign Language Teaching and Research Press, 2008.

[91] RICHARDS J, LOCKHART C. Reflective teaching in second language classrooms [M]. Beijing: People's Education Press, 2000.

[92] RILEY R W. Our teachers should be excellent, and they should look like America [J]. Education and Urban Society, 1998,31:18 – 29.

[93] RODRIGUEZ M, ANICETE R. Students' views of a mixed hybrid ecology course [J]. Journal of Online Learning and Teaching, 2010,6(4):791 – 798.

[94] ROSS B, GAGE K. Insights from WebCT and our customers in higher education. In C. J. Bonk & C. R. Graham (Eds.), The handbook of blended learning: Global perspectives, local designs (pp.155 – 168). San Francisco, CA: Pfeiffer, 2006.

[95] ROSSMAN G B, WILSON B L. Numbers and words revisited: Being "shamelessly eclectic" [J]. Quality and Quantity, 1994,28(3):315 – 327.

[96] ROVAI A, JORDAN H. Blended learning and sense of community: A comparative analysis with traditional and fully online graduate courses [J]. International Review of Research in Open and Distance Learning, 2004,5(2):1 – 12.

[97] SCIDA E E, SAURY E R. Hybrid courses and their impact on student and classroom performance: A case study at the University of Virginia [J]. CALICO Journal, 2006,23 (3):517 – 531.

[98] SHARMA P, BARRETT B. Blended learning: Using technology in and beyond the language classroom [M]. Oxford: Macmillan, 2007.

[99] SINGH H, REED C. A white paper: Achieving success with blended learning. American Society for Training & Development, (3). Retrieved from http://www. leerbeleving. nl/wbts/wbt2014/blend-ce. pdf, 2001.

[100] SO H J, BRUSH T A. Student perceptions of collaborative learning, social presence and satisfaction in a blended learning environment: Relationships and critical factors [J]. Computers & Education, 2008,51(1):318 – 336.

[101] STAKER H, HORN M B. Classifying K – 12 blended learning. Innosite Institute. Retrieved from http://s3. amazonaws. com/files. haikulearning. com/data/ctap10/minisite_7567666/6eddf194cd34/Classifying-K-12-blended-learning. pdf, 2012.

[102] STERN H H. Issues and options in language teaching [M]. New York: Oxford University Press, 1992.

[103] STRACKE E. A road to understanding: A qualitative study into why learners drop out of a blended language learning (BLL) environment [J]. ReCALL, 2007, 19 (1): 57 – 78.

[104] STRONGE J H. Qualities of effective teachers (2ed edition) [M]. Alexandria, Va. : Association for Supervision and Curriculum Development, 2007.

[105] STRONGE J H, WARD T J, GRANT L W. What makes good teachers good? A cross-case analysis of the connection between teacher effectiveness and student achievement [J]. Journal of Teacher Education, 2011,62(4):339 – 355.

[106] THAI N T T, DE W B, VALCKE M. The impact of a flipped classroom design on learning performance in higher education: Looking for the best "blend" of lectures and guiding questions with feedback [J]. Computers & Education, 2017,107:113 – 126.

[107] THE NEW MEDIA CONSORTIUM (NMC). NMC horizon report: 2015 higher education edition. Retrieved from https://www. nmc. org/publication/nmc-horizon-report-2015-higher-education-edition/, 2015.

[108] THE NEW MEDIA CONSORTIUM (NMC). NMC horizon report: 2016 higher education edition. Retrieved from https://www. nmc. org/publication/nmc-horizon-report-2016-higher-education-edition/, 2016.

[109] THE NEW MEDIA CONSORTIUM (NMC). NMC horizon report: 2017 higher education edition. Retrieved from https://www. nmc. org/publication/nmc-horizon-report-2017-higher-education-edition/, 2017.

[110] THOONEN E E J, SLEEGERS P J C, OORT F J, PEETSMA T T D, GEIJSEL F P. How to improve teaching practices: The role of teacher motivation, organizational factors, and leadership practices [J]. Educational Administration Quarterly, 2011, 47 (3):496 – 536.

[111] TIGELAAR D, DOLMANS D, WOLFHAGEN I, VAN DER VLEUTEN C. The development and validation of a framework for teaching competencies in higher education [J]. Higher Education, 2004,48(2):253 – 268.

[112] TOMLINSON B, WHITTAKER C. Blended Learning in English Language Teaching: Course Design and Implementation [M]. London, UK: British Council, 2013.

[113] USHIDA E. The role of students' attitudes and motivation in second language learning

in online language courses [J]. CALICO Journal, 2005,21(1):49 - 78.

[114] VIET A N. The impact of online learning activities on student learning outcome in blended learning course [J]. Journal of Information & Knowledge Management, 2017, (10).

[115] VO H M, ZHU C, DIEP N A. The effect of blended learning on student performance at course-level in higher education: A meta-analysis [J]. Studies in Educational Evaluation, 2017,53:17 - 28.

[116] VYGOTSKY L S. Mind in society [M]. Cambridge, MA: Harvard University Press, 1978.

[117] WALLACE M J. Training foreign language teachers: A reflective approach [M]. Cambridge: CUP, 1991.

[118] WATSON J, MURIN A, VASHAW L et al. Keeping pace with K - 12 online learning: An annual review of policy and practice [M]. Durango, CO: Evergreen Education Group, 2010.

[119] WOOD R, BANDURA A. Social cognitive theory of organization management [J]. Academy of Management Review, 1989,14:361 - 384.

[120] WOODS D. Teacher cognition in language teaching: Beliefs, decision-making, and classroom practice [M]. Cambridge: CUP, 1996.

[121] WU J H, TENNYSON R D, HSIA T L. A study of student satisfaction in a blended e-learning system environment [J]. Computers & Education, 2010,55(1):155 - 164.

[122] YIN R K. Case study research: Design and methods (5th ed.) [M]. Thousand Oaks, CA: Sage, 2013.

[123] YOUNG S, SHAW D G. Profile of effective college and university teachers [J]. Journal of Higher Education, 1999,70(6): 670 - 686.

[124] ZACHARIS N Z. A multivariate approach to predicting student outcomes in web-enabled blended learning courses [J]. The Internet and Higher Education, 2015, 27: 44 - 53.

[125] ZHENG X M. Pedagogy and pragmatism: Secondary English language teaching in the People's Republic of China (doctoral dissertation)[M]. Hong Kong University, China, 2005.

[126] 安静. CALL 手段下提高英语学习与运用能力的有效性研究[J]. 外语电化教学,2004 (4):63 - 66.

[127] 敖谦,刘华,贾善德. 混合学习下"案例—任务"驱动教学模式研究[J]. 现代教育技术, 2011(4):42 - 47.

[128] 卜爱萍. "2+1+1+X 无缝隙"大学英语多媒体教学模式的探索研究[J]. 外语电化教学,2010(6):53 - 57.

[129] 蔡基刚. 为什么要对传统的大学英语教学模式进行彻底改革[J]. 中国大学教学,2003 (11):25 - 30.

[130] 蔡基刚. 关于我国大学英语教学重新定位的思考[J]. 外语教学与研究,2010,42(04): 306 - 308.

[131] 蔡基刚. 我国大学英语消亡的理据与趋势分析[J]. 外语研究,2012(3):46 - 52.

[132] 柴晓运,龚少英.中学生感知到的数学教师支持问卷的编制[J].心理与行为研究,2013,11(04):511－517.

[133] 陈冰冰,陈坚林.大学英语教学改革环境下教师信念研究(之一):大学英语教师信念与实际课堂教学情况分析[J].外语电化教学,2008(02):14－20.

[134] 陈纯槿,王红.混合学习与网上学习对学生学习效果的影响:47个实验和准实验的元分析[J].开放教育研究,2013,19(2):69－78.

[135] 陈红.教改背景下的大学英语教师教学信念体系的构想与设计[J].外语与外语教学,2009(12):27－29.

[136] 陈坚林.现代外语教学研究—理论与方法[M].上海:上海外语教育出版社,2004.

[137] 陈坚林.大学英语教学新模式下计算机网络与外语课程的有机整合:对计算机"辅助"外语教学概念的生态学考察[J].外语电化教学,2006(6):3－10.

[138] 陈坚林.计算机网络与外语课程的整合:一项基于大学英语教学改革的研究[M].上海:上海市外语教育出版社,2010.

[139] 陈坚林.大数据时代的慕课与外语教学研究:挑战与机遇[J].外语电化教学,2015(01):3－8.

[140] 陈坚林,贾振霞.大数据时代的信息化外语学习方式探索研究[J].外语电化教学,2017(04):3－8.

[145] 陈坚林,史光孝.对信息技术环境下外语教学模式的再思考:以DDL为例[J].外语教学,2009,30(06):54－57.

[146] 陈时见,王冲.论网络学习资源的意义、功能与类型[J].电化教育研究,2003(10):50－54.

[147] 陈向明.质的研究方法与社会科学研究[M].北京:教育科学出版社,2000.

[148] 陈晓端.有效教学:理念与实践[M].西安:陕西师范大学出版社,2007.

[149] 陈佑清.论有效教学的分析模型[J].课程·教材·教法,2012,32(11):3－9.

[150] 成泅涌.翻转课堂模式观照下的大学英语教师中介作用实施现状调查[J].外语电化教学,2016(02):48－53.

[151] 程红,张天宝.论教学的有效性及其提高策略[J].中国教育学刊,1998(5):37－40.

[152] 崔璨,刘玉,汪琼.中国大陆地区2014年高校慕课课程建设情况调查[J].中国电化教育,2015(07):19－24.

[153] 崔岭.多媒体投影式大学英语课堂教学模式:学生角色探析[J].外语界,2004(2):14－21.

[154] 崔允漷.有效教学:理念与策略(上)[J].人民教育,2001(6):46－47.

[155] 崔允漷.有效教学[M].上海:华东师范大学出版社,2009.

[156] 崔允漷,王少非.有效教学的理念与框架[J].中小学教材教学,2005(2):5－7.

[157] 戴朝晖.基于慕课理念的大学英语翻转课堂研究[D].上海:上海外国语大学,2016.

[158] 戴朝晖,陈坚林.基于慕课理念的大学英语翻转课堂影响因素研究[J].外语电化教学,2016(06):35－41.

[159] 戴炜栋.外语教学的"费时低效"现象:思考与对策[J].外语与外语教学,2001(7).

[160] 戴炜栋.中国高校外语教育30年[J].外语界,2009(1):2－4.

[161] 戴炜栋,刘春燕.学习理论的新发展与外语教学模式的嬗变[J].外国语,2004(4):10－17.

[162] 邓笛. 翻转课堂模式在大学英语教学中的应用研究述评[J]. 外语界,2016(4):89-96.

[163] 邓芳. 采用德尔菲法构建精神卫生立法评价指标框架[D]. 长沙:中南大学,2014.

[164] 窦胜功,张兰霞,卢纪华. 组织行为学教程[M]. 北京:清华大学出版社,2005.

[165] 范姣莲,高玲. 对大学外语"以学生为中心"的教学模式的思考[J]. 中国电化教育,2004
(5):58-60.

[166] 范蔚,叶波,徐宇. "师生共进"的有效教学评价标准建构[J]. 教育理论与实践,2013,33
(19):57-60.

[167] 丰久光,王巍. 对基于计算机的大学英语教学模式的重新审视[J]. 电化教育研究,2010
(11):97-103.

[168] 付道明,吴玮. 有效性外语泛在学习:生成模型、系统结构及其评价[J]. 外语电化教学,
2014(2):41-47.

[169] 傅利平,何兰萍. 公共管理研究方法[M]. 天津:天津大学出版社,2015.

[170] 甘容辉,何高大. 大数据时代学习分析与外语教学研究展望[J]. 外语电化教学,2016
(3):40-45.

[171] 高菊. SPOC环境下学习者学习行为分析与建模[D]. 武汉:华中师范大学,2017.

[172] 葛文双,韩锡斌. 数字时代教师教学能力的标准框架[J]. 现代远程教育研究,2017(1):
59-67.

[173] 龚嵘. 大学英语自主式课堂教学模式中教师角色探微[J]. 外语界,2006(2):16-22.

[174] 龚维国,朱乐红. 大学英语视听说网络自主学习教学模式的实践[J]. 外语界,2006(S1):
31-33.

[175] 桂诗春. 我国英语教育的再思考:理论篇[J]. 现代外语,2015,38(04):545-554.

[176] 郭俊杰,王佳莹. 信息化教学过程的有效性策略研究[J]. 中国远程教育,2010(10):
63-65.

[177] 国务院. 国家教育事业发展"十三五"规划[R]. 2017. http://www.moe.gov.cn/jyb_
xxgk/moe_1777/moe_1778/201701/t20170119_295319.html.

[178] 韩国海. 有效教学概念及评价范畴辨析[J]. 中国教育学刊,2013(7):42-45.

[179] 韩晔,高雪松. 外语教师混合式教学认知与实践研究述[J]. 外语与外语教学,2022(1):
74-83.

[180] 郝兆杰,潘林. 高校教师翻转课堂教学胜任力模型构建研究——兼及"人工智能+"背景
下的教学新思考[J]. 远程教育杂志,2017,35(6):66-75.

[181] 何芳,夏文红,何芸. 基于cMOOC的大学英语混合教学模式研究[J]. 教育理论与实践,
2016,36(18):55-56.

[182] 何克抗. 从Blending Learning看教育技术理论的新发展(上)[J]. 电化教育研究,2004
(3):1-6.

[183] 何克抗. 关于建构主义的教育思想与哲学基础:对建构主义的反思[J]. 中国大学教学,
2004(7):15-18.

[184] 何克抗. 从Blending Learning看教育技术理论的新发展[J]. 国家教育行政学院学报,
2005(9):37-48.

[185] 何克抗. 我国教育信息化理论研究新进展[J]. 中国电化教育,2011(1):1-19.

[186] 何克抗. 学习"教育信息化十年发展规划":对"信息技术与教育深度融合"的解读[J]. 中
国电化教育,2012(12):19-23.

[187] 洪明,余文森.国外有效教学思想流派探析:基于国外著名教育家教学思想的探讨[J]. 福建师范大学学报(哲学社会科学版),2012(06):186-192.

[188] 胡杰辉,李京南,伍忠杰.外语翻转课堂教学有效性影响因素实证研究[J].中国外语教育,2016,9(3):3-10.

[189] 胡杰辉,伍忠杰.基于 MOOC 的大学英语翻转课堂教学模式研究[J].外语电化教学,2014(6):40-45.

[190] 胡萍萍.大学英语教师隐性课程与教学策略研究[D].上海外国语大学,2016.

[191] 黄国君,夏纪梅.大学英语课堂危机引发的思考及对策研究[J].外语教学理论与实践,2013(3):17-20.

[192] 黄开胜,周新平.我国外语类慕课的建设与应用现状调查[J].现代教育技术,2017,27(12):88-93.

[193] 黄荣怀,陈庚,张进宝,陈鹏,李松.关于技术促进学习的五定律[J].开放教育研究,2010,16(1):11-19.

[194] 黄荣怀,马丁,郑兰琴,张海森.基于混合式学习的课程设计理论[J].电化教育研究,2009(1):9-14.

[195] 黄荣怀,周跃良,王迎.混合式学习的理论与实践[M].北京:高等教育出版社,2006.

[196] 黄映玲,苏仰娜.三合一《现代教育技术》课程混合学习模式的研究与实践[J].中国教育信息化,2017(14):20-23.

[197] 黄宇元.大学英语课堂教学有效性探究[J].学术论坛,2009,32(11):201-204.

[198] 黄月,韩锡斌,程建钢.混合教学改革的阶段性特征与实施效果偏差分析[J].现代远程教育研究,2017(05):69-77.

[199] 贾国栋.新模式、新要求、新发展:学习《大学英语课程教学要求(试行)》中教学模式部分[J].外语界,2004(05):18-24.

[200] 贾国栋.大学英语教学指南中的教学方法、手段与资源[J].外语界,2016(03):11-18.

[201] 江洁.大学英语听力教学的立体化教学模式探索[J].中国大学教学,2011(05):50-52.

[202] 江晓丽.泛在学习理念下外语自主学习中心建设研究:基于国内外相关研究的分析[J].外语电化教学,2016(3):28-33.

[203] 蒋霞.民族院校大学英语听力教学模式:基于图式理论的探讨[J].西南民族大学学报(人文社会科学版),2011,32(S2):160-162.

[204] 蒋学清,张玉荣.教育信息化时代大学英语教师作为反映性实践者的角色嬗变研究[J].外语电化教学,2015(1):31-36.

[205] 教育部.国家中长期教育改革和发展规划纲要(2010—2020 年)[M].北京:人民出版社,2010.

[206] 教育部.教育部关于加强高等学校在线开放课程建设应用与管理的意见[R].2015. http://old. moe. gov. cn//publicfiles/business/htmlfiles/moe/s7056/201504/186490. html.

[207] 教育部办公厅.2016 年教育信息化工作要点[R].2016. http://www. moe. gov. cn/srcsite/A16/s3342/201602/t20160219_229804. html.

[208] 教育部高等教育司.大学英语课程教学要求(试行)[M].北京:高等教育出版社,2004.

[209] 教育部高等教育司.大学英语课程教学要求[M].北京:外语教学与研究出版社,2007.

[210] 教育部高等学校大学外语教学指导委员会.大学英语教学指南(2020 版)[M].北京:高

等教育出版社,2020.

[211] 康叶钦.在线教育的"后MOOC时代"——SPOC解析[J].清华大学教育研究,2014,35(01):85-93.

[212] 李宝,张文兰,张思琦,等.混合式学习中学习满意度影响因素的模型研究[J].远程教育杂志,2016,34(01):69-75.

[213] 李伯黍.教育心理学[M].上海:华东师范大学出版社,1994.

[214] 李丹丽,赵华.英语创意写作混合式教学中大学生中介调节发展研究[J].外语与外语教学,2021(4):136-146.

[215] 李航.有效教学研究及其对外语教学的启示[J].外语界,2008(01):33-39.

[216] 李克东.现代教育技术基础[M].上海:华东师范大学出版社,2001.

[217] 李克东,赵建华.混合学习的原理与应用模式[J].电化教育研究,2004(07):1-6.

[218] 李睿.混合式环境下大学外语课程精准思政模式构建与实证研究[J].语言与翻译,2021(4):67-74.

[219] 李霄翔.创新思维与英语应用能力培养——东南大学研究性大学英语教学模式探索[J].中国大学教学,2011(11):29-32.

[220] 李小娟,梁中锋,赵楠.在线学习行为对混合学习绩效的影响研究[J].现代教育技术,2017,27(2):79-85.

[221] 李秀丽.我国高校慕课建设及课程利用情况调查分析——以中国大学MOOC等四大平台为例[J].图书馆学研究,2017(10):52-57.

[222] 李艳平.基于翻转课堂的大学英语分级教学模式建构[J].全球教育展望,2015,44(06):113-119.

[223] 廖宏建,张倩苇.高校教师SPOC混合教学胜任力模型——基于行为事件访谈研究[J].开放教育研究,23(5):84-93.

[224] 林崇德.教育的智慧——写给中小学教师[M].北京:开明出版社,1999.

[225] 林莉兰.高校语言自主学习中心的定位及建设——基于一项学习资源的调查[J].中国外语,2013,10(4):78-85.

[226] 刘贵芹.高度重视大学英语教学改革 努力提升大学英语教学质量[J].外语教学与研究,2012,44(2):279-282.

[227] 刘桂秋.有效教学概念新探——综合有效教学观之下的有效教学[J].课程·教材·教法,2008(9):11-15.

[228] 刘梅.高校教师混合式学习接受度的影响因素研究——基于创新扩散的视角[J].现代教育技术,2018,28(2):54-60.

[229] 刘长江.教育人本论与大学英语个性化教学[J].教育评论,2008(4):85-88.

[230] 刘喆,尹睿.教师信息化教学能力的内涵与提升路径[J].中国教育学刊,2014(10):31-36.

[231] 娄伟红,陈明瑶.大学英语"翻转课堂"之管窥:本土化视角[J].外语教学,2017,38(5):69-72.

[232] 路兴,赵国栋,原帅,等.高校教师的"混合式学习"接受度及其影响因素研究:以北大教学网为例[J].远程教育杂志,2011,29(02):62-69.

[233] 罗宏.大学英语课堂交往凸显的问题及其对策[J].西南民族大学学报(人文社会科学版),2011,32(10):184-187.

[234] 罗九同,孙梦,顾小清.混合学习视角下 MOOC 的创新研究:SPOC 案例分析[J].现代教育技术,2014,24(07):18-25.

[235] 罗凌.大学生移动英语写作学习行为研究[J].外语电化教学,2017(02):33-39.

[236] 罗树华,李洪珍.教师能力学[M].济南:山东教育出版社,2005.

[237] 吕婷婷,王娜.基于 SPOC+数字化教学资源平台的翻转课堂教学模式研究:以大学英语为例[J].中国电化教育,2016(05):85-90.

[238] 马宪春,周速,刘巍.学习资源与学习环境辨析[J].电化教育研究,2005(11):30-32.

[239] 马晓雷,葛军,胡琼.线上线下混合式外语教学的有效实践模式探究[J].外语界,2021(4):19-29.

[240] 毛耀忠等.信息技术如何影响数学学习:基于对 42 位数学教师发展指导者的访谈[J].电化教育研究,2018,39(3):109-114.

[241] 孟琦.信息化教学有效性的解读与对策分析[J].全球教育展望,2008(01):58-61.

[242] 孟亚茹,崔雨.外语教师混合式教学形成性评价素养与发展路径研究[J].外语与外语教学,2023(5):86-98.

[243] 孟迎芳,连榕,郭春彦.专家—熟手—新手型教师教学策略的比较研究[J].心理发展与教育,2004(4):70-73.

[244] 莫锦国,许能锐,刘骏.与外语教育技术整合的大学英语教学新模式[J].中国电化教育,2007(01):100-103.

[245] 南国农.教育技术理论研究的新进展[J].电化教育研究,2010(1):8-10.

[246] 欧阳西贝,等.CLI 课堂中学习者内容与语言知识内化研究:以混合式教学模式下的跨文化交际学课堂为例[J].外语教学,2022(2):74-80.

[247] 戚亚军.对话视域下英语课堂有效教学及其形成机制研究:基于"外教社杯"全国高校外语教学大赛的课堂观察与对比分析[D].上海外国语大学,2015.

[248] 钱希,等.动态评估融入的混合式教学对学术英语转述能力发展的影响研究[J].外语教学,2023(2):63-68.

[249] 乔建中,陶丽萍,张丽敏,等.我国有效教学研究的现状与问题[J].江苏教育研究,2008(2):30-34.

[250] 乔淑霞.西方有效教学理念对我国外语教学的启示[J].教育探索,2011(11):158-159.

[251] 秦晓晴.外语教学问卷调查法[M].北京:外语教学与研究出版社,2009.

[252] 屈社明.大学英语课堂提问主体转换的实验研究[J].外语教学,2006(5):64-66.

[253] 任军.高校混合式教学模式改革推进策略研究[J].现代教育技术,2017,27(4):74-78.

[254] 任庆梅.大学英语有效课堂环境构建及评价的理论框架[J].外语教学与研究,2013,45(5):732-743.

[255] 任庆梅.混合式教学环境下动机调控对大学英语课堂学习投入的影响研究[J].外语电化教学,2021(1):44-60.

[256] 任友群.以学习者为中心的建构主义学习环境的建构[J].教育科学,2002(4):40-42.

[257] 阮全友.翻转课堂里的 TPACK 和 TSACK:基于一项英语教学研究的讨论[J].远程教育杂志,2014,32(5):58-66.

[258] 阮晓雷,詹全旺.混合式学习视域下的大学英语"线上+线下"课程建构行动研究[J].外语电化教学,2021(5):101-106.

[259] 邵钦瑜,何丽.基于网络与课堂混合环境下的大学英语合作学习模型构建及实证研究

[J]. 外语电化教学,2014(2):31-35.

[260] 申继亮,王凯荣. 论教师的教学能力[J]. 北京师范大学学报(人文社会科学版),2000(01):64-71.

[261] 沈国荣. 大学英语教师信息化教学能力现状与发展策略研究——以河南高校为例[D]. 上海:上海外国语大学,2015.

[262] 束定芳. 外语课堂教学新模式刍议[J]. 外语界,2006(4):21-29.

[263] 束定芳. 论外语课堂教学的功能与目标[J]. 外语与外语教学,2011(01):5-8.

[264] 束定芳. 对接国家发展战略 培养国际化人才:新形势下大学英语教学改革与重新定位思考[J]. 外语学刊,2013(6):90-96.

[265] 束定芳. 外语课堂有效教学的着力点与评估标准:第七届"外教社杯"高等学校英语教学比赛综合组赛况评点[J]. 外语教学理论与实践,2017(1):49-52.

[266] 宋军,程炼. MOOC 平台下的大学英语 PBL 翻转教学模式研究[J]. 学习与实践,2015(5):136-140.

[267] 宋秋前. 有效教学的涵义和特征[J]. 教育发展研究,2007(1):39-42.

[268] 宋伟,孙众. 数字化学习资源有效性的元分析[J]. 中国电化教育,2013(11):81-85.

[269] 苏芃,黄秀华. 学习科学视野下高校推动混合式学习实践探究[J]. 现代教育技术,2017,27(10):61-66.

[270] 孙沛华. 基于扎根理论的信息化课堂有效教学评价体系研究[J]. 现代教育技术,2011,21(9):47-51.

[271] 孙亚玲. 课堂教学有效性标准研究[D]. 上海:华东师范大学,2004.

[272] 孙云梅. 中国大学外语课堂环境研究[M]. 北京:中国社会科学出版社,2009.

[273] 汤闻励. 大学英语教师教学动机调查与分析[J]. 当代外语研究,2011(4):29-33.

[274] 田爱丽. 翻转课堂教学模式下教师角色转变与综合素养提升[J]. 教师教育研究,2015,27(05):84-88.

[275] 王蓓蕾,安琳. 大学英语课堂教学评价标准探微:从"外教社杯"全国大学英语教学大赛评分标准说起[J]. 外语界,2012(3):42-50.

[276] 王初明. 学相伴 用相随:外语学习的学伴用随原则[J]. 中国外语,2009,6(5):53-59.

[277] 王海啸. 大学英语教师与教学情况调查分析[J]. 外语界,2009(4):6-13.

[278] 王鉴. 课堂教学的有效性问题研究[J]. 宁夏大学学报(人文社会科学版),2006(1):110-114.

[279] 王林海,赵觅,杨雯雯. CDIO 理念下的大学英语口语翻转课堂教学模式实证研究[J]. 外语电化教学,2018(2):72-77.

[280] 王娜,张敬源,陈娟文. 五个转变:破解"以学为中心"课堂教学的困境:兼谈"SPOC+小课堂"混合教学模式的设计与实践[J]. 现代教育技术,2018,28(7):79-84.

[281] 王鹏,边琦,肖凤艳,等. MOOC 背景下教学资源建设的发展方向:基于对国家精品开放课程工作的回顾[J]. 现代教育技术,2014,24(4):82-87.

[282] 王庆超,孙芙蓉,袁娇等. 我国教师教学行为研究热点及演进:基于 949 篇 CSSCI 期刊论文知识图谱分析[J]. 教育评论,2016,11:102-106.

[283] 王守仁. 高校大学外语教育发展报告(1978—2008)[M]. 上海:上海外语教育出版社,2008.

[284] 王守仁. 全面、准确贯彻《大学英语课程教学要求》深化大学英语教学改革[J]. 中国外

语,2010,7(2):4-7.

[285] 王守仁. 大学英语教学指南要点解读[J]. 外语界,2016(03):2-10.

[286] 王守仁,王海啸. 我国高校大学英语教学现状调查及大学英语教学改革与发展方向[J]. 中国外语,2011,8(5):4-11.

[287] 王素敏. 基于任务的大学英语翻转课堂教学模式研究[J]. 现代教育技术,2016,26(9):73-79.

[288] 王一普. 新教学模式下的大学英语听说课授课教师角色定位及角色转换[J]. 外语界,2005(4):28-34.

[289] 王一普,李蜜,黄跃华. 提升教育质量:高校英语教师面临的新挑战和出路——以大学英语课堂教学为例[J]. 中国大学教学,2012(10):81-84.

[290] 王聿良,吴美玉. 翻转课堂模式下学生学习行为影响因素分析:基于大学英语教学的实证研究[J]. 外语电化教学,2017(5):29-34.

[291] 王玉荣. 商务预测方法[M]. 北京:对外经济贸易大学出版社,2014.

[292] 王峥. 建构主义学习理论观照下的大学英语课堂有效教学:以第四届"外教社杯"全国高校外语教学大赛为例[J]. 外语界,2014(4):71-79.

[293] 王竹立. 在线开放课程:内涵、模式、设计与建设:兼及智能时代在线开放课程建设的思考[J]. 远程教育杂志,2018,36(4):69-78.

[294] 魏雪峰,李逢庆,钟靓茹. 2015年度国际教育信息化发展动态及趋势分析[J]. 中国电化教育,2016(4):120-127.

[295] 魏雪峰,宋灵青. 学习分析:更好地理解学生个性化学习过程:访谈学习分析研究专家George Siemens教授[J]. 中国电化教育,2013(9):1-4.

[296] 文秋芳. 育人为本,授人以渔[J]. 外研之声,2009(1):7-11.

[297] 文秋芳. 大学英语面临的挑战与对策:课程论视角[J]. 外语教学与研究,2012,44(2):283-292.

[298] 吴青,罗儒国. 学习分析:从源起到实践与研究[J]. 开放教育研究,2015,21(1):71-79.

[299] 吴书芳. 国内外语言自主学习中心建设及研究对比与启示[J]. 实验室研究与探索,2012,31(8):138-141.

[300] 夏纪梅. 人际、人机与人网教学:构建大学英语教学"2+2+X"模式的必要性与可行性[J]. 中国大学教学,2003(11):24-25.

[301] 萧好章,王莉梅. 大学英语教学模式改革初探[J]. 外语与外语教学,2007(2):26-29.

[302] 谢非,余胜泉. 中学混合式学习的教学实施模式[J]. 现代教育技术,2007(11):79-83.

[303] 谢翌,马云鹏. 教师信念的形成与变革[J]. 比较教育研究,2007(6):31-35.

[304] 邢磊,邓明茜,高捷. 教学行为与学生满意度的关系研究:某"985工程"高校本科课程为例[J]. 复旦教育论坛,2017,15(2):66-71.

[305] 徐锦芬,唐芳,刘泽华. 培养大学新生英语自主学习能力的"三维一体"教学模式:大学英语教学模式改革实验研究[J]. 外语教学,2010,31(6):60-64.

[306] 徐锦芬,徐丽. 自主学习模式下大学英语教师角色探析[J]. 高等教育研究,2004(3):77-79.

[307] 徐泉. 英语教师群体教学信念构成研究[J]. 中国外语,2014,11(2):14-19.

[308] 徐显龙等. 促进英语语言技能提升的混合学习研究[J]. 现代教育技术,2020(12):76-84.

[309] 许德泓.本科院校推进混合教学改革的影响因素研究:基于福州大学的案例研究[J].中国电化教育,2016(12):141-145.

[310] 阳志清,刘晓玲.外语学习效率模式理论框架[J].外语与外语教学,2002(1):37-40.

[311] 杨芳,魏兴,张文霞.大学英语混合式教学模式探析[J].外语电化教学,2017(1):21-28.

[312] 姚利民.大学有效教学特征之研究[J].现代大学教育,2001(06):42-44.

[313] 姚利民.有效教学研究[D].上海:华东师范大学,2004.

[314] 叶荣荣,余胜泉,陈琳.活动导向的多种教学模式的混合式教学研究[J].电化教育研究,2012,33(09):104-112.

[315] 尹玮,张凯.认知心理视阈下的大学英语翻转课堂理论溯源及启示[J].中国海洋大学学报(社会科学版),2017(4):115-122.

[316] 于洪涛,任军.以培训推进高校混合式教学模式改革案例研究:以内蒙古民族大学为例[J].现代教育技术,2017,27(10):74-78.

[317] 余渭深.大学英语应用能力培养的再认识:教学大纲变化视角[J].外语界,2016(3):19-26.

[318] 余文森.有效教学三大内涵及其意义[J].中国教育学刊,2012(5):42-46.

[319] 余文森.能力导向的课堂有效教学[J].全球教育展望,2018,47(1):21-34.

[320] 俞秀红.建构主义理论和大学英语多媒体教学模式探讨[J].外语界,2006(S1):56-60.

[321] 岳丽锦,宋铁花.基于翻转课堂的农林院校大学英语教学模式研究[J].教育理论与实践,2016,36(30):42-44.

[322] 岳曼曼,刘正光.混合式教学契合外语课程思政:理念与路径[J].外语教学,2020(6):15-19.

[323] 翟雪松,林莉兰.翻转课堂的学习者满意度影响因子分析:基于大学英语教学的实证研究[J].中国电化教育,2014(4):104-109.

[324] 翟峥,王文丽.基于课程思政链的大学英语混合式教学实践探索[J].外语电化教学,2021(6):63-67.

[325] 张金磊,王颖,张宝辉.翻转课堂教学模式研究[J].远程教育杂志,2012(4):46-51.

[326] 张荔.融入课程思政的混合式学术英语写作教学设计及评价[J].当代外语研究,2023(6):54-65.

[327] 张璐.再议有效教学[J].教育理论与实践,2002(3):48-50.

[328] 张善军.多元互动式大学英语实验教学反思[J].外语电化教学,2011(4):76-80.

[329] 张弨,杨军.大学英语课程教学偏离教育目标的现象及纠正策略[J].现代大学教育,2014(6):101-108.

[330] 张伟平,杨世伟.高校信息化教学的有效性研究:基于设计的研究[J].电化教育研究,2010(1):103-106.

[331] 张肖莹.基于网络的大学英语"自学+辅导"教学模式探索与实践[J].外语电化教学,2006(3):69-73.

[332] 张雁玲,郑新民.课程与信息技术整合环境下外语教师信念探究[J].外语教学,2011,32(4):52-56.

[333] 张艺宁.感性领悟与理性分析的契合:基于"ATE"阅读模式的大学英语阅读教学个案研究[J].黑龙江高教研究,2010(9):189-192.

［334］章木林,邓鹏鸣.自主学习中心环境下大学生英语学习动机减退现象研究:基于泛在学习视角[J].现代教育技术,2018,28(2):68-74.

［335］赵国栋,原帅.混合式学习的学生满意度及影响因素研究:以北京大学教学网为例[J].中国远程教育,2010(6):32-38.

［336］赵建民,张玲玉.高校教师对混合式教学接受度的实证研究:基于DTPB与TTF整合的视角[J].现代教育技术,2017,27(10):67-73.

［337］赵嵬,姚海莹.混合式学习环境下教师教学行为的建构[J].内蒙古师范大学学报(教育科学版),2013,26(2):64-66.

［338］郑新民.大学英语教师认知问题:个案研究[J].外语电化教学,2006(2):32-39.

［339］郑新民.从技术文化视角看我国外语教师专业发展:以整体教师认知和个体教师认知互动为例[J].外语电化教学,2012(05):56-61.

［340］郑新民,蒋群英.大学英语教学改革中"教师信念"问题的研究[J].外语界,2005(6):16-22.

［341］郑新民,王玉山.如何在外语教育研究中科学地使用调查法:基于我国外语类CSSCI期刊文章(2008—2013年度)的分析[J].外语电化教学,2014(4):8-13.

［342］郑咏滟.SPOC混合式教学在英语学术写作课堂中的促学效果研究[J].外语电化教学,2019(5):50-55.

［343］钟兰凤,钟家宝.混合式EAP阅读BREAD教学模式设计及有效性研究[J].外语电化教学,2020(1):77-83.

［344］钟启泉."有效教学"研究的价值[J].教育研究,2007(6):31-35.

［345］钟启泉.教学实践模式与教师的实践思维:兼评"特殊教学认识论"[J].教育研究,2012,33(10):108-114.

［346］钟启泉.最近发展区:课堂转型的理论基础[J].全球教育展望,2018,47(01):11-20.

［347］钟志贤.面向知识时代的教学设计框架:促进学习者发展[D].上海:华东师范大学,2004.

［348］钟志贤.信息化教学模式[M].北京:北京师范大学出版社,2006.

［349］钟志贤.大学教学模式革新:教学设计视阈[M].北京:教育科学出版社,2008.

［350］衷克定,申继亮,辛涛.小学教师教学动机的结构特征研究[J].心理发展与教育,1999(2):28-32.

［351］周红春.信息化环境下高校教师教育技术能力培养[J].现代教育技术,2010,20(6):139-143.

［352］周小勇,魏葆霖.信息技术促进语言学习:分布式认知理论角度的审视[J].外语界,2010(4):57-62.

［353］周小勇,朱晓映.标准驱动的大学英语课程实施与评价[J].外语教学理论与实践,2016(3):32-36.

［354］朱彦.提高外语课堂教学有效性的关键因素:兼析第三届"外教社杯"全国高校外语教学大赛的优秀教学个案[J].外语界,2013(2):50-58.

索　引

后 记

我在求学和本书撰写过程中得到了诸多师长、同学、亲友的指导、帮助、支持和关心。这是我人生的财富,也将一直激励我不断前行!

首先,我要感谢我的博士生导师陈坚林教授。陈老师指引我走上学术道路,引领我开阔学术视野,掌握研究方法,提升思维水平;感谢恩师提供一次又一次汇报研究进展的机会,使我逐步理清思路,领会学术交流之道;感谢恩师对我研究的悉心指导,从选题到研究问题的确定,再到研究设计、数据收集与分析、论文呈现的各个环节,无不饱含恩师的心血;感谢恩师在我研究进展受阻,迷茫、焦虑之际,不断鼓励我,为我指点迷津。恩师不但在学术上给我启迪、指导,他严谨求实的治学精神、乐观向上的处世态度、凝心聚力的团队管理之道、敬业谦和的人格魅力更是深深地影响和感染着我。

同时,感谢上海外国语大学的诸位老师,尤其是我读博期间的各位任课教师。他们的学识与智慧给予我学术知识与灵感,他们的治学态度、敬业精神、人格魅力更是深深吸引和激励着我。

再者,感谢导师组建的学术团队给予我的支持、帮助与温暖。在一次次论文汇报研讨会上,同门就论文思路、研究设计、数据处理等与我讨论,给予我诸多建议与鼓励。

另外,感谢对数据收集提供帮助的诸位信息化外语教学研究专家、受访教师和学生。

感谢上海交通大学出版社对本书的大力支持。

本书受到山东航空学院学术著作出版基金的资助,在此一并表示感谢!

由于作者学识水平有限,加之其他现实条件所限,书中如有纰漏之处,敬请读者不吝赐教!

贾振霞

2024 年 5 月